本书为浙江省一流学科（B）新闻传播学建设资金资助项目、浙江省媒体传播优化协同创新中心资助项目、浙江传媒学院浙江形象构建与传播协同创新中心资助项目的研究成果

当代浙商媒介形象呈现研究

李文冰　著

科学出版社

北　京

图书在版编目（CIP）数据

当代浙商媒介形象呈现研究 / 李文冰著. —北京：科学出版社, 2018.1
ISBN 978-7-03-056107-7

Ⅰ. ①当…　Ⅱ. ①李…　Ⅲ. ①企业形象–研究–浙江–现代
Ⅳ. ①F279.275.5

中国版本图书馆 CIP 数据核字(2017)第 316131 号

责任编辑：张　达 / 责任校对：邹慧卿
责任印制：张欣秀 / 封面设计：黄华斌

科学出版社 出版
北京东黄城根北街 16 号
邮政编码：100717
http://www.sciencep.com

北京建宏印刷有限公司 印刷
科学出版社发行　　各地新华书店经销
*
2018 年 1 月第　一　版　　开本：720×1000 B5
2019 年 1 月第二次印刷　　印张：14 1/4
字数：240 000
定价：78.00 元
(如有印装质量问题，我社负责调换)

序

当代浙商——浙江民营经济发展过程中诞生的特有的商人群体，是中国经济发展中富有活力、广受关注的区域性商人群体。伴随着改革开放，浙商在追求财富的路途上，逐渐孕育、形成和发展了自身的公共形象，这一形象主要是通过媒体的新闻报道呈现的。浙商媒介形象既是浙商与媒体互相建构的结果，也折射出中国改革开放不断推进的时代特征。浙商媒介形象所蕴含的浙商精神、浙商文化对浙江乃至中国经济社会发展产生了深刻影响。浙商媒介形象研究具有重要的现实意义和理论价值。

近年来，媒介形象研究成为中国新闻传播研究的一个重要领域。李文冰博士的《当代浙商媒介形象呈现研究》是这一领域最新的研究成果。该书是她在博士论文的基础上不断丰富、修改、完善而成的。该书从新闻传播学的角度，探讨有"当代中国第一商帮"之称的浙商媒介形象的呈现，这既是对浙商传统研究理路的一种突破性尝试，又丰富了媒介形象研究的理论和实践成果。该书的要旨之一，是通过审视浙商形象进入公众视野的历史发展，探讨媒介是如何通过议程设置、框架建构及话语策略将浙商纳入报道议题并加以呈现的；媒介呈现了怎样的浙商形象；浙商媒介形象呈现的背后，有怎样的政治、经济、社会背景和文化推动力量；报纸媒体在形塑、呈现浙商形象时，存在哪些问题。浙商发展的兴衰可以说是中国经济的晴雨表，对浙商的褒扬和批判也反映了当代中国的社会价值观，李文冰博士本着强烈的问题意识，对浙商媒介形象呈现的丰富图景进行历时性考察与分析，叙述集中有序，剖析深入透彻。

该书的另一研究要旨在于通过梳理当代浙商媒介形象的呈现历程，透视媒介与社会、媒介与经济的互动关系。李文冰通过抽样选取"方正Apabi报纸资源数据库"（1992—2014）浙商报道文本，主要采用内容分析和话语分析相结合的方法，对报纸浙商报道在细读和充分挖掘的基础上进行了量化和质化分析及统计，从而得出令人信服的结论：改革开放以来，在报纸媒体的新闻报道中，浙商通过艰苦创业、自强不息，不断获得意识形态的合法性并日益走向中国经济社会舞台的中心。李文冰认为，报纸媒体通过命名与身份书写、断言式言语行为和话语隐含意义的表达，遵循政治话语规范下的"创富—贡献"叙事模式、经济话语主导下的"创新—传奇"叙事模式、政治话语和经济话语合流的"转型—回归"叙事模式这三种叙事模式，勾勒出浙商从"草根商人"向肯吃苦、善经营的"闯天下"创富群体形象、从"财富"浙商向"责任"浙商、从"功利"浙商向"公利"浙商、从传统创业形象向变革和创新形象转变的历程，从而呈现出浙商作为当今中国"第一儒商"的形象。难能可贵的是，李文冰从政治经济学、社会学、新闻传播学多学科的视野出发，提出浙商新闻报道始终是传统媒体在经济场、政治场、文化场等各种权力场域关系中进行的，浙商媒介形象是多元力量共同建构和叠加呈现的结果，从而标示了当代中国民营企业家媒介形象呈现的社会语境。该书对浙商媒介形象呈现进行多学科领域知识地图的勾勒和动因分析，可以为媒介形象研究提供方法论的视维。

　　该书最后提出的关于浙商媒介形象呈现的反思，给转型发展中的传统媒体提供了思考和借鉴。如作者所言：处在多种场域关系中的报纸传媒，在呈现浙商形象时不可避免地存在缺陷和传播偏向，在呈现浙商形象时陷入框架化、模式化、学科化的泥沼，整体上存在群体形象丰富性的遮蔽、中小浙商群体再现的偏差、媒介形象呈现的理想化以及"人"的迷失，这在大众传媒充分发展、媒介生态深刻变迁、数字化媒体蓬勃兴起的当今时代不能不说是一种缺失和遗憾。相形之下，网络新媒体对浙商形象呈现的不遗余力和畅所欲言能给传统报纸媒体带来诸多启示。基于对浙商媒介形象在经济社会转型升级的当下中国所蕴涵的社会意义和价值的分析，该书提出了对报纸媒体在多媒体图景和新媒体环境下浙商媒介形象再现的思考。全书文字流畅、逻辑缜密、论述有据、富有启发。相信读者诸君读后会得出和我一样的看法。

　　是为序。

强月新
于武汉大学新闻与传播学院
2017 年 10 月 1 日

目　　录

第一章 浙商媒介形象研究引论

第一节 浙商媒介形象研究的基本问题

一、基本概念

（一）浙商

浙商，一般指浙江籍人士在浙江省内外从事创业活动的商人群体。本书所界定的当代浙商，是指浙江民营经济发展过程中诞生的特有的商人群体。关于民营经济，有学者综括为三类：一指除国营经济外的其他经济形式，包括个体经济、私营经济、集体经济、非国有控股企业、联营经济、三资企业等；二指与"官营"相对的概念，即民间经营主体兴办的企业；三指非公有制经济，专指个体经济与私营经济①。商人也是一个发展的概念，从初时《辞源》："商人，买卖货物求利的人"、《现代汉语词典》："贩卖商品从中取利的人"的简单解释，到学者的各种界定："以营利为目的、经核准登记从事商品生产和经营的个人和组织"（张民安、刘兴桂，2002）、"依法登记，以营利为目的、用自己的名义从事工业、商业活动且将其作为经常性职业的自然人（群）"（彭焕萍，2008：28）、"以一定的组织形式，从事营业活动、拥有独立财产、经注册登记，并以自己的名义实施商业交易为职业的组织或个人"（任先行、周林彬，2000：217），等等，不一而足。根据本书研究的主旨，综合学界对民营经济和商人的多样化界定，本书将浙商定义为浙江籍人士在浙江省内外依法登记、以营利为目的、以自己的名义从事创业活动的自然人（群），是从事除了国有和国有控股企业、外商和港澳台商独资及其控股企业以外的民营经济活动的商人（群体）。

（二）浙商媒介形象

浙商媒介形象，即指随着大众传媒的崛起，浙商通过传媒的广泛报道

---

① 周明露在其 2009 年硕士论文《改革开放以来浙江民营业者的媒体形象研究——以 1978 年至 2008 年〈浙江日报〉报道为研究样本》中，对民营经济作了如此划分，比较全面。

所形成的公共形象。浙商媒介形象具有丰富的内涵，包括浙商的经济形象、社会形象、文化形象方方面面。如李普曼所说，我们无法通过直接的方式了解现实，只能通过大众传媒所创造的"拟态环境"间接认识现实。同样，我们无法通过直接的方式了解浙商，只能把大众传媒的新闻报道以及通过新闻报道所积累起来的公共知识，作为了解浙商、做出判断的参考依据。浙商媒介形象就是通过大众传媒的新闻报道所生成和呈现的形象。浙商媒介形象的生成和呈现受到各种社会因素的影响；它既是特定时代传媒呈现的结果，又是公众通过传媒报道完成公共认知的结果。

二、浙商形象研究的传媒文化逻辑和价值追寻

近年来，媒介形象研究成为中国新闻传播研究的热点之一。学界对媒介形象的研究分别有两个方向：一是对传媒组织和机构形象的研究；二是对社会群体或个体通过媒介传播所衍生的公共形象的研究。对后者的研究已涉及国家机器、社会团体、公众人物、企业、产品、品牌方方面面。

当代浙商是中国经济发展的中坚之一。浙商在追求财富的路途上，在新闻媒体的报道和推动下，逐渐孕育、形成和发展了自身的公共形象，这一形象是浙江省的一张独特名片，是浙江经济社会发展的重要推动力和极具价值的组成部分。

"浙商"这一名词的正式使用，可追溯至 1999 年《经济生活报》推出的一档专栏——"浙商名流系列访谈"。之后，2004 年 7 月，以"引领中国民营商业力量"为办刊宗旨的《浙商》创刊，至 2014 年 12 月，《浙商》已发刊 209 期。这份开设投资、创业、项目、生活、特写、特别策划、论坛、浙商全国理事会、专栏等多种栏目，以每期报道一位封面人物为特色，以叙事体为报道风格的财经类期刊，已成为浙江本土全景式宣传浙商、形塑浙商的又一主要媒体。2012 年 3 月 21 日起，《浙江日报》在第一版、要闻版、经济版、专题版等版面的基础上，专门开辟"经济·新浙商"版面，每周出 1 期到 3 期不等，用整版篇幅报道浙江企业和浙商发展情况，至 2014 年 12 月 31 日，以"经济·新浙商"命名的版面达 254 版①。2013 年 4 月 23

---

① 从 2012 年 3 月 21 日至 2014 年 12 月 31 日，《浙江日报》"经济·新浙商"共 254 版，其中 2012 年 61 版，2013 年 92 版，2014 年 101 版。

日起,《浙江日报》专辟"光荣浙商"版面,2013 年、2014 年共计刊出 16
期①。在这些浙江主流媒体的密集报道下,浙江民营经济和浙商的知名度、
影响力日益扩大,"浙商"频频出现在中国各大报业集团的主要报纸和杂志
上,浙商报道成为中国媒体经济报道的重要组成部分。

　　除报纸杂志外,关于浙商的宣传报道还频频见于浙江卫视"经视新闻"
"财经新周刊"、央视"面对面"栏目等广播电视传统媒体上。在节目形态
上,除新闻类节目外,以现当代浙商为题材的纪录片、电视剧如雨后春笋般
在各电视台播放。1992 年,第一部以浙商为题材的电视剧《中国商人》开播;
2005 年,浙江卫视《天下浙商》栏目连续播出大型电视片《天下浙商——
海外系列》,以访谈和纪录为主要结构,全景展示海外浙商真实而多彩的现
实世界;2007 年,反映温州商人艰苦创业的电视连续剧《温州人在巴黎》、
讲述义乌商人西部创业的《航班几点起飞》先后播出;2008 年,反映宁波
帮创业的《十万人家》在央视 1 套黄金时间播出;2008 年,大型系列专题
片《浙商》在浙江经视播出,专题片分别以《商的力量》《东瓯春早》《货
郎春秋》《骚动的精灵》《天下的脚》《隐形的冠军》《文三街传奇》《商道贵
和》《百年轮回》共计九集的篇幅,系统梳理了浙商的创业、创新故事,完
整勾勒了以浙商为主角的三十年改革开放"大事记";2012 年,反映温州
商人草根创业史的电视剧《温州一家人》在央视 1 套热播。浙商题材影视
剧持续升温,据不完全统计,从 1992 年到 2017 年,以当代浙商创业为题
材的电视剧有十余部。

　　网络新媒体对浙商形象的呈现与传播也是不遗余力的。一方面,传统
主流媒体的网络平台的浙商报道与其传统媒体形成呼应之势;另一方面,
关于浙商人物和浙商创业创新的报道纷纷见诸腾讯、新浪、今日头条等商
业网站和微博、微信等社交平台。

　　从报道时序和报道议题看,1992 年到 21 世纪初,媒体主要报道浙商群
体及时把握改革开放机遇,从乡土走向祖国四面八方艰苦创业的历程。对浙
商个体的报道,这一时期主要报道以杭州娃哈哈集团掌门人宗庆后、万象
集团掌门人鲁冠球、传化集团徐冠巨、飞跃集团邱继宝等为代表的传统浙

商，他们因为对民族品牌和民族产业作出了巨大贡献，成为浙江本地媒体浙商报道的主角。2002年到2007年，浙商报道体量明显上升，报道议题也有了丰富和发展，涉及浙商经营管理、企业品牌和文化建设、企业竞争力建设、企业家素质等方方面面，"质量浙企""责任浙商"的议题趋于集中。比如，2004年6月，以正泰集团南存辉为代表的温州籍浙商联合发表《诚信宣言》；同期，大型公益活动"国际绿色志愿者日全国行"举行，此项活动由人民电器集团郑元豹斥资百万筹备而成；2006年，浙商组织了"保护地球、保护大气层"万里行活动。浙商倡议企业责任、践行社会责任得到媒体广泛关注与报道。2007年5月31日，浙商召开以"科学发展与浙商责任"为主题的年度大会，来自海内外的近3000位浙商签署了《浙商社会责任倡议书》，探求社会责任与可持续发展新商道，至此，"责任浙商"的形象旗帜鲜明地树立起来。2008年至今，是浙商形象从经验型向科技型、从冒险型向制度创新型转变的新时期。2008年，受世界金融危机的影响，浙商发展进入了瓶颈，浙商如何确立现代企业制度、走出传统企业发展困境的转型问题成为媒体新的议题。2010年3月28日，随着吉利汽车以18亿美元的价格收购瑞典汽车企业沃尔沃轿车100%的股权，李书福"农村小伙迎娶北欧公主的故事"使传媒对浙商的关注从国内走向国际、从传统经营走向新商业模式。2010年以后，IT行业的异军突起，创新创业成为中国经济的主题词，马云、丁磊、陈天桥等开始作为新浙商的代表闪亮登场。2014年9月19日，阿里巴巴在纽约证券交易所成功上市，马云一跃成为全球媒体中最耀眼的明星。

可以说，浙商媒介形象通过媒介得以呈现，浙商媒介形象的呈现又反映了中国改革开放不断推进的时代特征，浙商媒介形象所内含的浙商精神、浙商文化又对浙江乃至中国经济社会发展、对国家形象塑造产生了深刻影响；浙商同时为媒介提供了丰富的新闻资源，媒介在成功呈现和传播浙商文化过程中塑造并发展了自身，形成了与浙商发展的良性互动。

尽管媒介对浙商的形塑和呈现自改革开放以来一直方兴未艾，但长期以来学界对浙商的研究主要集中在经济、管理、金融等学科领域，从新闻传播学和传媒文化视角观照浙商媒介形象的研究者和研究成果并不多。而在关于社会具象或群体的媒介形象的研究中，以往的研究多集中于国际公关、政治传播、危机管理等方面的研究，如国家形象、领导人形象研究，或专注于对某一社会阶层、阶级的研究，如城市农民工媒介形象研究、富二代媒介形象研究、女性媒介形象研究等；对企业和商人形象的研究则局限在狭隘的企业形象策划与公关、产品设计与营销、品牌效益与推广等广告学研究的范畴。新闻传播学和传媒文化视角下的经济主体媒介形象研究也就成为小众的研究模式。本书试图从新闻传播学的角度，通过审视浙商群体形象进入公众视野的历史发展，探讨媒介是如何通过议程设置、框架建构以及话语策略，将浙商纳入报道议题并加以呈现的，媒介呈现了怎样的浙商形象。同时深入分析浙商媒介形象呈现的认知原理、传播机制、影响因素以及价值意义，即在浙商媒介形象呈现背后，有怎样的政治、经济、社会背景和文化推动力量，从而丰富媒介形象研究的理论成果。

浙商的兴衰发展可以说是中国经济的晴雨表，对浙商的褒扬和批判也反映了当代中国的社会价值观，这使当代浙商媒介形象的呈现对于当代中国具有现实的社会意义。本书的另一主旨，是探究大众传媒在呈现浙商形象时的问题和不足，即大众传媒在形塑、呈现浙商形象时，是否有刻板印象；刻意张扬了什么，又遮蔽了什么；有哪些值得反思。基于对浙商媒介形象呈现存在问题及这一形象在经济社会转型升级的当下中国所蕴涵的社会意义和价值的分析，本书最后提出报纸媒体在多媒体图景和新媒体环境下对浙商媒介形象再现的思考。

三、浙商媒介形象相关研究现状扫描

（一）关于浙商研究

对"浙商"的研究，最早源于对"浙江现象"的探讨。改革开放以后，浙江以市场化为取向，以民营经济为主体，创造了经济社会发展的奇迹，这一奇迹被誉为"浙江现象"，也称之为"浙江模式""浙江经验"。"浙江现象""浙江模式""浙江经验"从而成为近年来国内外媒体和学术界持续关注的热点。媒体以"浙商"为关键词对浙商的报道可追溯至1999年《经济生活报》的"浙商名流系列访谈"专栏。在政府主导、浙商发展、媒体推动多方合力下，学术界对浙商研究也从最初对"浙江现象"的探源，逐步发展为对浙商群体创业历程、成长规律、经营模式、经营理念、发展趋势、文化性格、主体精神等多层面的探讨。"人文浙商""责任浙商""科技浙商""创新浙商"等新浙商形象也在这一过程中日益丰满、不断提升、广泛传播，最终使浙商发展为当今中国的头号商帮，促进了与浙江经济社会发展的良性互动。

从总体上看，关于浙商的研究分布于各类学科中，其中以经济学、金融学、管理学领域为多，已呈现出多学科多视角的研究态势，已形成四个相对集中的研究模式。

1. 制度经济学视角下的浙商研究模式

制度经济学视角是浙商研究的主流模式，已形成了相当丰富的研究文献，如以吕福新、何大安、项国鹏等为代表，从经济发展与制度创新的关系着手，探讨浙商企业治理、商帮成长和品牌形成模式。代表作有：《再创浙商新优势：制度和管理创新》（吕福新，2004）、《浙商行为的制度安排分析》（何大安，2008）、《制度变迁中的浙商转型：从战术企业家到战略企业家》（项国鹏，2010）、《浙商模式创新经典案例》（胡祖光等，2010）。以张仁寿、史晋川、陆立军等为代表，对浙商发展进行温州模式、义乌模式、台州模式等区域模式细分，研究浙商发展的内在规律、浙江民营企业发展和企业家成长的相关问题。代表作有：《温州模式研究》（张仁寿、李红，1990）、《温州模式的历史制度分析》（史晋川，2004）、《市场义乌——从鸡毛换糖到国际贸易》（陆立军、白小虎、王祖强，2003）、《民营经济与制度创新：台州现象研究》（史晋川、汪炜、钱滔，2004）、《中国民营经济发展报告》（上下册）（史晋川，2006），等等。

2. 人文社会学视角下的浙商研究模式

这一模式的研究者主要从文化学、政治学、民族学、社会科学等人文社会科学的角度，开展对浙江区域文化、地缘文化、历史文化等人文因素与浙商发展的关系研究。有两个主要方向，一是探讨浙江人文基因对浙商发展、浙江企业家成长和浙商现代转型的影响，如《文化传统与浙江经济体制演进路径》（陈立旭，2000）、《文化与浙江区域经济发展》（祁茗田、陈立旭，2001）、《"文化人"假设与企业家精神》（汪岩桥，2005）、《从传统到现代——浙江模式的文化学社会学阐述》（陈立旭，2007），等等。二是直接从文化学视角切入的浙商文化研究，如部分学者就浙商文化的概念范畴、历史渊源、内涵特征、和谐因子、社会价值等开展了系列研究。

这两种模式的研究为浙商媒介形象的建构和传播提供了间接的学术支撑。

3. 个案切入的主体性研究模式

这一模式主要开展对浙商的个案研究和主体性研究，一个独特的现象是：其中涌现了一批媒体人出身的研究者，他们在对浙商进行个案典型报道的基础上，通过大量浙商个体经营和管理案例的描绘，深刻描述了浙商的创业历程、经营理念、运作模式和经营特点。由于他们的研究，浙商媒介形象在公众视野中一个个鲜活起来。有学者将他们的研究风格称为"浙江理论界浙商研究中的一种方法论代表"（汪岩桥、吴伟强，2009）。代表性的著作有：《财富与未来——走进浙商》（项宁一，2000）、《浙商制造（草根版 MBA）》（杨轶清，2003）、《对话浙商》（徐玉婴，2003）等。《浙江日报》经济记者出身的杨轶清在其书中较全面地描述了改革开放以来浙商的创业过程，书中所涉及的浙商都是现今在商海中的风云人物；《对话浙商》是浙江经济报社新闻中心副主任徐玉婴在采写部分企业家访谈录基础上的理性思考。从主体性角度研究浙江企业家精神，则以浙江工商大学的浙商研究中心为主要研究力量，有代表性的成果如《企业家角色人格：对企业家的哲理思考》（吕福新，2002）、《企业家领导理念——茅氏父子如何经营方太公司》（吕福新，2003）、《论浙商的"个众"特性——具有中国意义的主体性分析》（吕福新，2007）等。对浙商典型人物的研究也不断升温，如2006 年以来，"'马云热'在出版界持续高烧"[1]。

国外对浙商的研究既有从中国企业家角度切入的研究，即把浙商作为中国新一代企业家的一分子加以考察，如美国众多媒体把上海浙江商会名誉会长郭广昌、盛大网络董事长兼首席执行官陈天桥、建龙集团董事长张志祥等一批浙商放在中国科技企业家的序列中加以研究。也有对义乌小商品市场等主体性市场的研究。更多的是对成功打入海外市场的浙商的关注和研究，如吉利收购沃尔沃后，一些学者从李书福的生活习性和个性品质切入研究他的成功商道，此外，还有众多学者对马云的关注和研究。

4. 比较研究模式

比较研究模式以浙商发展与国内不同区域经济发展的比较为主，有少量基于国际视野的比较与借鉴。国内比较有代表性的如：《区域经济发展模

---

① 据有关统计，2006 年至 2014 年，连续 8 年，每月至少有一本马云相关图书出版；随着 2014 年阿里巴巴在美国上市，"马云热"在出版界呈井喷之势。见 http://digi.qudong.com/2014/1210/201137.shtml。

式的比较与思考》（张明龙，2002）、《区域工商文化传统与当代经济发展——对传统浙商晋商徽商的一种比较分析》（陈立旭，2005）、《江浙沪开放型经济发展模式比较》（汪素芹，2005）等。国际视野的比较如：《德国企业先驱的伦理观——兼论浙江企业家和西方新教伦理精神》（陈泽环，2004）。

（二）关于媒介形象研究

作为一个学术概念，媒介形象始于 20 世纪 60 年代丹尼斯·麦奎尔（Denis McQuail）和约瑟夫·特雷纳曼（Joseph Trenaman）等人的研究，他们就英国大选开展了电视对政治人物形象传播的效果研究。随着媒介对社会生活的深度介入，媒介形象研究逐渐成为学术界研究的热点。对媒介组织自身形象的研究，不是本书综述的范围。以研究对象为角度进行归类，当前国内外对媒介传播所衍生的公共形象的研究，可分为国家、群体、组织、个人四大类。

1. 国家媒介形象研究

国外有关国家媒介形象的研究可追溯至 1963 年，戴维森（Davison）对他国政府设计自身形象并刻意向外国民众传播的效果进行了研究（Davison，1963：28-36）。国内研究开始形成热潮是在 21 世纪初，2008 年到 2009 年，中国人民大学、北京大学先后举办了以"大众传媒与国家形象"为主题的国际研讨会和论坛，中国传媒大学主办了以"国家形象与城市形象传播"为主题的学术会议，国家媒介形象研究成为传播学和新闻学的重要研究领域。从研究成果看，主要集中在两大方面：一是西方媒体对我国国家形象的建构研究，出现了一些研究成果，如《近代中国的媒介镜像：〈纽约时报〉驻华首席记者哈雷特·阿班中国报道研究（1927—1940）》（李莉，2010）。二是中国国家形象的自我塑造与传播策略研究，如《全球性媒介事件与国家形象的建构和传播——奥运的视角》（李凯，2005）、《当前中国国家形象建构的误区与问题》（张昆，2013）、《中国国家形象建构中文化符号的运用与传播》（蒙雷飞，2014）、《新时期以来中国电影中的国家形象研究》（马沙，2014），等等。两方面的研究具有较大的关联性，基本结论是：中国国家形象的自我认知与他我认知存在较大的差异，以美国为代表的西方国家是中国负面国家形象建构与传播的主导者。国家形象是国家综合国力的重要组成部分，中国需要通过多维角度、多种途径、多种策略对国家形象进行塑造和传播。作为国家形象的代表，领导人媒介形象也成为国内外学者研究的兴趣点。

2. 群体媒介形象研究

国内外主要从传播学的角度对特定阶层或群体形象进行研究。由于东西方文化和社会背景的差异，国内外学者对群体媒介形象的关注呈现出不同的兴趣点，宗教、种族、女性、同性恋者等特殊群体是西方媒介形象研究的重要题材，如阿尔卡坦尼（Ali Al-Kahtani）对阿拉伯人和伊斯兰教教徒在美国"9·11"事件后不同媒体形象的比较研究（Al-Kahtani, 2002），鲍恩（Heather Elizabeth Bowen）对女性形象在旅游休闲杂志广告中的传播分析（Bowen, H. E., 2002），等等。国内对群体形象的研究主要集中在对弱势群体的考察上，如农民工形象研究、女性形象研究等；某类典型群体也往往成为国内学者关注的对象，如党政精英形象、工人群体、少数民族形象、城管形象、富二代形象等，这类研究侧重于展现特定群体的媒介呈现及形象变迁，意在阐释媒介建构社会现实的类型化功能。

除对不同群体媒介形象表现出兴趣各异的关注外，学者们也注意到了群体媒介形象建构的两种不同方式，即自我建构与他者建构。多数的研究关注他者建构，如对后冷战时期西方媒体中的中国人形象研究（林岩，2012）；但也有部分研究着眼于群体媒介形象的自我建构，这类研究主要从新媒体语境和符号学研究的角度切入，如对新媒体时代大学生媒介形象自我建构的研究（严亚，2015）；还有自我建构与他者建构的比较研究，如对微博外交视野下的大使形象研究（钟新、陆佳怡、彭大伟，2012）。

3. 组织媒介形象研究

当前在对组织媒介形象的研究中出现了一批博士论文，如《当代中国大学形象的媒介呈现与重建》（胡西伟，2013）等。但这些研究大多处于描述性研究阶段，对组织媒介形象进行系统论述的文献不多，其中《组织的媒介形象：认知规律和影响因素分析的理论框架》（王朋进，2008）一文，从概念着手，主要从基本原理的层面剖析了组织媒介形象的建构规律、认知机理、意义生成、传播过程以及作用于这些过程的因素，可称得上是不可多得的理论成果。

4. 个人媒介形象研究

对个人媒介形象的研究主要集中在对运动员媒介形象的研究上，如对姚明、刘翔、李娜等体育明星电视广告、电视形象的研究，暗合了社会对体育明星的关注和偏好。

（三）关于浙商媒介形象研究

从已有文献看，从新闻学和传播学的视野关注浙商媒介形象的为数不多。国外媒体和学界多从关注中国商界人物的角度对浙商进行报道和研究，相关研究主要有"中国制造""中国形象"研究等，直接研究浙商媒介形象的文献甚少。当前与浙商媒介形象相关的研究主要在两个议题上有少量成果：

1. 浙商媒介呈现议题

浙商得到媒体持续关注，浙商的媒介呈现也由此成为新闻传播领域学者们的一个兴趣点。学者们主要对媒介的浙商报道主体、报道内容和报道色彩进行研究分析，孙劲松以《经济日报》《21世纪经济报道》《钱江晚报》2006至2008年的浙商报道为样本进行研究，发现浙商已成为一个地域形象特征鲜明，在经济文化生活中有较高知名度和较大影响力的群体；浙商非但是浙江当地媒体报道的对象，而且得到主流媒体的持续关注；在浙商个体中，媒体对马云的报道比例最大；在报道内容方面，媒体对于浙商的经营管理和投资动向关注最多；在报道色彩方面，正面的积极的报道占绝对的比例（孙劲松、王从波，2010）。

关于浙商的西方媒介呈现，学者直接关注浙商的文献尚未发现，相关的研究主要是关于"中国制造"的媒介形象问题。浙商群体是中国商人群体的重要组成部分，"浙江制造"是"中国制造"的重要组成部分，对国外公共舆论动态相关性文献的梳理，有助于浙商积极发展媒体公关，有效应对危机性事件。关于"中国制造"的西方媒介形象研究，代表性的文献有：《中国制造的西方媒介形象——对2007年、2008年〈华尔街日报〉的内容分析》（闫隽、石静远，2010）、《"中国制造"与国家形象传播——美国主流媒体报道30年内容分析》（王秀丽、韩纲，2010）等。学者们研究发现，美国主流媒体的"中国制造"报道有着特定的新闻框架，中国产品的国际形象并不乐观，在美国媒体的"他者"注视下，"中国制造"的产品形象很多时候是中国国家形象的代名词,"中国制造"的产品形象受到经济、政治、国际关系和大众媒介等因素的影响。美国媒体对"中国制造"的负面刻画主要表现在失衡的客观性报道、失实的解释性报道等方面(王秀丽、韩纲,2010);美国媒体如《华尔街日报》善于通过横向扩大辐射面和纵向延伸时间表来表达其隐性的偏见(闫隽、石静远,2010)。

国外对"浙江制造"、浙商媒介形象的专题研究同样未见文献,从新闻传播学角度解读"中国制造"的媒介形象的文献也未有发现。国外有关"中国制造"的文献主要关注两个方面:一是研究"原产国效应",即探究商品产地的国家形象是怎样影响消费者认知以及对产品的实际购买的;二是研究"中国制造"危机背后的原因、解决问题的办法及涉及的有关问题(王秀丽、韩纲,2010)。

2. 媒体传播与浙商互动发展议题

这一议题主要探讨媒体对浙商的报道与浙商发展之间的互动关系。主要观点之一:新闻媒体的报道是浙商发展的重要动力源。徐秀雰指出,浙商群体从诞生、发展到走向全球,其中有一种力量不可或缺,这就是新闻媒体的报道与推动。新闻媒体通过新闻报道为浙商发展提供舆论阵地、创造舆论环境、进行舆论引导、提供舆论关怀,浙商在新闻力量的推动下知名度得以提高、软实力得以提升、浙商精神得以提炼(徐秀雰,2012)。崔砺金、王向阳等研究者指出,在浙商发展困难时期,媒体的正面报道助推浙商攻坚克难,如在 2008 年世界金融危机期间,与浙商一起成长的财经类媒体《市场导报》,及时传递政策利好为浙商正面鼓劲,精心挑选逆势而上的典型进行报道,多方邀请专家学者为浙商解疑释惑,及时组织系列述评文章为浙商"过冬"指明方向,彰显了新闻媒体的人文关怀(崔砺金、王向阳,2009)。主要观点之二:媒体传播是传媒品牌提升的重要推手。有研究者以2005 年浙江电视台经济生活频道周六晚间 11 点播出的《对话浙商——厉玲有约》节目为例,分析了浙商报道对提升传媒品牌的作用。研究者指出,该档深夜财经谈话节目通过采取电视与纸媒、网络等多媒体互动,请著名职业经理人厉玲出任节目主持人等节目运作方式,首播即在全省创下了近1 个点的收视率,创造了深夜财经类节目收视率的奇迹(朱仁华、莫云,2005)。还有学者研究媒体策划的浙商媒介事件对媒介发展的推力,如张静雅研究指出,以 2004 年起由浙江广电集团主办,浙江经视、钱江晚报、《浙商》杂志共同承办的"风云浙商"年度人物评选活动为例。由于这一活动策划和传播充分体现了新闻生产与仪式表达相结合的视听传播模式优势，以及凸显了将媒介发展置于广泛的社会经济结构中的整体意义，从而使媒体不仅彰显了自身权威性、公益性与社会影响力，提升了品牌知名度，而且促成了传媒产业充分实现多种模式的盈利，取得了经济效益和社会效益的双丰收（张静雅，2010）。

（四）浙商媒介形象呈现与浙商研究的合流与研究发展

对浙商的报道和浙商媒介形象的呈现，始于 20 世纪 90 年代末。从媒介报道和学界研究两条线索同时梳理，我们可以发现，十余年来，媒体工作者和学者们主要的工作就是不断拓宽浙商报道和浙商研究的领域，建构媒体浙商报道的框架和浙商研究的模式体系，展现浙商发展的生动实践并试图描绘其总体面貌及未来发展趋势。浙商媒介呈现和浙商研究由此经历了报道和研究的体量不断增加，内容不断丰富，浙商形象由零散呈现到系统呈现、由单一呈现到立体呈现，媒介报道和学界研究的视点和议题从两者分离到逐渐靠拢甚至合流的发展过程。

1. 从零散的、自发的报道和呈现到系统的、自觉的报道和呈现的发展

1999 年，《浙江日报》共发表 5 篇有关浙商的文章，《经济生活报》推出"浙商名流系列访谈"专栏；2000 年，在"浙商名流系列访谈"的基础上，《财富与未来——走进浙商》（项宁一，2000）出版，浙商逐渐进入人们的视野。但对浙商的关注和研究最初是非常零散的，而且是自发的，无论是媒体的报道还是学界的研究，大多出于个人的新闻和学术敏感或个人兴趣，缺乏媒介机构和学术研究的组织活动，研究成果散见于各类报刊、杂志，研究的内容也多为企业家个人的介绍或浙商发展领域中的某些个别问题。进入 21 世纪，随着浙江区域经济的发展，对浙商的报道和建构很快从零散、自发的状态进入到系统、自觉的阶段，成果也日益丰富。从 2003 年到 2005 年，《浙商制造（草根版 MBA）》（杨轶清，2003）、《对话浙商》（徐玉婴，2003）、《企业家领导理念——茅氏父子如何经营方太公司》（吕福新，2003）等一批专著相继出版；2004 年，浙江日报报业集团、浙江广播电视集团、浙江省私营（民营）企业协会联合主办的中国第一本以商人群体命名的杂志《浙商》诞生；2004 年，浙江省浙商研究会成立；2006 年，

浙江省首批哲学社会科学重点研究基地之一浙商研究中心设立。有组织的浙商媒介传播和学术活动标志着浙商形象建构和浙商研究已进入系统的、自觉的发展阶段，此后，浙商报道和研究成井喷之势，单 2014 年，在中国知网以"浙商"为主题进行文献搜索，相关报道和研究共计 248 条。

2. 从个别的、单一的形象呈现到综合的、立体的形象呈现的发展

20 世纪末 21 世纪初的浙商报道和浙商研究，大多关注浙商的个体发展、个别现象、某一领域。但随着专门媒体和专门研究机构的成立，有组织的传播活动和研究活动得以开展。2003 年，由媒体主办的首届"风云浙商"评选活动开始启动；2004 年起，《浙商》杂志每年举办浙商大会（浙商论坛）；2003 年以来，《浙江日报》《钱江晚报》等主流媒体和本土媒体对浙商的报道开始常态化、专栏化、专版化，媒体组织策划面向浙商的活动，如"科技新浙商"评选、"光荣浙商"推介等开始系统化、长期化。浙商研究会成立以后，打造了学术研究、图书出版、论坛活动、智库服务、系列评选、信息发布六大平台，构建了一支学者与企业家相结合的研究团队，推出了"浙商论坛""中国商帮高峰论坛""商帮文化论坛"等品牌活动。浙商研究中心从整体上把握和运用哲学社会科学的理论和方法，从政治学、经济学、管理学、社会学、心理学、法学等多学科和跨学科交叉的角度开展浙商研究，确立了浙商精神和浙商文化研究、企业家成长和企业发展研究、浙江民营经济和浙商核心竞争力研究等研究面向。由此，对浙商的关注和研究开始往纵深方向发展，浙商形象得到综合、立体、全方位的展示和呈现。

3. 媒介报道和学界研究的队伍、视点和议题从两者并行不悖到逐渐交合的发展

首先是队伍的合流。对浙商的最初关注，媒体报道和学界研究基本处于分离状态，相比较而言，媒体报道在广度、成果等方面均超过学界。随着浙商报道和研究热度的提升，一方面，杨轶清、徐玉婴等媒体工作者从纯粹的新闻报道转向报道浙商与研究浙商并重，《浙商》杂志的部分编辑、记者也开始从事浙商传播研究，如朱仁华等的《〈对话浙商——厉玲有约〉：品牌来自独特》（朱仁华、莫云，2005）。另一方面，学界的研究则由纯粹的学术研究转向研究与报道并重，浙商研究会建立了网站、《浙商研究与咨询》杂志等属于研究机构的多媒体形态，除注重培养学术研究团队外，还拥有一支开展浙商新闻报道的媒体队伍。其次是研究视点和议题的逐渐交合。出现了媒体关注的热点即为学界研究的热点、学术界的活动又引起媒体的高度关注两者合流的情况。例如，浙商传媒（《浙商》杂志）主办的 2007 年浙商大会以"科学发展与浙商责任"为主题，3000 多名浙商签署承担社会责任倡议书，"责任浙商"也成为 2007 年媒体和学界共同关注的主要议题；2012 年以来，"浙商回归"作为浙江省的重要战略决策，成为媒体和学界共同关注的主题。近年来，媒体工作者和学者们既关注和研究浙商成长的经历、企业管理模式、管理体制，又探讨浙商成功背后的文化原因、精神因素，挖掘"责任浙商""创新浙商""智慧浙商""人文浙商"的品牌价值；既关注浙商成功创业的经验，也报道和分析浙商在发展过程中存在的矛盾和瓶颈、机遇与前景；既有对浙商自身存在问题的批评，又有为浙商的呐喊助威、加油鼓劲；既关注在国内市场独领风骚的浙商群体，又关注在国际市场上叱咤风云的个体企业家，双方的视点和议题实现了交融与合流。

四、浙商媒介形象研究的方法论视角

浙商媒介形象研究所涉及的主导学科为新闻学、传播学、社会学，同时借助政治学、经济学、管理学等诸多学科的协同研究。在具体研究上，主要采用的研究方法有：

（一）文献分析法

本书综合利用新闻学、传播学、社会学等学科有关媒介形象的理论文献和政治学、经济学、管理学等学科探究浙商发展的有关理论文献，对浙商媒介形象研究进行一定的理论梳理和建构。

（二）内容分析法

对浙商媒介形象进行分析，这是一个适合内容分析的主题。本书在研究浙商形象的呈现时主要使用内容分析法。本研究将通过对"方正 Apabi 报纸资源数据库"的浙商新闻报道进行内容分析，探讨传统媒体如何呈现浙商形象议题以及媒体在此过程中的角色和价值。

（三）话语分析法

内容分析虽然也有质化分析，但内容分析主要是对大量数据进行条分缕析的量化描述，如需更详尽地了解媒介文本所呈现的浙商形象的意义、结构和影响，就需要复杂得多的多学科话语分析法。

此外，本书还将结合案例研究法、深度访谈法、描述法等多种质化研究方法，围绕研究的主要内容作深入探析。

内容分析法和话语分析法都涉及样本选择。本项研究旨在通过梳理当代浙商媒介形象的呈现历程，透视媒介与社会、媒介与经济的互动关系。笔者在一开始选择样本时，除了考虑媒体声望、影响力和代表性等常见因素外，主要考虑了三大因素：一是时间跨度。当代史通常指1949年中华人民共和国成立至今的历史，研究当代浙商媒介形象，应以1949年至今为时间跨度。二是地域跨度。浙商是个地域性的商人概念，对浙商的集中报道无疑以浙江本地媒体，如《浙江日报》《经济生活报》（2000年改名《今日早报》，2015年12月31日停刊）等为主，浙江本地媒体的确也为浙商媒介形象的呈现作出了特有的贡献，但浙商媒介形象的呈现应是超越狭隘地域观念的社会性的呈现，选择全国性的报纸将更有代表性的意义。三是报纸定位类型。对商人媒介形象的呈现，样本的选取以财经类或经济类报纸为宜。

结合上述三大因素，笔者先把目标锁定在《经济日报》《21世纪经济报道》《经济观察报》等全国性经济类报纸上，但经检索发现，某种单一的全国性报纸以浙商为专题的样本量都偏少，如《经济日报》，以"浙商"或"浙企"为标题的文献从2005年至2014年整整十年仅9篇。为客观、全面地考察浙商媒介形象的呈现情况，笔者最终选择了中国报纸资源全文数据库——"方正Apabi报纸资源数据库"作为目标媒体。该数据库收录了除香港、澳门、台湾以外的全国其他31个省市自治区各大报业集团的核心报纸共645种，既有浙江本土报纸和其他地方性报纸，又有全国性报纸；既有综合类报纸，又有经济类报纸；既有大众化、市场化报纸，又有严肃报纸、精英报纸，能够较为全面、充分、客观地反映浙商媒介形象呈现的概貌。

考虑到"浙商"作为专有名词主要出现在1999年《经济生活报》集中报道之后，而且，随着商事活动的现代化，企业是商人的核心，社会经济活动的主体除了传统观念上的商人，同时体现为具有一定经济规模和组织形式的企业。"个体商人"在一定意义上更多地表现为"企业商人"，换言之，浙商形象的呈现离不开浙企形象的呈现，对浙商的报道离不开对浙江企业的报道。为尽量避免遗漏，笔者以"浙商"或者"浙企"为标题、以

1949 年 10 月 1 日至 2014 年 12 月 31 日为时间跨度进行检索，共检索到记录 10045 条。经过细读发现，浙商媒介报道呈现很强的历史阶段性，从 1949 年到 1991 年，关于浙商的媒体报道只有 9 篇，主要报道中华人民共和国成立后中国社会主义改造中公私合营浙江企业的情况，不具有当代浙商的代表性。浙商报道的真正开始是 1992 年，并在 21 世纪开始后呈爆发式递增（详见第二章）。为此，笔者最终把样本总量确定为 1992—2014 年的 10036 篇。

在具体考察当代浙商媒介形象时，根据置信度 0.95、误差 4—5 的统计估算，笔者确定了 500 篇样本容量，在对 10036 篇总体单位以时间为序进行编号排序的基础上，按随机等距抽样的方法进行了抽样，间距为 20。抽中的报道若从内容判断不属于浙商为主的报道，比如浙商证券股市行情发布等，则在其附近随机抽取一篇（先抽取第 N+21 篇；如依然不是，则抽取第 N+19 篇；如依然不是，再抽取第 N+22 篇；如依然不是，再抽取第 N+18 篇；如依然不是，则放弃），最终取得有效样本 500 篇。样本的报道类型包括消息、人物通讯/特写、评论，其中 2000 年 1 篇、2002 年 1 篇、2003 年 2 篇、2004 年 7 篇、2005 年 11 篇、2006 年 21 篇、2007 年 29 篇、2008 年 52 篇、2009 年 55 篇、2010 年 52 篇、2011 年 75 篇、2012 年 65 篇、2013 年 68 篇、2014 年 61 篇。由于 1992—1999 年没有被抽中的样本，为研究所需，1992—1999 年 7 篇报道全部用于除样本外的话语分析。

第二节　浙商媒介形象研究的理论资源与理论视野

媒介形象的理论假说最早来自于 20 世纪 20 年代沃尔特·李普曼（Walter Lippmann）的研究，他在《舆论学》（Public Opinion，1992）一书中提出了"拟态环境"（Pseudo Environment）。从李普曼开始，传播学者围绕"媒介形象"这一领地开展了丰富多彩的研究，"拟态环境"催生了议程设置的研究，框架理论出现并不断得到发展，话语分析理论被广泛应用于媒介形象研究中。这些理论在传入中国后被内在地运用于新闻传播的实践中，成为浙商媒介形象呈现的内在理论逻辑。

一、现实—媒介—认知结果关系理论

"现实""媒介""认知结果"之间的关系，是媒介形象研究所要剖析的主要问题，这也是社会学领域的传统命题，"在客观存在的事物和人的认知结果之间，媒介形象是一个重要的途径"（王朋进，2010：123）。而"媒介形象"概念的直接理论先导是沃尔特·李普曼在《舆论学》一书中提出的"拟态环境"的假说（王朋进，2010：124）。李普曼认为，舆论是人们头脑中的想象，是柏拉图的"洞穴"，人们由于不可能对外部世界都保持经验性接触，因此对于生活在其中的环境的认识是间接的。"由于真正的环境总起来说太大、太复杂，变化得太快，难以直接去了解它。我们没有条件去对付那么多难以捉摸、那么多的种类、那么多的变换的综合体。……我们必须先把它设想为一个较简单的模式，我们才能掌握它。"（李普曼，1989：10）这一模式是以人们自己的想象或别人告诉的情况为基础的，在媒介化社会，舆论更多通过媒介去认知，这种认知的环境不是现实环境全部的、真实的反映和观照，而是一种"拟态环境"，是传播媒介进行筛选、过滤、编辑、重构后的结果。

李普曼提出的拟态环境，是公众赖以了解包括国家、组织和群体在内的现实世界并作出判断的参考和依据，并反过来对发生行动的现实世界产生影响。媒介创造了我们头脑中的想象，媒介如何选择和报道事件将影响我们对外部世界的看法并影响我们的行动。而舆论的形成、拟态环境的塑造，由于审查制度与保密、接触与机会、时间与注意力以及语言的琐碎与片段等方面的限制[1]，很大程度上由固定的成见、即刻板印象（Stereotype）[2]起决定作用。

随着"拟态环境""刻板印象"等重要概念、重要理论的提出，梅罗维茨（Joshua Meyrowitz）、麦奎尔（Denis McQuail）等传播学者围绕现实—媒介—认知结果关系这一领域开展了丰富多彩的研究。梅罗维茨认为，由

---

[1] 李普曼在《舆论学》中提出了对拟态环境起作用的诸多因素，这些因素最终使拟态环境区别于现实环境。1968年，日本学者藤竹晓提出了"拟态环境的环境化"问题，认为大众传播提示的虽然是"拟态环境"，但由于现代社会中人们在很大程度上是根据大众媒介的信息来判断和采取行动，这些行动的结果作用于现实环境，使得现实环境反过来越来越带有了"拟态环境"的特点。

[2] "Stereotype"一词，林珊译《舆论学》（［美］李普曼. [M]. 林珊译，北京：华夏出版社，1989.）与阎译《公共舆论》（［美］李普曼. [M]. 阎克文、江红译，上海：上海人民出版社，2002.）将之译为"固定的成见"，社会心理学界和通用的翻译一般为"刻板印象"。

媒介造成的信息环境与人们行动时所处的环境同等重要，人类的行动根据其所处媒介环境定义的场景来决定，人类交往方式与社会信息模式由所处地点和社会媒介共同构筑①，技术与传播行为交织影响着社会活动与传播环境的互动。麦奎尔指出，大众传播起到一种中介的作用，"透过媒介来获得信息、形象与观念，对许多人来说，是了解共同的过去（历史）以及现在社会方位的主要来源。……媒介在很大程度上为我们的公共的、共同的社会生活和规范提供认知和定义，成为各种标准、模式和规范的主要来源"，"无论我们能够在多大程度上形成自己个人的观点，都还是非常依赖媒介来获取更广泛的'符号环境'（我们脑海中的图像）"（丹尼斯•麦奎尔，2010：66）。梅罗维茨、麦奎尔等人的研究为媒介形象研究奠定了厚实的理论基础。

二、议程设置理论

李普曼在《舆论学》中最终想阐明的是舆论与民主政治和社会控制的关系，认为民主政治决策和社会控制离不开媒介提供的舆论。作者所处的时代，政治制度是民主的，但在实质上，媒介因受诸多因素的限制和捆绑，其准确性和公正性并不能得到保证，媒介没有成为公众了解世界和民主社会发展的工具，而且信息的缺乏将导致移情的民主，因此政府需要把个人意见所具有的力量组织起来转化成共同意愿，然后通过媒介传达到公众的行动中去。李普曼的主张开创了议程设置的早期思想，并催生了议程设置（Agenda-Setting）理论研究。20世纪70年代，马克斯韦尔•麦库姆斯（Maxwell McCombs）和唐纳德•肖（Donald Shaw）首次提出议程设置的概念，他们用实证的方法论证了议程设置假说的存在。简言之，议程设置过程是不同目的者为设置议题获取媒体机构、受众和政策制定者支持而不断努力的结果。议程设置意味着大众传播背后的控制，这种控制既有媒介组织内部的控制，又有社会宏观控制。媒介的议程设置主要表现为通过有选择地提供信息以及新闻报道的先后顺序、重复性和不同表达来提高公众对某议题重要性的认识（宦晓渝，2010）。之后，议程设置一直成为西方传播学领域关注的热点问题，理论的应用也从公共事务领域扩展到企业声誉、社会组织、

---

①［美］梅罗维茨.消失的地域——电子媒介对社会行为的影响[M].北京：清华大学出版社，2002：引言. 转引自：王朋进. "媒介形象"研究的理论背景、历史脉络和发展趋势[J].国际新闻界. 2010（6）：124.

群体形象研究等新领域，并内化为一种操作规范。例如，在版面安排上，小人物、软新闻上社会新闻版，重要人物活动上头版；在文体上，客观报道走向更宽泛、更"规范"的客观性（如解释性新闻、分析性新闻、评论、专栏作者的出现），这种秩序的存在成为新闻传播的约定俗成。由于我国新闻传播有舆论引导和正面宣传的传统，因此，议程设置在我国媒介形象传播实践中有着特定的功能和作用。

三、框架理论

现实—媒介—认知结果关系理论表明，人们对群体形象的认知依赖媒介提供的拟态环境，依赖经过设置的媒介议程，依赖媒介的描写和建构。换言之，新闻在"客观"的基础上，是带有意识形态的遮蔽性的，新闻是能够建构社会现实的。那么，新闻是如何建构社会现实、如何呈现媒介议程的呢？或者说，媒介是如何对包括国家、组织、群体形象在内的社会现实进行建构和呈现的呢？框架分析（Frame Analysis）理论提供了一种研究的范式。

框架的概念来自人类学家格雷戈里·贝特森（Gregory Bateson），欧文·戈夫曼（Erving Goffman）将其引入文化社会学。戈夫曼的框架理论主要体现在《框架分析：经验组织论》（*Frame Analysis：An Essay on the Oraganization of Experience*）一书中。戈夫曼的框架概念聚焦于参与社会建构的主体认知，认为框架是人们或组织对事件的主观解释与思考结构。新闻框架研究延续了戈夫曼框架思想的核心，之后，盖伊·塔奇曼（Gaye Tuchman）通过对媒介组织体察入微的研究，在其 1978 年的《做新闻》（*Making News*）一书中提出了新闻框架理论。作者把她的理论放到可观察的层面，对媒介组织的新闻生产、报道框架和受众认知框架进行了系统阐述。作者认为，在新闻生产中，框架不是既定的、刻意的实体存在，它是在由时间和空间组成的新闻网中的日常理解、公共知识和规则，媒介组织框架生产出的新闻，又成为社会共同的知识融入到意识形态中，对社会生活起作用。框架是意识形态的结果，支持了既有的意识形态，又形成意识形态。框架是媒介形象建构和呈现中的重要因素，媒介框架使新闻业不断制造并传播着社会形象。框架的本质特征，是框限与突显，即选择与遮蔽、强调与淡化。1980 年，美国社会学家托德·吉特林（Todd Gitlin）著书《新左派运动的媒介镜像》（*The Whole World is Watching：Mass Media in the*

Making & Unmaking of the New Left），继而将框架的概念运用到对大众媒介和政治传播的研究中。自此，框架理论成为新闻传播、组织传播、政治传播和形象传播的重要理论基础。

四、话语分析理论

话语分析理论在多个学科领域得到研究和运用，因研究目的和方法不同，各个思想流派与学科领域对"话语"的理解以及对话语分析的范畴界定有很大不同。1952 年，美国语言学家哈里斯（Zellig Harris）使用"话语分析"一词，通常被视为现代话语分析理论开始的标志。20 世纪 60 年代和 70 年代，社会语言学家海姆斯（Dell Hathaway Hymes）对话语、风格、语言艺术形式与不同社会环境中的多种语境及话语运用的差异进行了较为系统的研究，话语分析理论得到发展。话语分析转向政治学和泛文化研究领域，后结构主义者与解构主义者作出了重要贡献。以福柯（Foucault，M）为代表，话语开始被赋予了截然不同的含义，福柯分析话语和权力之间的关系，阐释语言使用的社会情境与社会规则，认为话语不只是一种语言符号，而且是一种实践活动，这种实践活动处于各种社会关系之中。在福柯的影响下，一批话语分析学者的焦点不再集中于语言而是将占据话语位置的主体召唤出来，强调语言对社会现实、社会身份以及社会过程等的积极建构作用。与福柯的话语理论相近，安东尼奥·葛兰西（A. Gramsci）提出了文化霸权理论；阿尔都塞（L. P. Althusser）、拉康（J. Lacan）则说明了意识形态和无意识对主体的质询（interpellation）和建构力量。

进入 20 世纪 80 年代，话语研究的范围扩大，与政治学、法学、历史学及新闻学等多学科交叉的研究得以展开。在新闻学领域，最引人注目的成果当属梵·迪克（Van Dijk）的新闻话语研究。在《作为话语的新闻》（*News as Discourse*）一书中，他第一次把话语分析与大众传播研究相结合，阐述大众传媒中极为重要的话语类型——报纸上的新闻，不仅从传播者的角度把报纸新闻作为一种公共话语类型进行研究，而且从新闻参与者的社会认知角度，在新闻话语与认知之间建立起关系，集中探讨了记者的新闻制作过程和读者的新闻理解过程。梵·迪克指出，新闻是一种公众话语，新闻呈现出的内容、形式和结构与三者有关：一是新闻制作、认知方式和读者的理解过程；二是社会环境；三是意识形态。

20 世纪 90 年代以来，语言学领域的话语分析理论与社会学领域的批判理论及文化研究互相结合、互相嫁接，话语与社会以及文化变迁之间的关系研究成为新的热点。社会现实中的一些重大问题得到话语分析的关注，如分析政治话语、女性话语以及新闻传播中所呈现的认知现象等，说明话语分析和话语实践中权力和意识形态的介入。值得指出的是，《*Discourse & Society*》杂志于 1993 年开辟专栏，专门开展批判性话语分析，费尔克拉夫（N. Fairclough）成为这一领域的领军人物，他的代表作包括《批判性话语分析》（*Critical Discourse Analysis*）、《话语与社会变迁》（*Discourse and Social Change*）、《媒介话语》（*Media Discourse*），等等。这些研究都为本书提供了丰富的理论资源和宽阔的理论视野。

第二章　浙商媒介形象的历时性分析

　　浙商媒介形象是一个历时性的概念。尽管本书所研究的浙商，主要指改革开放以后兴起的、浙江籍人士在浙江省内外从事创业活动的商人群体，但浙商的兴起不是无源之水，也并非一蹴而就，而是有着绵长的历史文化源流的。本章把浙商媒介形象的沧桑变迁放在亘古至今的中国社会历史长河中进行考察，从而为当代浙商媒介形象的呈现探寻基因禀赋、文化传统和历史脉络。把浙商媒介形象放在社会环境的宏观层面进行分析，也是本书研究中国报纸资源全文数据库——"方正 Apabi 报纸资源数据库"（1992—2014）呈现当代浙商媒介形象的主要方法和视角。

第一节　浙商的旧读与新解

一、"商"的起源及其发展的沧桑变迁

　　《诗经·商颂》云："天命玄鸟，降而生商。"以玄鸟为图腾的古代原始部落首领契，因在大禹治水时有功，被封于商。契六世孙王亥，重视发展原始畜牧业，"相土作乘马，亥作服牛"；并已开始进行物物交换的原始贸易，"肇牵车牛远服贾"。至成汤时，商灭夏，建立商朝。商都频繁迁移，其后裔盘庚定都于殷，故商又称殷。周灭商后，商的遗民因参予管叔蔡叔武庚叛乱而失去土地无以为生，不得不重操旧业以贩卖维持生活，久而久之，形成了一种固定的行业。殷商之人善于经商，周初便把从事这一行业的人称为"商人"，"商人"一名由此而来。

　　自然环境是社会历史的自然物质基础，必然参与社会历史发生和演变的过程，并对社会建构和社会意识的形成和发展产生不可忽视的深远影响。中国"商人"起始虽早，但中国原始居民所处的自然环境并不适合经商，中国先民最早居住在东亚大陆贫瘠的黄河中游内陆一带，远方的东面与东南面是望不到头的沧海，西南与西北是黄土高坡和戈壁滩。所以古代中国没有像地中海沿岸国家那样形成发达的海上贸易和商品经济，固守于土地

和农业，是古人主要的生产形式。但原始农业经济有着天然的不稳定性，洪水的灾害是黄河两岸居民最大的困扰。每当黄河泛滥时，山西西南部毒蛇猛兽出没的高原是人类唯一避灾之地。生产力水平的低下、环境的恶劣，使人们只能日夜劳作、胼手胝足才勉强维持生存，他们没有余暇想身外之事，现实与自然的共存是他们的全部生活，农民之间物物交换的原始贸易，只不过是生产和生活的必要补充。《诗经》中有对这种原始商业贸易的描述："氓之蚩蚩，抱布贸丝。"（《诗经·卫风·氓》）也就是说，初时的社会分工为的是生存的需要，并无尊卑贵贱之分。《春秋穀梁传·成公元年》写道："古者有四民，有士民、商民、农民和工民"。

春秋战国以后，生产力得到发展，自然经济和小农生产方式逐渐形成、日渐定型并走向成熟。小农人数多，生活条件大致相同，但相互间不需要也并没有发生多种关系。因为农户几乎都是自给自足，自己直接生产生存需要的消费品，取得生活资料的方式主要靠与自然交换，而不是依赖社会交往。一个农民、一个家庭和一小块土地，旁边是另一个农民、另一个家庭和另一小块土地，分散得像一个个散落的马铃薯（李文冰，2005）。经济基础决定上层建筑，自然经济的分散性和自我封闭性是专制主义政治文化赖以生存和延续的温床，而社会联系的匮乏、对农业的依赖，又使小生产者不可避免地形成了因循守旧、求稳惧变、安土重迁、祈求保护的小农心态。而私人工商业的发展显然与农业发展存在冲突，如求活求变、求异拓新、与农业争夺劳动力资源等，因此必然同时遭至专制主义和小农的反对。比起先民时期，商业贸易反而受到限制，"商"的形象和地位一落千丈。

先秦虽没有现代意义上的传播媒介和传播事业，却有着广泛而且活跃的传播行为和传播活动。重农抑商的思想主要是通过思想家们进行传播、并影响社会的，他们或周游列国游说诸侯，或聚徒施教开办私学，或著书立说整理古籍，以传播自己的思想、理论、主张，其中有许多重农抑商的论述。商鞅是战国时期的法家代表人物之一，他由魏入秦，发起了影响此后两千多年封建专制统治的"商鞅变法"，推行重农抑商思想和政策，是商鞅变法的重要内容。商鞅认为，农是本业，商是末业，影响农业生产的主要原因是"农者寡而游食者众"（《商君书·农战》），游食者主要指言谈游士、商贾及技艺之人，为此，要富国必须抑商，"苟能令商贾技巧之人无繁，则欲国之无富，不可得也。"（《商君书·外内》）商鞅还主张通过提高粮食价格和对商贾征以重税等手段扶持农业，打击商贾，"食贵则田者利，田者利则事者重。食贵籴米不利，而又加重征，则民不得无去其商贾技巧而事地利矣。"(《商君书·外内》)韩非进一步论证和传播了重农抑商的思想，把商人列入"五蠹"之列，并称为"邦之蠹也"(《韩非子·五蠹》)。儒家虽不如法家思想激进，但他们重农抑商的主张是一致的，以荀子为代表的儒家延续了对农业的重视和对商业的鄙视、反对，荀子认为："工商众则国贫"(《荀子·富国》)。

秦统一六国后，建立了中国历史上第一个封建王朝。以家庭为中心自给自足的小农经济，历经中国社会母体的漫长孕育，此时也日益定型并开始走向成熟。为巩固中央集权的专制统治，封建统治者把重农抑商政策作为固国之本，定为国策，"皇帝之功，勤劳本事，上本除末，黔首是富"(司马迁，2003b)。汉王朝建立后，汉高祖推行贱商令，"令贾人不得衣丝乘车，重租税以困辱之"(司马迁，2003a)。伴随朝代更替和历史迁移，生产力水平有所发展，历代封建王朝统治手段也各有千秋，但封建君王又都不约而同地推行重农抑商政策。重农抑商理论传播和政策实施的结果是商成为身份低贱的"末民"，这种"贱商""末民"的商人形象通过正史被规定了下来。从文学作品的表现来看，秦汉以后一直到唐宋前，主流文学中文人们对"贱商"这一阶层关注不多，只有为数不多的以志怪故事的形式所做的描述。

到了唐宋时期，尽管统治者依然遵循重农抑商的思路，"商"在"四民"中仍屈居末位，但随着生产力的发展，工商业在社会生活中的作用日益突显，社会各阶层对待商人的态度有了改变，商人的形象有了一定的丰富和发展。唐五代是有史以来反映商人生活较为集中的时期，除了史料记载，这一时期商人形象主要通过诗歌、杂剧、小说等各种文学作品得以建构与传播。一方面，受刻板印象的影响，这一时期记载的文字仍以贬抑商贾居多，如白居易《琵琶行》刻画的是商人重利轻离的形象，"商人重利轻别离，前月浮梁买茶去"；在《盐商妇》中描述的是商人生活奢华的景象，"盐商妇，有幸嫁盐商。终朝美饭食，终岁好衣裳。好衣美食有来处，亦需惭愧桑弘羊"；李昉《太平广记》卷二八六《幻术三·板桥三娘子》描述的三娘子，是见利忘义恶商人的典型，卷四九五中《杂录三·邹凤炽》叙述的富商邹凤炽是虽富不贵、不得善果的结局，"其家巨富，金宝不可胜计"、而后"犯事，流瓜洲，会赦还。及卒，子孙穷匮"(李昉，1961b)。但另一方面，也有为数不多的对商人群体形象的正面刻画，或表现其传奇的人生经历，如《太平广记》记载的"至富可敌贵"的王元宝（李昉，1961a）；或描述商人优秀的商业道德和先进的经营理念，如柳宗元散文《宋清传》，高度赞扬了宋清"居善药"对消费者不分贫富贵贱一视同仁的为商品质和经商之道。商人地位的变化也可以从这一时期文学作品对其描绘和叙述的情况得到验证，"商人已经从前代文学中的'龙套'，一跃而为唐五代文学中的'配角'，个别时候还成了'主角'"（邵毅平，2006：152）。宋元时期，工商业规模进一步扩大，南宋叶适等思想家开始为工商业发展和工商地位提高奔走呼吁，制造舆论。叶适主张本末并兴，"夫四民交致其用而后治化兴，抑末厚本非正论也"（《习学记言序目·汉书三》）。宋朝统治者也颁布了一系列"恤商"法令，包括减免税种、扩大商人经营权等，这些宽松政策为商业的进一步繁荣、商人地位和形象的提升创造了条件。较之前代，文学作品中的商人形象从关注商人的处境及自身转到关注商人同社会其他阶层的关系上来。除了文学作品，宋元时期还出现了数量可观的商人传记。

之后，随着商业经济的繁荣，明中期思想家王阳明、明末清初启蒙思想家黄宗羲，推倒传统的"四民观"，把工商摆到与士农同等的地位，黄宗羲在《明夷待访录》中提出了"工商皆本"的主张，他写道："世儒不察，以工商为末，妄议抑之；夫工固圣王之所欲来，商又使其愿出于途者，盖皆本也。"重商主义由民间经思想家、政治家向朝廷渗透，士人阶层和商人阶层"两个社会阶层已经出现了新的关系与联系"，出现了"士商互动"与"士商合流"（余英时，2004：156—168）。到了晚清，在内忧外患之下，清廷最终接纳了一批有识之士抛弃陈腐本末观、以商强国的主张。1903年，清廷设立了商部，独立于中央各部之外，作为统领农工商实业的中央最高管理机构，并准许各地设立商会，此后几年，杭州、宁波、绍兴、金华、温州等地相继成立商会，此前各地已设立的传统的会馆、公所也逐渐向商会转化。有学者指出，商会的出现，让工商业者走出了狭隘的同乡、同业范围，组合到更大范围的区域性的商业利益共同体中，从而实现利益相关性的现代化整合，并且延伸到政治、民众教育、社会公益等广阔领域，对城乡社会公共事务的参与和管理都达到了新的程度①，商贾真正开始走上社会的正面舞台。

---

① 毛祖棠在《百年浙商》（贵阳：贵州人民出版社，2012：12）中指出当时商会的职能已延伸到创办报刊、兴办商学、平粜粮食、实施赈济、整顿交通、维持治安等方面。

二、商帮文化与浙江商帮

商帮是中国历史上特有的现象,存在于明清两代。明朝中叶开始,一方面,农业经济的发展,放松海禁等体制政策的变化,为工商业的发展提供了条件,商品性生产在农业中的比重逐渐增大,部分农户脱离农业,转向独立的手工业和商业。但另一方面,封建统治者重本抑末的政策并未根本改变。商人们携货行走四方,进行商品交易,为寻求支持和保护,也为避免同行业恶性竞争,商人组织——商帮开始形成,所谓商帮,"是指称雄逐鹿于商界的地域性商人群体或商人集团。它常常以血缘姻亲和地缘乡谊为纽带所结成,并有一大批手握巨资的富商构成商帮的中坚力量"(石忆邵,1997)。商帮的组织形式是会馆,会馆一般以同业或同地域的商人为聚合对象,是商帮成员集会、共议商策以及处理商帮事务的组织机构。商帮及会馆一般都建有章程,以规章来规范帮内成员的行为,维护帮内成员的商业利益,对外处置来自政府以及民间有关本帮商务的各种杂事。历史上有影响的十大商帮在这一时期兴起。十大商帮一般指:山西商帮、徽州商帮、广东商帮、福建商帮、山东商帮、陕西商帮、宁波商帮、龙游商帮、江右商帮、洞庭商帮。其时晋商、徽商、潮商势力最大,影响最远。

十大商帮的形成是生存条件、地理位置、资源要素、政策环境多方面因素共同作用的结果。人口与耕地的关系是农业社会生存与发展最重要的关系,宋代开始尤其到了明清时期,人口增加与耕地不足的矛盾日益突出,江浙、福建、安徽等地的矛盾尤甚。过剩人口迫于生计,一方面最大限度地精耕细作,提高劳动生产率,另一方面不得不通过向外移民、经营工商等其他途径加以调节。商业的发展还得益于这一时期的政策因素,晋商的兴起就是典型的案例。明朝为戍边之需,实施了食盐营销制度——"中开制",晋商得交通地理之便利,因这项政策迅速发展壮大,产生了许多大盐商。明朝晋商已遍布全国各地,到了清朝,晋商设立会馆,并树立了驼帮、船帮和票号三座丰碑,成为国内势力最雄厚的商帮。明清时期另一支重要的商帮力量——徽商的形成,以嘉靖三十九年(1560)北京歙县会馆的建立为标志。徽商经营种类繁多,"有盐商、木商、海商、典当商、仓库旅馆兼营商、墨商、书商、丝商、茶商、陶商、布商等,大要言之,以盐、典、茶、木为大"[①],其主体盐商的兴盛,也与明朝纲运法的确立有密切关系。

---

① 关于徽商的史料主要参考历史学家傅衣凌等人的研究,此处引用详见:傅衣凌. 明清时代徽州婺商资料类辑[J].安徽史学通讯.1958(1):61-66.

徽商的兴起促进了商业文化的发展，徽商出色的管理手段和经营艺术为当时及后人所称道，有学者把徽商的人格形象归纳为"贾而好儒、商而兼士"，又称其"以道营商、以义行事"（于海根，1994）。徽商创造了商业奇迹，也促进了区域性城镇经济的发展和戏剧、雕刻、建筑等文化艺术的繁荣，对经营地的社会发展产生了重要影响。潮商是暨晋商、徽商之后，在中国近现代史上最具影响力的商帮。潮商的崛起得益于其地少人多、向海而生的地理环境，尽管崇尚自然经济模式的封建王朝反对海上贸易，到了明清两代更是实行海禁政策，但严酷的禁海法令抵不过生计之需，强悍的潮汕商帮由此发展起来。1860 年，随着潮州在外力强制下被迫开埠，潮商经济日益繁荣，经久不衰。从历史的角度看，明清晋商、徽商的兴起根植于佃仆制，以封建政治势力为后盾，特有的地理、经济、政治因素使晋商和徽商演绎了繁华昌盛，但也由此阻碍了晋商、徽商由封建商帮向近代资本主义的转化，最终没落。

明清时期的十大商帮中，浙江居二席，即龙游商帮和宁波商帮。龙游商帮是中国十大商帮中唯一一个以县城命名的商帮，指浙江衢州府所属龙游、常山、西安（今衢州市境内）、开化和江山五县的商人，其以龙游商人人数最多，故冠以龙游商帮。龙游为中国古代重要盐道饷道，是浙皖闽赣四省交通枢纽。龙游商帮以经营珠宝业、垦拓业、造纸业和印书业为主，他们崛起于金衢盆地，活跃于中原，远赴边关与海外，历史上有"遍地龙游""天涯贾客"之称。龙游商人在营商活动中，主张"财自道生，利缘义取"，坚持诚信为本，坚守以义取利，如在其商业道德规范"为商十要"中，把"投税不可隐瞒""年老务宜尊敬""幼辈不可欺凌""务要背恶向善""不可妄作妄为""乡里务宜逊让"等，作为明确的经商宗旨要义（吕福新等，2009：64—65）。他们在历史上的形象是有眼光、有抱负、有文化教养的儒商，纸商傅立宗、滋福堂中药铺等都是其代表。但"鼎盛于明中叶至鸦片战争前后的龙游商帮，最终由于抱残守缺、跟不上世界经济发展，自光绪以后其活力之源竟宿命般逐渐枯竭，弹指间奢华烟消云散"（汪岩桥、吴伟强，2009：124）。

宁波商帮，是中国商帮中的后起之秀，也是对近代资本主义兴起作用最大的商帮。宁波商帮泛指江浙行省宁波府属的鄞县、镇海、慈溪、奉化、象山、定海（加上今宁海、余姚）六县在本地和外地经商的宁波人，他们以血缘姻亲和地缘乡谊为纽带，结成相互支持、和衷共济的商业利益共同体。宁波商帮形成于明末清初，发展于鸦片战争之后，尤其是中华民国时期。宁波地处我国海岸线中段，长江三角洲南翼，属于典型的江南水乡，又有天然良港，是中国大运河南端出海口、海上"丝绸之路"东方始发港之一。凭借得天独厚的滨海地理条件，宁波自古就有经商的传统，在重农抑商的封建社会中是极少数崇商敬贾的地区之一，加上南宋后受浙东学派"经世致用"实学思想的影响，宁波帮快速发展壮大（汪岩桥、吴伟强，2009：130）。在明清时期，全国各行省乃至海外南洋群岛，但凡商贾集聚之地，皆有宁波商人的足迹（吕福新等，2009：67）。1887年，宁波慈溪人严信厚在宁波创设了通九源机器轧花厂，这是浙江最早兴办的近代民族资本主义企业。第一次鸦片战争后，宁波、上海作为五口通商口岸其中之二成为西方列强的商品倾销地，宁波商帮商业活动的中心也由宁波扩展到上海。宁波商人在充当外商的买办、代理人或与外商打交道的过程中，学习西方的经营理念和管理模式，发展了银行业、航运业、纺织业等新兴商业和产业，航运巨头虞洽卿、实业大亨刘鸿生、金融巨子朱葆三、五金大王叶澄衷等宁波商人成为中国近代史上的浙商杰出代表。随着外国经济活动在中国的扩展，宁波商帮的经营地不断向各通商口岸推进。到了中华民国时期，在传统商帮基础上发展起来的江浙财团，以其雄厚的实力和强大的势力，在当时中国的政治经济舞台上产生了巨大影响。至20世纪二三十年代，宁波商帮创办的工业企业从机械制造扩展到日化用品、电机电器、制药等多个领域，百年老店"同仁堂"，就是宁波商人乐显扬一手创办的药号。宁波商帮在经商中信奉"君子爱财，取之有道"，注重信誉，不屑诈伪，远近闻名。虽然政局的动荡，兵荒马乱之祸害，导致中国传统商帮最终没落，但以宁波商帮为代表的浙江商帮从封建商帮向讲诚信的近现代企业家的转型，为中华人民共和国改革开放以后浙商的重新崛起奠定了基础。

三、改革开放与浙商的重新崛起

改革开放以来重新崛起的浙商，是浙江民营经济发展过程中诞生的特有的群体，是本书研究的主要对象，浙商作为浙江省的一张"金名片"，已成为约定俗成的一个名词，一般指浙江籍人士在浙江省内外从事创业活动的商人群体，这一定义不包含国企负责人这一类非典型企业经营者。中华人民共和国成立之初，在计划经济体制下，商人并没有随着新社会的到来崭露头角，反而一度从中国社会阶层中消失，"抑商政策发挥到了极致，商人被视为资本主义的异端，……在此种社会大背景下，长期以来报纸、杂志、广播、影视等媒介中的商人形象多暗含贬义，是世人贬损的对象"（彭焕萍，2008：2）。商人群体的重新崛起在改革开放以后。伴随社会主义市场经济体制的产生、形成和发展，历经三十余年，商人的地位和形象开始突破历史的藩篱，"逐渐地完成了从社会末流、势利小人到社会精英和风云人物的转变"（彭焕萍，2008：3）。

　　吕福新等学者指出，"改革开放以来浙商兴起的逻辑起点，是计划经济时期潜伏着或处于休眠状态的浙江商人，他们不仅有经商和创业的历史记忆和本能欲望，而且也有一些非清醒意识的或地下的商业活动"（吕福新等，2009：71）。浙江具有商业发展的基因和传统，虽然公开的有组织的商业活动在中华人民共和国成立初期计划经济体制下几乎没有，但浙江人创业的偏好和擅于经商的血脉并没有中断，如浙江义乌从明末清初发展起来的小商小贩：走街串巷"鸡毛换糖"货郎担、永嘉的弹棉郎、上虞的修伞匠，这些零散的商业行为，即使在商业禁锢最严厉的"文革"时期，仍然兴盛。20 世纪 70 年代后期以来，随着改革开放政策的放开，处于休眠状态的浙江民间工商业活动"春风吹又生"：横店徐文荣首创社团经济模式；温州永嘉县桥头镇出现经营纽扣、表带、发夹等小商品的自由市场；1982 年，台州陈华根领取了全国首家由工商行政管理部门批准的股份合作制企业营业执照；1982 年，义务冯爱倩领取全国第一个个体工商户营业执照；1983 年，浙江海盐衬衫总厂厂长步鑫生以独创的企业改革闻名，成为 1984 年全国十大新闻人物；1985 年 5 月 12 日，《解放日报》以《乡镇工业看苏南，家庭工业看浙江——温州 33 万人从事家庭工业》为题，头版首发报道"温州模式"……到了 20 世纪 90 年代，浙商成为中国最为活跃的经济体之一。

　　浙商崛起主要表现在三个方面，一是乡镇企业异军突起，二是专业市场形成，三是一大批企业家涌现。

　　十一届三中全会之后，异军突起的乡镇企业是中国农村改革的副产品。邓小平指出："农村改革中，我们完全没有预料到的最大的收获，就是乡镇企业发展起来了，突然冒出搞多种行业，搞商品经济，搞各种小型企业，异军突起。"①在浙江，乡镇经济主要以个体工商户、专业户、家庭工业的

---

① 1987 年 6 月 12 日邓小平会见南斯拉夫共产主义者联盟中央主席团委员斯特凡·科罗舍茨谈到中国改革时指出：改革步子要加快。我是主张改革的，不改革就没有出路，旧的那一套经过几十年的实践证明是不成功的。详见邓小平. 邓小平文选第三卷[M]. 北京：人民出版社，1993：238.

形式出现，数量庞大的乡镇企业涉及工、商、建、运、服各个竞争性行业和领域，吉利、广厦、传化、万事利、青春宝、正泰、奥康、新光等一大批企业在这一时期崭露头角。经过改革开放三十年的蓬勃发展，乡镇企业已经成为推动浙江经济社会发展的重要力量，到 2008 年，浙江正式登记注册的乡镇企业逾 55 万家，乡镇企业从业人员超过 1000 万人，占农村劳动力近 53.5%，缴纳税金占到全省地方财政收入的 32.7%。一个面积 10 万平方千米的"资源小省"摇身一变为"经济大省"，在乡镇企业发展中获利的浙江农民人均收入由改革前的 281 元（全国倒数第四位）跃至 2007 年的 8265 元（中华人民共和国农业部，2009），2015 年达到 21125 元，自 1985 年以来连续 31 年稳居全国第一①。进入 21 世纪以来，尤其是经历了 2008 年全球性金融危机的阵痛和洗礼，浙江省乡镇企业进行了包括产业结构、产权制度、分配融资、治理模式、经营管理方式等产业制度的脱胎换骨的转型和变迁，开始做大做强。浙江东冠集团、金轮集团、雅戈尔集团、横店集团等一批企业脱颖而出，成为经济实力强、科技含量高、带动辐射作用显著的龙头企业。

随着乡镇企业集群化程度的提高，一大批具有地方特色和区域优势的专业市场开始形成。从 1978 年永嘉桥头纽扣市场萌芽起，到 1984 年，温州已发育形成十大较成熟的专业批发市场，形成"家庭工业+专业批发市场"的温州模式，继温州之后，绍兴、台州、金华等地区的专业市场得到迅速发展。在义乌，由"敲糖帮"提供货源的季节性小商品市场逐渐形成，1982 年，义乌沿街为市的小商品市场正式对外开放；1984 年，以个体商贩经营小商品、批量销售等形式为主的大型专业性市场在稠城镇建成；1991 年，义乌小商品市场的年成交额、上缴税收、日上市品种、日客流量和摊位数量等多项指标，位居全国 7 万多个集贸市场之首（中央浙江省党史研究室、当代浙江研究所，2000：392）。2006 年，"义乌·中国小商品指数"面向全球发布；2007 年，"绍兴·中国纺织品指数""余姚·中国塑料价格指数"发布，全国性乃至国际性的市场网络形成。到 2008 年，浙江全省共建有 4000 个专业市场，500 多个乡镇企业园，连续 15 年保持超亿元市场数、商品成交额、单个市场年成交额全国第一（王祖强，2008），在全国百强专业市场中，

---

① 详见浙江省统计局、国家统计局浙江调查总队. 2015 年度浙江省人民生活等相关统计数据公报. 浙江统计信息网：http://www.zj.stats.gov.cn/tjgb/jmszgb/201601/t20160129_168787.html.

浙江约占四分之一。

专业市场的发展又反作用于产业集群的发展,"小商品、大市场""小企业、大协作""小区块、大产业""小资源、大制造""小资本、大经营"的"浙江模式"日渐成熟,经济社会持续高速发展的"浙江现象"引人瞩目,善于创业、勇于创新的"浙江经验"吸引了众多的学习者,"浙江现象""浙江模式""浙江经验"成为全国理论界研究的热点,也成为媒体关注的焦点①。随着浙江经济的异军突起,浙商成为中国社会发展中一支活跃的生力军,进入 21 世纪以来,浙商完成新一轮的转型发展,从浙江走向全国、走向世界。据不完全统计,在国内,浙商在本省创业的有 400 多万人,在省外其他城市约 800 万人;在国外,有 150 多万浙商在世界各地创业发展,通过并购、设立工业园区等多种途径,浙商投资足迹已经覆盖全球 129 个国家和地区,并逐步从传统的东南亚、欧美市场向非洲、南美洲等新兴市场拓展。浙江省内已有 8 个境外园区,吉利并购沃尔沃引起世界关注,万象集团在美国设立的工厂为当地创造了数千个就业岗位,阿里巴巴美国上市成功让马云成为中国首富、国际级商界风云人物。2015 年,全国工商联发布的"全国民企 500 强"显示,浙江 138 家企业入围,连续 17 年蝉联全国第一。

庞大的浙江中小企业家群体也进入公众和媒介的视野。到 1998 年底,全省个体工商户达到 158.4 万户,私营企业总户数达到 10.02 万户,共有从业人员 420.7 万人(中共浙江省委党史研究室、当代浙江研究所,2000:480)。有学者调查统计,自 2004 年以来,浙江省个体及私营商户年均增长 12 万户,每天诞生 2000 个私营老板,年均增长率在 20% 以上(葛思羽、胡蕾、钭利珍,2013)。早在 1999 年,《经济生活报》开辟专栏——"浙商名流系列访谈",每周推出一期,每期一个整版,访谈第一次使用"浙商"这一名词,以"正文、记者印象、个人及企业特色"四个部分的行文方式,以准对话体对鲁冠球、徐冠巨、黄巧灵、汪力成、宗庆后、冯根生、徐文荣、马云、李书福、南存辉等一批浙江企业家进行访谈。访谈把"浙商"的经营之道和成功故事作为背景,着重演绎企业家的个性特点、成功原因和失误之处,

---

① 时任浙江省委副秘书长、政策研究室主任的陈一新撰写了《浙江现象、浙江经验、浙江精神》一文,发表在《政策》2009 年第(4)期上,该文系统全面地总结了浙江改革开放 30 年来的成功做法和经验,引起了全国各地的广泛反响和学习讨论。

这是媒介对"浙商"个性化、人性化形象的首次比较系统的呈现和传播。之后，随着浙江经济的发展和浙商影响力的增大以及《浙江日报》《钱江晚报》等浙江本地媒体的密集报道，"浙商"开始频频出现在国内传统主流媒体上，有关浙商的新闻报道成为传统媒体经济新闻报道的重要组成部分。

第二节　浙商形象的媒介话语嬗变

一、"儒商"和"奸商"——中国古代浙商的形象悖论

从历史上看，"儒商"这一形象古已有之，在《史记•货殖列传》中，司马迁就列举了范蠡、子贡、白圭、程郑等富而好礼、聚财有道的商人。到明代后期，"儒商"已经成为一个显著的社会阶层。据史料考证，"儒商"一词在明清以后正式出现于文献，主要出现在士大夫创作的商人墓志铭、传记中。先是与"儒商"同义的"儒贾"一词在明嘉靖、万历年间风行，"儒商"称谓的风行则在清顺治、康熙以后（周生春、杨缨，2010）。所谓"儒商"，就字面意义而言，即"儒"与"商"的结合，"贾而好儒，儒而好贾"，亦儒亦商，"儒贾者，贾名而儒行也，即以经商之名而行儒教之事；贾儒者，以儒饰贾，即以崇儒之名而行经商之事"（周俊敏，2000）。中国传统文化中的"儒"，泛指有文化有道德的人，一般认为，"儒商"是对具有儒家文化修养的传统商人的特称，是指有文化、有道德、讲信义的商人、企业家。中国古代的儒商大多是文人学士，受环境所限不得不放弃儒家学业经商持家，但他们依然希望通过入贾为自己脱贾入儒、走上仕途创造条件。

浙江儒商文化可以追溯到陶朱公范蠡。范蠡，字少伯，春秋时期楚国宛地三户人，是春秋时期著名的政治家、军事家、道家学者，博学多才。相传他辅佐勾践兴越国、灭吴国后，急流勇退，十九年中三次经商成巨富，三次散财施善乡梓，是儒商之鼻祖，被后人尊称为"商圣"。范蠡的"儒商"形象最早经《史记》得以塑造和传播，并一直受到历代史学家的关注。《史记》没有单独为范蠡列传，其出场在《史记卷四十一•越王句践世家第十一》和《史记卷一百二十九•货殖列传第六十九》中，司马迁满怀赞誉之情勾勒出栩栩如生的范蠡这一人物形象[①]，对其"儒商"形象的刻画主要在

[①] 历史上民间对范蠡形象的演绎很多，但正史主要见于《越王句践世家》和《货殖列传》中。

《史记·货殖列传》中，"范蠡三迁皆有荣名""与时逐而不责于人""富好行其德"。当时浙江即为越之地，范蠡辅佐越王时为其所采纳的兴农利商、农末俱利的治国之策对当时浙江社会发展起着积极的推动作用，对浙江重商地域文化的形成和儒商的价值认同产生了深远的影响。

自秦统一中国，由汉唐至宋元这一相当长的历史时期里，由于封建王朝实行重农抑商的政策，加上浙江古时偏安一方，是中原礼乐文化较难达到的"蛮夷之地"（吕福新，2009：49）。像范蠡这样的大儒商很少在浙江出现，但浙江"富好行其德"的儒商文化仍在延续和发展，儒商形象成为传统浙商形象塑造的基本遵循。自宋代开始，以陈亮、叶适、吕祖谦、黄宗羲等为代表的浙东学派兴起，他们反对重农抑商政策，倡导通商惠工、富民强国，主张义利统一、经世致用，揭示了"工商皆本"的合理性。浙江人重商的文化传统和擅于经商的文化记忆被再次激活，以耕读诗礼传家的士绅阶层加入商人队伍的人数日益增多，如宁波士子孙春阳，在科举考试多次失意后，终弃举业到苏州经商，明清时期苏州著名的商铺——孙春阳南货铺因此创办起来。据浙江地方史志记载，元明清时期杭州、宁波、绍兴、台州、湖州、嘉兴、金华等地都不同程度地存在相对发达的集市贸易和手工业活动。经商致富的商人，在浙东学派的倡导下，社会自觉意识增强，又反哺家乡，修建祠堂，建置义庄、义塾，如"慈镇两邑大姓，义庄林立"，[①]杭州商人钱震，行商所致巨万金，散尽给乡里的孤乏者，散完再去打拼，如是者数四（徐溥，1991：22）。儒商形象得到社会的尊崇和广泛传播。

但在中国古代，在"四民"的等级界定和"学而优则仕""内圣外王"等儒家正统价值观念的主导下，浙商形象自始至终是具有两面性的，在把"儒商"形象作为完美人格追求进行媒介呈现的同时，工商阶层更多地被视为"杂色之流"，"无品之辈""无商不奸"的贬损和刻板印象如影相随。早在春秋战国时期，韩非子《五蠹》就将商人描述为社会蛀虫；汉儒董仲舒提出"大富则骄，大贫则忧，忧则为盗，骄则为暴"（《春秋繁露·度制》），给富商贴上了"暴"的标签；汉高祖刘邦制令商人不得"衣丝乘车"，在政治上在生活中贬低和侮辱商人。总之，封建王朝采取政策压制和舆论控制双重手段，把商人符号化为逐利小人而使他们沦为社会末流。

除正统史论的记载外，文学是社会生活的反映，在中国古代文学典籍

---

① 详见义田记. 慈溪鸿门章士宗谱卷首.

的浩瀚海洋中，"在政府大力推行的重农抑商政策下，在士农工商不可更改的既定社会秩序中，商人注定不会成为文学作品的主角"（彭焕萍，2008：41）。唐宋元时期中国文学样式和内容已十分丰富，但专门以商人为题材的文学作品不多，即使有也以刻画唯利是图、重利轻义的商人形象居多，不像人们对儒学士子和侠客的人物形象建构时一贯持正面态度，如文言小说《曹伯明错勘赃记》《王八郎》《大桶张氏》等，塑造了一个个贪财、好色、唯利是图的奸商形象（谈凤梁，1991：758）。对商人形象的多层面的塑造主要出现在社会经济日渐发展的明清时期，如《金瓶梅》《三言》《二拍》《红楼梦》《儒林外史》《镜花缘》等文学作品，都有对商人形象一定篇幅的塑造和描绘。这一时期对商人的描绘相比历朝已趋丰富多样，正面形象的刻画日益居多，如《三言》《二拍》以大量的描绘从多角度展示了当时丰富的商业活动，其中呈现了不少诚实守信、吃苦耐劳的商人形象。但受根深蒂固的传统文化基因的影响，"儒商"在某种意义上更多的是商人这一社会阶层为提高社会地位而刻意塑造的自我形象，正面形象的刻画也主要体现在大量的墓碑文中而不是在文学作品中，对"奸商"的刻画则是贯穿这一时期商人题材文学作品的另一条隐线，《金瓶梅》中的西门庆的形象建构是典型代表。明清时期的商贾小说多从当时势力最强的商帮徽商和晋商取材，但在为数不多的对江浙一带商人的塑造中，对奸商的刻画可谓栩栩如生、入木三分。例如，由笔炼阁主人编著的清代世情小说《八洞天》卷五正交情《假掘藏变成真掘藏，攘银人代作偿银人》一篇，就描绘了明朝正统年间浙江金华府兰溪县一个豆腐商甄奉桂的奸诈形象。故事讲的是以磨豆腐为生的小商人甄奉桂，穷极无聊，以大年夜在屋里挖到银子为幌子，招摇撞骗，骗得房东和邻居街坊委托经营的资金和房产，一路财运高照，果然在租来的大房子中掘得宝藏成为大富翁。大发不义横财的甄奉桂忘恩负义，巴结官宦，欺压他人，最后不得善终。

二、"新式商帮"形象和"红顶商人"的命运——近代浙商的双重印记

鸦片战争以后，宁波、温州、杭州被开放为通商口岸，善贾的浙江商人顺势而为，及时切入新式商业，从旧式商帮转变为近代资本主义工商业集团，涌现了一大批近代工矿、金融、航运等领域的企业巨子，取代曾经鼎盛一时的徽商、晋商，成为近代中国极具实力和影响力的区域商人群体，

为中国近代化作出了重要贡献。在有"中国近代化缩影"之称的上海，以宁波商帮为核心的江浙财团，控制了钱庄、纺纱、航运、海外经纪等很多产业，在上海总商会，浙江商人长期掌控着最高领导权。自上海商业会议公所 1902 年成立到 1929 年被改组，浙籍商人当选总理（会长）的有 14 人，当选副职的有 13 人，在各届总商会董事、会员当中，浙江商人所占比例高达 50% 至 72%（陶水木，2001a），反映了浙商在商界的地位和影响力，浙商作为近代中国"新式商帮"的翘楚地位得以确立。

近代浙商作为"新式商帮"形象的确立首先是通过四层转型完成的，即"封建商业资本转化为产业资本；商人转化为企业家；封建钱庄的金融制度转化成为现代银行制度；西方最新科技转化为生产力"（汪岩桥、吴伟强，2009：147—148）。19 世纪六七十年代之后，浙商从原来以丝、茶等商业买卖为主转而向工业领域发展，浙商仅在缫丝、火柴、造纸 3 个行业的投资额，就占甲午以前上海工业投资总额的一半，并在缫丝、丝织、橡胶、医药、印刷出版、金融、航运等行业中都出现资本集中的趋势（陶水木，2001b）。1908 年，虞洽卿等宁波商人在上海独资创办四明银行，是我国第一批商业银行之一，同期浙商还创办了浙江兴业银行、浙江实业银行等，而浙商参与投资、创办、管理的则几乎涉及了当时在上海的所有重要银行。除银行业外，浙商还在保险、证券、信托等新式金融资本中占明显优势，对中国近代金融业的产生和发展具有举足轻重的作用。在由商业向近代产业推进的历程中，一批地位显赫的近代浙江实业家和资本家涌现，如宁波商人严信厚、虞洽卿、朱葆三等，都是典型代表。中国商人的价值和地位何以在近代得到彰显？胡适等人实证主义的态度是恰当的阐释。西方国家凭借坚船利炮敲开中国封闭的大门后，中国相当稳定的社会结构从此被打破，社会变革在内忧外患的背景下展开了。在有识之士探索国家出路的过程中，器物层面的现代化成为首选，胡适等人旗帜鲜明地提出实务兴国，要让商人成为打败贫穷的先锋。于是，商人顺理成章地代表了社会肌体的新生命、新希望，商人、商业资本、商品作为一种进步的因素和力量被推上了历史舞台。1904 年，清廷制定《商会简明章程》，商人组建独立于官方行政机构之外的组织在法律上得到允许，这意味着商人作为一个独立的社会阶层已被政权公开承认，中国传统社会结构中商人这一尴尬角色得以正名（董明，2010）。其次，"新式商帮"形象的确立还来自于近代浙商对中国近代化意识形成的促进和推动。西方学者在对近代中国以"他者"形象进行叙述时，或多或少地对近代中国是否存在市民社会和公共领域进行了"想象式建构"，浙江商人和商业以推进近代浙江公共领域形成的正面形象得到罗威廉（William T. Rowe）和玛丽·兰金（Mary Rankin）等学者的肯定。玛丽·兰金认为浙江省会杭州的商绅丁某，是近代浙江公共领域的著名管理者，代表中国近代化水平、新型精英能动主义所在地——湖州府南浔镇，厘金税支撑了"高度自治的精英管理"（Rankin，1986：104）。

在救国图存和追求自身社会地位双重目标的招引下，从民本经济起家的近代浙商与政府的关系始终是交感而非对峙的，两者是由利益连接起来的共同体。有学者研究指出，新式宁波商帮与国民党及其前身中国同盟会的关系源远流长。比如，原籍宁波的华侨商人吴锦堂等积极支持孙中山及同盟会的革命活动，在辛亥革命前后，有许多宁波商人与革命党建立了关系，虞洽卿、朱葆三等巨商富贾为革命军筹措军饷可谓不遗余力。上海光复后，朱葆三出任都督府财政总长，虞洽卿与蒋介石关系密切，并促进了江浙财团对建立南京政权的支持。近代浙商由此塑造了自身的另一形象，即与政府官场有密切联系的"红顶商人"形象。"红顶商人"在历史上指"官商"，即那些从事特定经营同时在政府中担任某种职务的商人，典型人物如清末著名徽商胡雪岩，他从钱庄小伙计开始，通过结交权贵显要，开办起钱庄、当铺、丝栈和胡庆余堂，富甲天下，慈善爱国，得授二品官衔，一跃成为显赫一时的"红顶商人"。但旧时商人的命运并非掌握在自己手中，皇权无边也无情，胡雪岩最终遭慈禧治罪郁郁而终。近代浙商与政权的联系，主要体现在民国时期江浙财团与国民党的关系上。江浙财团的雏形是宁波商帮，宁波商帮从事商业活动时间长，资金宽裕，在中国近代开设钱庄风潮中处于前列。清末至中华民国初期，在钱庄向近现代银行业的转化中，以宁波商帮为基础的江浙籍人士开办和控制的银行逐渐成为中国金融界极为重要的力量，江浙财团由此形成。江浙财团从自身利益出发，在政局的惊涛骇浪中，对蒋介石的国民政府提供了积极的资金支持，为中国近代化作出了重要贡献，但其分享政治资源的意图终遭国民党政府拒绝。由此看来，以江浙财团为代表的近代浙商与真正意义上的"红顶商人"虽有相似之理，却也有不同之处，即一方面与旧中国政治上有着千丝万缕的联系，另一方面既非由官而商，所办企业也非官办企业或官督商办企业，而是民营工商业。出于自身利益的考虑，包含各阶层人士在内的近代浙商对革命和政府的态度也不可能完全一致，这就决定着有"红顶"形象的光环而无"红顶"之实的近代浙商在特定时期获得一定经济特权后，最终随着国民党国家垄断资本主义的产生或被国家控制，或成为强弩之末走向穷途。费正清教授曾有这样的结论："在中国这部历史长剧中，商人阶层只是一个配角，也许有几句台词，听命于帝王将相、宣传家和党魁的摆布"（潘大明，2014），因此最终难以摆脱唱一曲悲歌走下舞台的命运。到 1930 年前后，以浙商为主体的自主、独立的上海民族商人团体完全失去了主流地位，取而代之的是官僚资本主义，自鸦片战争之后出现的民族工商业的繁荣和近代浙商的盛景到此戛然而止。

三、"当代第一儒商"形象的呈现——新时期浙商媒介形象的总体特征

随着中华人民共和国成立，中国社会进入了崭新的现代化阶段。但由于历史的原因，中华人民共和国成立初期建立的是指令性的计划经济模式，与经济的高度集中相适应，政治体系高度集权。私有经济被当作资本主义的尾巴受到严厉打击。在这一历史语境下，就全国来看，公开的民间自主商业活动几近绝迹。尽管背负着意识形态的沉重包袱，但浙江人创业的偏好和传统商业意识及技能的代际传播并没有中断，"在休眠二十余年后，在20 世纪 70 年代后期重新开始萌芽，这也是为什么同样生存压力、同样的政策环境，浙江的民间工商业最为活跃的原因"（吕福新等，2009：71）。从"鸡毛换糖"、走街串巷和从事"小商品、小生意、小作坊"的"三小"家庭工业做起，浙商在改革开放以后迅速兴起。并先后完成了从小商小贩的"草根商人"形象到"吃苦耐劳闯天下"的"第一富商"形象、从"财富浙商"形象到"责任浙商"形象、从"传统浙商"形象到"创新浙商"形象的三次历史性转型。沿着中华人民共和国成立以来媒介浙商报道的体量变化和丰富、主题设置逻辑和轨迹，浙商作为"当代第一儒商"形象的总体特征和阶段性特点在一定程度上可以反映出来。

（一）报道总量和频率分析

报道总量和报道频率是直观把握浙商媒介形象呈现的有效指标。为考察浙商媒介形象的呈现历程，笔者查阅和使用了中国报纸资源全文数

据库——"方正 Apabi 报纸资源数据库"，该数据库收录了除香港、澳门、台湾地区之外的全国其他地区各大报业集团的核心报纸 645 种。笔者以标题"浙商""浙企"（1949—2014）进行搜索，得到报道共计 10045 篇，报道总量相当可观。报道频率分布呈现出典型的历史阶段性，其中从 1949 年中华人民共和国成立到 1991 年，关于浙商的媒体报道屈指可数，共计 9 篇，集中在 1955 年、1956 年、1957 年 3 年，其他年份为 0 篇。主要报道公私合营浙江企业的经营管理情况，公私合营是中华人民共和国成立后对民族资本主义工商业实行社会主义改造所采取的国家资本主义的高级形式。大体上经历了派驻国家干部负责私营企业经营管理的个别企业公私合营和全行业公私合营两个阶段，从事商业经营管理活动的人是国家体制内的工商业工作者，严格意义上不属于本书研究的范畴。值得注意的是，尽管 1978 年党的十一届三中全会后中国社会的严冬开始破冰，但从 1978 年至 1991 年，浙商报道为 0 篇，综合学界研究，可以认为这一时期的浙商发展属于农民的自主创业，实际身份主要是农民，而且当时浙江人的工商业行为并未得到上级的认可，甚至遭受排斥和打击，被界定为"经济领域的严重犯罪"，70 年代末 80 年代初开始露头的"八大王"的商品经济行为就遭到狠狠打击（吕福新等，2009：73—74）。此时浙商的形象还未摆脱历史上"投机倒把""不法商贩"的负面印记，这是与当时的社会政治经济改革和建设的复杂背景相吻合的，党的十一届三中全会拉开了改革开放的序幕，并在政治体制改革上取得重大突破，思想解放也推动了中国经济开放的步伐。但由于种种原因，从 1989 年下半年开始，"左"的思潮开始抬头并严重滋长泛滥，一些大报和有影响的期刊发表长文提出姓"社"姓"资"问题，指责"中产阶级、私营企业和个体户就是资产阶级自由化的经济根源""私营经济和个体经济……如果任其自由发展，就会冲击社会主义经济"（马立诚、凌志军，1989：161—162），在这一语境下，改革开放不大有人敢提了，浙商作为私营经济和个体户的代表，被打入了冷宫。在这一背景下，1992 年 1 月至 2 月，邓小平以 88 岁的高龄南方视察并发表重要谈话；1992 年 10 月，中国共产党第十四次全国代表大会召开，会上确立了社会主义市场经济体制改革的目标，黄钟大吕压倒瓦釜之鸣，社会主义市场经济在理论上取得主导地位并在国家制度层面得以确立，市场机制活跃的浙江迎来了发展的春天。1993 年，浙江先后出台《关于促进个体、私营经济健康发展的通知》《关于进一步加快农业和农村经济的若干政策措施》，提出个体私营经济的发展领域要进一步拓宽，除国家明文规定不允许的生产经营项目外，只要适应市场经济需要、经济效益好，适宜发展什么就发展什么，发展速度能多快就多快（中共浙江省委党史研究室、当代浙江研究所，2000：479）。政策的鼓励在新闻报道中很快有了体现，根据数据库的检索，1992 年以后，有了浙商的零星报道，从 1992 年到 2001 年，共计 12 篇，其中 1999 年 4 篇，2000 年 3 篇，2001 年 2 篇。这一时期浙江经济建设取得令人瞩目的成就，同时引起了学术理论界和媒体人的关注，《浙江日报》主办的《经济生活报》，1999 年 7 月 8 日起开始推出一组大型人物报道——"浙商名流系列访谈"，报道首次提出了"浙商"这一概念，浙商以正面形象正式登上历史舞台。2002 年到 2014 年为 10024 篇，呈爆发式递增趋势，其中 2008 年至 2014 年每年逾千篇。如果我们结合中国改革开放的历史进程进行分析的话，媒体对浙商报道的年度分布与经济体制改革、与社会主义市场经济体制建设以及浙江现代化建设的律动保持着同步，浙商作为当今中国"敢为天下先、永争天下强"的第一商人群体的形象从此得以呈现。根据浙商媒体报道的年度分布，本研究把 1992 年至 2014 年作为浙商媒体形象呈现的有效年度，从第三章起选择中国报纸资源全文数据库——"方正 Apabi 报纸资源数据库"（1992—2014）为样本，进行研究。1992 年至 2014 年浙商报道总量分布和频率走势见图 2-1、图 2-2。

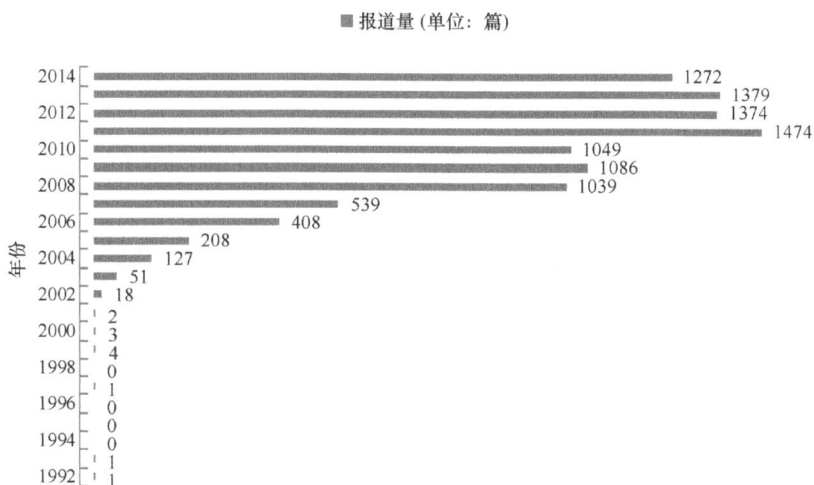

■ 报道量（单位：篇）

图 2-1 浙商报道的年度分布量

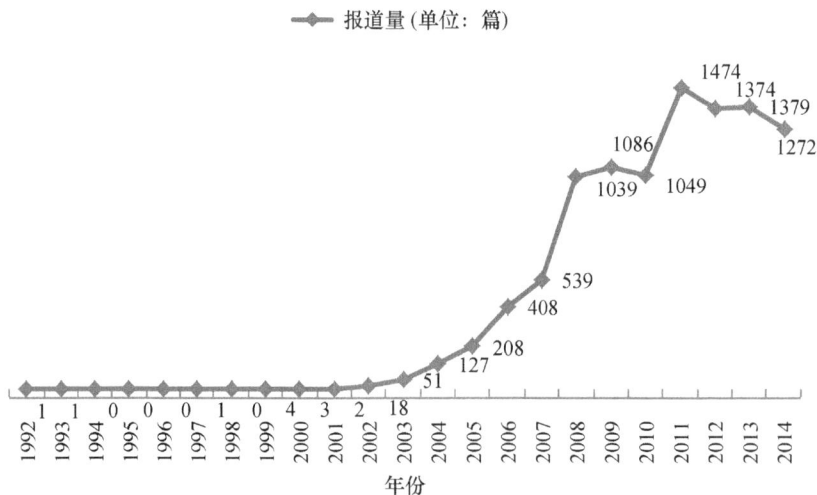

图 2-2　浙商报道的频率走势

（二）报道主题与形象呈现分析

从报道主题看，1992 年到 2014 年，媒介完成了浙商报道和形象呈现的三次转换。笔者把它分成 1992—2001、2002—2007、2008—2014 三个阶段。划分的依据为新闻报道的体量变化、报道主题的主要变动以及重要历史事件的节点。

在第一阶段，从报道体量来看，每年浙商报道量呈个位数；从主题的主要内容看，在 1992—2001 年的 12 篇浙商报道中，有 10 篇报道的主题是浙商在全国各地经商致富以及拓展海外市场的情况。有《浙企贸易公司在沪成立》（杭州日报/1992-10-18/ 第 002 版面/地方综合新闻）、《浙商扎寨黄山》（浙江日报/1993-04-11/ 第 6 版面/经济专刊·经济广场）、《浙企川渝创新业》（浙江日报/1997-08-18/ 第 2 版面/经济新闻）、《百万浙商闯天下》（浙江日报/1999-06-05/ 第 1 版面/一版要闻）、《浙商重返南联盟抢做生意》（浙江日报/1999-07-09/ 第 2 版面/经济新闻）、《"日光城"中访浙商》（浙江日报/1999-07-26/ 第 4 版面/国内国际新闻）、《西部机遇多多　等待浙企把握》（杭州日报/2000-06-27/第 006 版面/经济新闻）、《新丝路上访浙商》（浙江日报/2000-05-24/第 2 版面/经济新闻）、《浙商西非打天下》（浙江日报/2001-09-25/ 第 5 版面/产经新闻）、《浙企沪上显实力》（浙江日报/ 2001-11-27/ 第 2 版面/本省要闻）等。分别以消息、通讯、专题等多体裁、多角度、多侧面的报道方法描绘了浙商从扎根乡土的以"低、小、散"为特征的"草根商人"向肯吃苦、善经营的"闯天下"创富群体形象转变的过程。节俭低调、勇于吃苦、勤奋务实、四海为家、敢于冒险等，是这一阶段浙商群体形象的主要特征。

在第二阶段，浙商报道体量明显上升，2002—2007年每年成倍递增，共计1351篇，报道主题开始多样化，涉及企业质量标准建设、人才队伍建设与人力资源管理、企业家培训、企业家素质、"浙商制造"品牌建设、企业竞争力建设、浙商经商理念与文化、国内投资、海外发展、资本经营、"风云浙商"评选、优秀企业家报道等方方面面，中心主题向质量、品牌、品质、责任集中。2007年5月31日，以"科学发展与浙商责任"为主题的浙商年度大会召开，由16位知名浙商联名发起，来自海内外的近3000位浙商汇聚一堂，签署《浙商社会责任倡议书》，如此大规模的中国企业回应社会责任当属首次。《人民日报》、中央电视台等全国媒体和《浙江日报》、《浙商》杂志等本土媒体以及新浪网等网络媒体进行了集中广泛报道，浙商至此完成了从"财富"浙商向"责任"浙商、从"功利"浙商向"公利"浙商的闪亮转型。浙商形象日趋生动、丰富和饱满。

在第三阶段，2008—2014年浙商报道每年超千篇，浙商形象更加鲜活，受2008年世界金融危机影响，浙商发展因面临严峻挑战再次成为媒体关注的焦点。之后，除社会责任、人文浙商等传统主题外，在政府、企业、媒体的共同推动下，浙商报道的主题从传统创业向变革和创新转变，从传统产业向高科技产业升级和跃迁转变。创新驱动、智能转型、绿色发展等关键词经常出现在媒体报道中，"互联网+"、医疗健康、节能环保、跨境电商、技术创新、微商微店等领域受到关注，浙商中涌现的马云、陈天桥、江南春、李书福等在新经济领域、新商业模式、结构稳增长以及自主创新上成绩卓越的新浙商群体，得到媒体的青睐。在本书分析未及的2015年以后的样本，应国家"一带一路"倡议的浙江新经济报道更多见诸报端。从经验型浙商向科技型浙商，从冒险型浙商向制度型、创新型浙商转变的"当代第一儒商"形象清晰起来。

（三）新闻业以外的媒介呈现分析

21世纪以来，除了新闻业的繁荣，文化娱乐业也发展迅猛，书籍、广播、电视、电影受到城市受众的青睐，从而为浙商形象呈现和传播提供了另一平台。以书籍为例，以浙商为题材的书籍大致分三类：第一类是具有高度学术性和专业化的研究专著。浙江省浙商研究中心的学者吕福新为主要著者，先后出版了《浙商转型研究》（吕福新，2006）、《浙商人文精神》（吕福新，2008a）、《浙商创新——从模仿到自主》（吕福新，2008b）、《浙商的崛起与挑战——改革开放 30 年》（吕福新等，2009）、《浙商论》（吕福新，2009）、《浙商崛起与危机应对》（吕福新，2010）、《浙商研究 2010》（吕福新，2011）、《浙商研究 2011》（吕福新，2012）等。这类书籍主要研究浙江企业家精神、企业文化、浙商价值观等，与报刊对浙商形象后两个阶段的呈现形成呼应。第二类是媒体记者对浙江企业家的访谈录，代表性的有，策划《经济生活报》"浙商名流"系列访谈录的记者杨铁清撰写的《财富与未来——走进浙商》（2000）、《浙商制造——草根版 MBA》（2003），浙江经济报社新闻中心徐玉婴的《对话浙商》（2003），这些书籍具有对报刊人物访谈的放大效应。第三类是浙商的自我宣传和包装，如市场上有关宗庆后与娃哈哈的书籍《宗庆后与娃哈哈》（罗建幸，2008）、《娃哈哈教父宗庆后》（李爽，2010）；有关南存辉和正泰集团的书籍《南存辉讲故事》（廖毅，2014）；有关马云的书籍更是数不胜数，除了记者撰写，多由阿里巴巴内部策划推广，有《近观马云》（史玉柱等，2014）、《这就是马云》（陈伟，2015）、《马云内部讲话：相信明天》（阿里巴巴，2015）等。

以浙商成长和商业活动为题材的电视剧也如雨后春笋般涌现。这些电视剧大多以历史事件为背景，通过直观、生动、丰富的视觉影像，塑造有血有肉的浙商人物形象，展现浙商群体的性格特点、思想品格和价值取向，反映改革开放以来浙商敢为人先、创业创富的商业传奇，以浙商的故事折射波澜壮阔的时代巨变，具有极强的现实意义。例如，电视剧《十万人家》，以新世纪"转型中的浙商和浙商的转型"为创作命题和故事架构，叙述了两代沈姓浙商带领本镇万户农民艰苦创业、共同富裕的经商故事，电视剧浓墨重彩渲染了浙商"义利并重"的儒商精神，热情歌颂了浙商对社会责任的承担。电视剧《温州一家人》，描写 20 世纪 80 年代温州一户普通农民家庭背井离乡到欧洲艰苦创业的故事，展现了一代中国商人的海外奋斗史，塑造了一群满怀理想与激情、充满韧性与魄力的平凡创业者的形象，从底层视角和民生主题观照了感人的浙商艺术镜像，是一部现实主义题材的力作。电视剧《西出阳关》展现了浙江商人徐大林西部创业的人生历程，人物身上饱含的创业激情，正是浙商精神的真实写照。改革开放以来浙商题材电视剧主要见表 2-1，其中《海之门》《红衣坊》《十万人家》《向东是大海》《温州一家人》等在央视一套首播，浙商形象随着影视剧的呈现与传播走进千家万户。

表 2-1 浙商题材电视剧

剧名	集数	编导	出品年份
《中国商人》	15	程蔚东编剧、苏舟导演	1992
《喂，菲亚特》	20	张思聪等编剧、黄克敏等导演	1993
《走入欧洲》	30	黄克敏导演	1997
《鸡毛换糖》	16	施纯革等编剧、傅东育导演	1997
《海之门》	45	海波编剧、雷献禾导演	2006
《红衣坊》	32	力虹等编剧、苏舟导演	2006
《温州人在巴黎》	30	李明宇等编剧、尹大为导演	2007
《航班几点起飞》	24	韦言编剧、章迪沙导演	2007
《十万人家》	28	高锋等编剧、陈国星导演	2008
《西出阳关》	33	韦言编剧、章迪沙导演	2009
《中国制造》	30	张伟克编剧、张伟克导演	2011
《向东是大海》	36	马军骧编剧、安建导演	2012
《温州一家人》	36	高满堂编剧、孔笙导演	2012
《鸡毛飞上天》	55	申捷编剧、余丁导演	2017

新兴媒介的发展对浙商形象呈现具有跨时代的意义。近年来，随着互联网的发展和移动互联网技术的迭代运用，媒体格局与新闻传播生态发生了深刻变革，即时通信、电商平台、搜索引擎等各种新媒体应用层出不穷，网站、微博、微信、APP、手机报等新媒体平台全面开花。以浙江省为例，2015 年，浙江省级主要新闻媒体开设网站、APP、手机报、微博、微信等新媒体新应用 500 个，用户数量达 6000 多万①。媒介技术学派认为，占主导地位的传播媒介和技术代表了那个时代的知识系统，反映出一个文明的价值、权力基础和知识架构。相异于传统媒体的严肃正式，新媒体具有的即时性、互动性、可视性、个性化、选择性、超文本、超链接、搜索性等特性，使其能够以独特的风格更多地呈现浙商个体的气质和魅力。一方面，随着媒体的深度融合，有关浙商题材新闻信息的呈现越来越多元化，网民对改革开放以来浙江民营经济的发展和富有仁义、团结协作、善于经营、

---

① 详见来颖杰. 2015 中国全媒体高峰论坛讲话. http://www.v11v.net/zhuanlan/o2o/2081.html.

勇于创新的浙商进一步产生了浓厚的兴趣。另一方面，浙商不仅经营有道，成为中国经济舞台上的一颗明星，而且在大众媒体上也是精明的操纵者，他们借助微博、微信、网站建构起新时期自身品牌和形象的传播体系，网络的互动性创造了浙商与公众直接对话的情境，马云仅微博粉丝就达到2000多万。另外，互联网本身就是资本市场博弈的筹码，善于抓住商机的浙商早已把目光瞄准这一新领地，他们通过资本市场的收购兼并、对知名传统媒体的购买、打造网络平台吸纳媒体入驻以及打造自己的原生媒体等多种商业策略，强势介入媒体行业。以阿里巴巴为例，2015年以来，阿里巴巴向媒体行业投资了数十亿美元，今日头条、新浪微博、优酷、杭州华数、SMG第一财经、芒果TV、封面新闻等都是他的合作伙伴。浙商形象借助网络媒体的力量其影响力得以进一步扩大。

<h2 style="text-align:center">小　　结</h2>

本章对自古以来的浙商形象进行了历时性的描述，并初步分析了浙商媒介形象变迁的政治经济因素和媒介演进原因。经济基础与上层建筑的交互作用，构成了川流不息的社会基本矛盾运动，推动着人类社会由低级向高级的永恒发展。浙商从传统印记中"末商""奸商"向近代化"新式商帮"转变，从改革开放初期"小商小贩""农民贩卖大军"向当代中国第一"新儒商"的转变，始终与那个时代的经济基础和上层建筑保持着同一律动，并体现了每一代人对前一代人创造力的继承、延续和发展。正如彭焕萍所指出的，"透过媒介对商人形象的塑造，我们可以看到当代社会变迁的种种痕迹以及传媒在其中所发挥的巨大作用。……传媒商人形象变迁的背后所蕴藏的是媒介与经济、政治、社会、文化价值观念的互动，以及由此而来的中国向现代化的迈进。"这也是第二章以后笔者分析中国报纸资源全文数据库——"方正Apabi报纸资源数据库"（1992—2014）浙商媒介形象的主要依据和脉络。

第三章 内容分析:"方正 Apabi 报纸资源数据库"浙商媒介形象呈现的主导框架

在第二章,我们采用文献研究法和统计分析法,对浙商媒介形象呈现进行了历时性分析,意在为当代浙商媒介形象呈现提供一个历史的线索。同时提出,改革开放以来,媒介关于浙商的报道与日俱增,在多种因素的影响下,媒介试图以"当代儒商"为总体框架勾勒浙商的形象特征。那么,浙商形象是如何逐渐进入公众视野的,"全国各大报纸是如何通过议程设置、框架建构将浙商纳入报道议程并加以呈现的,"方正 Apabi 报纸资源数据库"所呈现的是怎样的浙商形象,针对这些问题,本章主要结合议程设置理论和框架理论,采用内容分析的研究逻辑,对"方正 Apabi 报纸资源数据库"所呈现的浙商形象进行系统、定量地检视和理性地分析。

"内容分析法是一种对显明的传播内容进行客观、系统和定量描述的方法。"(迈克尔·辛格尔特里,2000:273)在新闻传播领域,内容分析法主要用于检视媒体报道和关注的重点及社会舆论情况,揭示传播内容的特征、发展走向或者影响传播内容的因素,检验传者与传播内容之间的关联性,推导或验证媒体内容的传播效果等(周翔,2014:21)。结合本书研究问题,本章第一节,将以在"方正 Apabi 报纸资源数据库"中随机等距获取的包括消息、特写/人物通讯、深度报道、评论各类新闻文体在内的 500 篇浙商报道作为样本,通过对报道主体、报纸类别、报道类型、报道议题、报道立场的统计分析,兼顾历史文献,主要从基本描述、主导框架、他者视角三个维度探讨浙商形象呈现的框架,描述浙商媒介形象的内在特征,揭示媒体呈现浙商形象的发展倾向和趋势,反观影响浙商形象呈现的因素及媒介与社会的关系。

第一节 浙商媒介形象呈现变迁的基本描述

一、类目建构与操作化说明

如第一章所述,本书从 1992—2014 年"方正 Apabi 报纸资源数据库"

中随机等距抽取 500 篇浙商报道纳入样本分析。根据研究目的，本书设定的分析单位是样本报纸中与浙商相关的文字报道。在对文献资料进行初步阅读和参考相关研究的基础上，我们对文本对象进行了类目建构，并通过两个新闻传播专业、但与本研究无关的编码员参与编码试验，对难以确定的变量经过讨论确定判断标准，最后由笔者进行全部样本的编码。编码完成后，用 IBM SPSS 软件进行数据统计与分析，类目建构具体如下：

1. 日期（已摘录）；

   标题（已摘录）。

2. 所在版面：（1）第一版；（2）第二版（或要闻版）；（3）经济新闻版；（4）综合新闻版；（5）专题版（其他版）。

3. 报道篇幅：（1）200 字及以下；（2）201—800 字；（3）801—2500字；（4）2501—5000 字；（5）5000 字以上。

4. 报道类型：（1）消息；（2）特写/人物通讯；（3）深度报道；（4）述评、评论；（5）其他。

5. 报纸类别：（1）浙江本地媒体（包括党报、市场类报纸）；（2）全国性报纸（包括党报、全国性经济类报纸）；（3）浙江以外地方性报纸（包括地方性党报、市场类报纸）。

6. 报道主体：

（1）浙商群体（以群体为描述对象，没有明确报道某一浙商）；

（2）浙商企业：①规上企业或龙头企业；②规下企业、个体工商户；

（3）浙商个体（报道中提到浙商个体言行的归于此类，包括同篇同时报道 2 个及以上浙商的）：①第一代浙商；②第二代浙商；③第三代浙商。

7. 报道议题：

（1）浙商与经济建设：①创业致富与经营管理；②科技创新或新经济业态；③企业人力资源建设、文化建设等内涵建设；④品牌宣传、企业公关、商业广告；

（2）浙商与政府支持：①政策宣传；②政府指导、关怀、帮教；③政府主办的浙商活动（浙商大会等）；④政府主导或委托社会组织、媒体等举办的荣誉评选；

（3）浙商与社会发展：①参政议政；②公益慈善；③反哺家乡；④社

会活动与公众形象；⑤个人生活。

8. 所报道的浙商性别：（1）男；（2）女。

9. 浙商文化程度：（1）小学及以下；（2）高中或初中；（3）大学及以上；（4）不详或未提及。

10. 浙商称谓：（1）个体户、商贩；（2）老板、富豪；（3）企业家、创办人、掌门人；（4）董事长、总经理、总裁、CEO；（5）新浙商、新锐浙商、科技浙商、浙商名家；（6）浙商。

11. 报道角色：（1）经济角色（董事长、总经理、CEO、老板、企业家等）；（2）政治角色（人大代表、政协委员、工商联会长、中共党员等）；（3）社会角色（慈善家、公益活动家、家庭角色等）。

12. 浙商品质一类：

（1）经济角色品质：①吃苦耐劳、艰苦创业、草根精神；②诚信经营、遵法守法；③富有经营管理才能、善于捕捉商机；④不甘落后、敢为人先、开拓创新；⑤互帮互助、团结协作；⑥谋略智慧、新锐思维、世界眼光；

（2）政治角色品质：①政治觉悟高；②爱党爱国；③积极建言献策；

（3）社会角色品质：①反哺家乡、引领共同富裕；②乐善好施、热心公益；③关爱员工、培养员工；④好学上进、修身立业；⑤保护环境、节约资源；⑥邻里和谐、家庭和睦。

13. 浙商品质二类：

（1）经济角色品质：①投机暴富；②因循守旧；③假冒伪劣、欺诈拐骗、诚信缺失；④为富不仁；⑤经营管理不善；⑥其他；

（2）政治角色品质：①政治觉悟低；②政策水平低；③对政治活动冷漠；④缺乏议政建言能力；⑤其他；

（3）社会角色品质：①自私自利、重利轻义；②剥削员工、拖欠工资；③铺张浪费；④道德败坏；⑤亲情淡薄；⑥其他。

14. 报道立场和倾向：（1）正面，对浙商予以褒扬、赞美的语气和态度；（2）中立或混合，对浙商报道语气无明显倾向，呈中立客观态度，或者既有赞扬又有批评；（3）负面，对浙商表现出批评、谴责的态度和语气。

说明一：8、9 两项不统计以浙企和浙商群体为报道主体的样本，10、

11、12、13 四项不统计以浙企为报道主体的样本。第 4 项到第 11 项的判定主要通过编码员对文章进行细读、概括、归类来确定。

说明二："三代浙商"的划分综合考量创业时间与创业环境，三代浙商的操作化定义见表 3-1。

表 3-1　三代浙商的操作化定义

三代浙商	操作化定义
第一代浙商	第一代浙商指中共十一届三中全会前后创业到 20 世纪末进入商业成熟期的浙商，这一代浙商一般出生在 20 世纪 40、50 年代，通常草根出身，文化程度较低，通过艰苦创业致富，以家族化管理为特征，以鲁冠球、宗庆后、徐文荣、李如成、南存辉等为代表。
第二代浙商	第二代浙商主要指中共十四大以后崛起的草根创业者和子承父业的"富二代"浙商，这一代浙商一般出生在 20 世纪 60、70 年代，注重学习，通常受过高等教育，勇于创新和整合资源，注重建立现代企业制度，勇于承担社会责任，注重个人形象。以王振涛、鲁伟鼎、徐永安、宗馥莉等为代表。
第三代浙商	第三代浙商指从 20 世纪末 21 世纪初起以企业转型升级为己任，注重新经济形态、新商业模式、新管理实践，有战略思维、国际视野，积极拓展国际市场，注重个性和品质的科技型、创新型企业家。既有从第二代转型发展而来的企业家，如马云、李书福；又有积极投身新兴产业和现代服务业、勇于创新创业的新生代浙商群体，以丁磊为代表。

二、版面、篇幅、报道类型和报纸类别的基本分析

（一）版面分析

浙商报道版面统计见图 3-1。根据统计，浙商报道在头版、二版及要闻版共占 19.2%（96 篇）（要闻版以二版、三版居多）；此外，经济新闻版面占 14%（70 篇）；专题版（其他版）最多，占 59.2%（296 篇），主要是因为 20 世纪 90 年代以后，多数报纸扩版，增加了各类专版，媒体对商人、浙商的报道往往呈现为专版、整版。例如，1993 年，《浙江日报》从 4 版扩充到 8 版，出现了"经济专刊"；《广州日报》在 1996 年成立报业集团后迅速从 8 个版面扩展到 16 版、24 版、32 版、48 版、60 版、80 版，1997 年香港回归时出了 97 版；到 1998 年，扩版达到一个高峰，仅在上海一地，87 家公开发行的报纸中，有近 20 家扩版或增刊，《解放日报》从 16 版扩至 20 版，《新民晚报》从 24 版扩至 32 版①。进入 21 世纪，各类报纸继续向"厚

---

① 20 世纪 90 年代末的报纸扩版主要是基于报纸竞争的需要，这一轮报业竞争的一个突出特征是：扩版不提价。各报的扩版情况详见：殷定生、黄洪涛. 报业无序竞争将导致内耗——对当前报纸"扩版热"的逆向思考[J]. 新闻记者.1998（10）：27-28.

报"发展,《浙江日报》周二至周五增加到 12 版以上,有时高达 24 版,除经济版外,专辟"创富年代·商道"等版面,2012 年,开辟了"经济·新浙商"专版。中国最早的经济类全国性报纸《经济参考报》(创刊于 1981 年),发展至今每周达 56 版;《21 世纪经济报道》,2001 年创刊即开出 32 版;《第一财经日报》创刊初期周一至周六即达 24 至 32 版。《人民日报》2003 年第 3 次扩版,由原来的 12 版扩为 16 版,华东、华南地区为 20 版①。扩版后的各大报纸经济报道的版面份额、选题策划、栏目设置、稿件组合、版式设计都做了优化和突显,版面统计结果反映了改革开放以来媒体对经济报道舆论主导权的抢占和对浙商形象呈现的力度与强度。

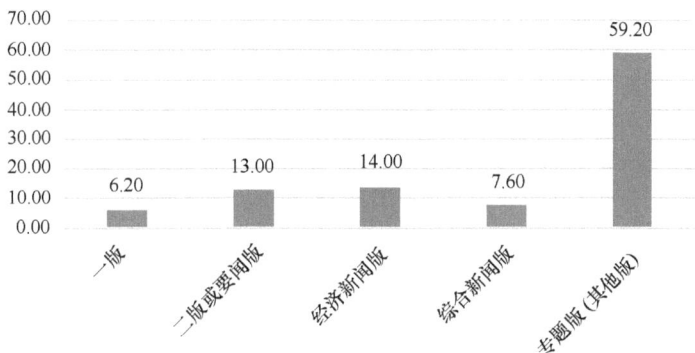

图 3-1　浙商报道所在版面统计(单位:%)

(二)报道篇幅和报道类型分析

从报道篇幅看,以 201—800 字和 801—2500 字的篇幅最多,分别占到 47.6%(238 篇)、35%(175 篇),此外,200 字及以下的短消息占 11%(55 篇)、2500 字以上的报道共占 6.4%(32 篇)(报道篇幅见图 3-2)。从报道类型看,消息类最多,占 62.2%(311 篇);其次是深度报道、专访、调查性报道等,占 23.4%(117 篇);人物通讯/特写、评论/述评、其他分别占 5.2%(26 篇)、4.2%(21 篇)、5.0%(25 篇)(报道类型见图 3-3)。综合报道篇幅与报道类型,显示媒体浙商报道以长消息和深度报道、调查性报道等为主。包括对浙商创业故事的书写、对浙商及其产业发展最新资讯的关

---

①《人民日报》第三次扩版新增加的版面主要是新闻版,此前两次扩版分别是在 1956 年和 1993 年。见十六大后中央级媒体改革逐步提速,http://tech.sina.com.cn/me/2003-02-26/1205168083.shtml。

注、对浙商经济发展脉络的观察和梳理、分析和评判等，体现了媒体对浙商成长历程、发展现状、发展趋势和前景的高度关注。专门的人物通讯或特写比例不高，说明媒体浙商形象呈现以浙商群体为主，对浙商个体形象呈现的重视程度不够。

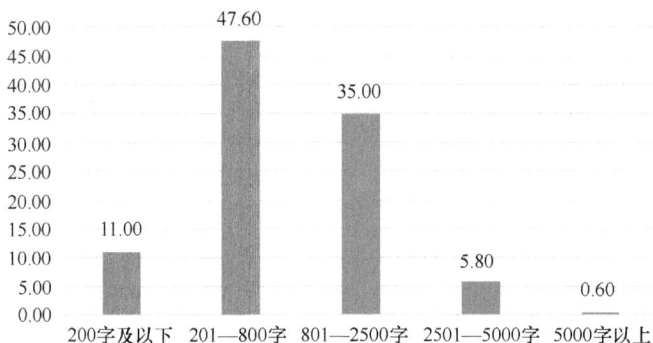

图 3-2　浙商报道篇幅统计（单位：%）

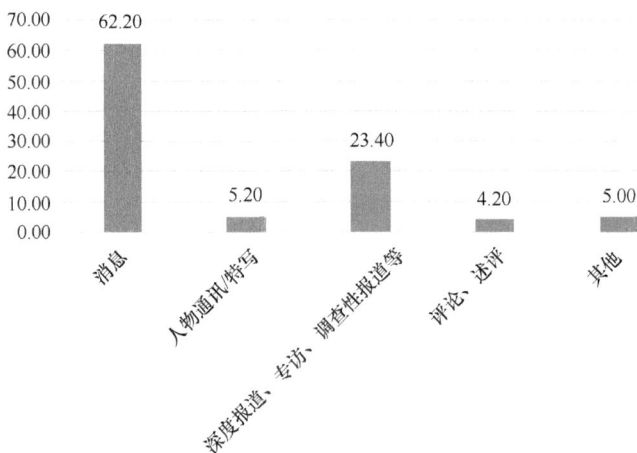

图 3-3　浙商报道类型统计（单位：%）

（三）报纸类别分析

从报纸类别看，浙江本地媒体的报道占比高达 66%（330 篇），其中《浙江日报》最多，占 15.2%（76 篇），这符合浙商作为区域特征明显的商人其媒介形象呈现的基本逻辑。《浙江日报》是中共浙江省委机关报，是浙江省最具权威性、公信力和影响力的纸质媒体、政经大报，其对浙商的报道具有浙商媒介形象塑造的风向标作用。全国性报纸对浙商形象的呈现从 2005 年开始出现，是《第一财经日报》关于“上海新浙商领衔‘反哺’浙江”的报道（第一财经日报/2005-06-06/ 第 A5 版面）。此后，包括《企业家日报》《经济观察报》《第一财经日报》《中国贸易报》《经济参考报》《21 世纪经济报道》等经济类报纸和《人民日报》《解放日报》等综合性报纸以及《科技日报》《中国文化报》《中国纺织报》《中国服饰报》《国家电网报》等专门性报纸，共计 20 种全国性媒体对浙商及其经济活动进行了报道，占比达 10.6%（53 篇）。其中《企业家日报》最多，共 14 篇，该报是中国唯一一家国内外公开发行，直接面向全国厂长经理、企业经营管理人员、政府经济主管部门的国家级大型经济类日报，也是对中国社会经济生活具有高度影响力和渗透力的权威新闻媒体。此外，浙江以外地方性报纸报道达 23.4%（117 篇），有《黑龙江日报》《大兴安岭日报》《沈阳晚报》《甘肃经济日报》《贵阳日报》《楚天都市报》《燕赵都市报》《山西日报》《山东商报》《青岛财经日报》《安徽市场报》《南京日报》《东莞日报》《重庆晨报》《羊城晚报》，等等，遍布全国各地（报纸类别见图 3-4）。全国性报纸和浙江以外地方性报纸对浙商的报道和呈现显示了 21 世纪以来浙商日益增强的全国性影响力。

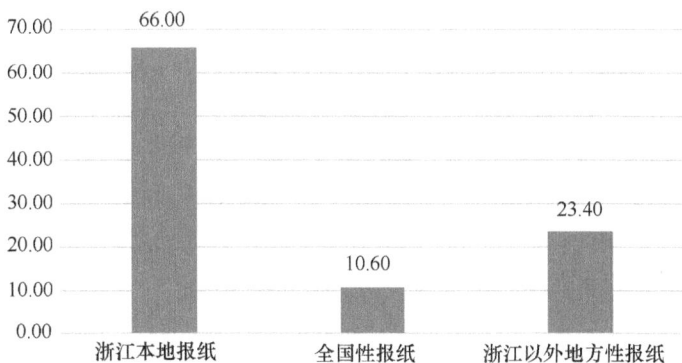

图 3-4 报纸类别统计（单位：%）

三、浙商主体身份和角色属性演变的统计分析

用于描述浙商主体身份和角色属性的变量有类目建构中的 6、8、9、

10、11 五项，包括"报道主体""性别""文化程度""称谓""报道角色"。

（一）报道主体分析

样本统计分析发现，在"报道主体"一项中，浙商主要以浙江中小企业家群体和企业主体的身份出现在媒体中。有 43.8%（219 篇）的报道指向浙商群体，有 22.6%（113 篇）以浙江企业为报道主体，以浙商个体为报道主体的样本共占 33.6%（168 篇），报道主体统计见表 3-2。

表 3-2　报道主体统计

报道主体	频率（次/篇）	百分比（%）	累积百分比（%）
浙商群体	219	43.8	43.8
浙商企业：规上企业或龙头企业	64	12.8	56.6
浙商企业：规下企业、个体工商户	49	9.8	66.4
浙商个体：第一代浙商	31	6.2	72.6
浙商个体：第二代浙商	80	16.0	88.6
浙商个体：第三代浙商	57	11.4	100.0
合计	500	100.0	

从年度具体分布和发展趋势看，2000 年至 2014 年，各年度对浙商个体的报道在总报道样本中的比例没有明显的发展变化，均在 5%以下，而各年度占本年度样本总数的比例随着年度报道总量的增加不升反降（见表 3-3）。即使是个体的报道，也以同时报道两个以上浙商为多，较少出现只报道某一浙商的通讯或专访。对知名浙商个体的报道虽然相对较多，但在比例上并不占优势，有相当一部分样本是对草根出身的普通创富者的报道，这类报道切口小，通常以微观的小故事或从侧面展现中小浙商，语言生动活泼，故事具有一定的"戏剧性"，贴近普通百姓生活，体现了报道感性和亲和力的一面，但也呈现出分散、混杂、不固定和不具有典型性等特点，个体特性给读者留下的印象不深。显示浙商形象总体上以"群像"呈现，"个人"身份状态不突出。这一报道模式所呈现的浙商形象主要是人数众多、分布广泛、层次多样、总体实力强大的创业、创富、创新群像。为佐证这一分析，笔者重新回到总样本中，分别以知名浙商"马云""李书福""宗庆后""鲁冠球""南存辉"进行内容搜索，得到包含"马云"的报道 326 条，在 10036 条样本总量中只占 3.25%；包含"李书福"的报道

139 条，占 1.39%；包含"宗庆后"的报道 219 条，占 2.18%；包含"鲁冠球"的报道 109 条，占 1.09%；包含"南存辉"的报道 146 条，占 1.45%；而且往往多人同时出现在一条样本中。这一特点反衬了浙商作为群像的媒介建构和呈现，此前在对浙商报道类型的统计中，人物通讯/特写的报道比例偏少也与这一特点相吻合。

表 3-3　年份*报道主体交叉制表

年份	计数（篇）/比例（%）	报道主体			合计
		浙商个体：第一代浙商	浙商个体：第二代浙商	浙商个体：第三代浙商	
2000	计数	0	0	0	0
	年份中的比例	0.0	0.0	0.0	0.0
	总数的比例	0.0	0.0	0.0	0.0
2002	计数	1	0	0	1
	年份中的比例	100.0	0.0	0.0	100.0
	总数的比例	0.2	0.0	0.0	0.2
2003	计数	0	1	0	1
	年份中的比例	0.0	50.0	0.0	50.0
	总数的比例	0.0	0.2	0.0	0.2
2004	计数	1	1	0	2
	年份中的比例	14.3	14.3	0.0	28.6
	总数的比例	0.2	0.2	0.0	0.4
2005	计数	1	3	3	7
	年份中的比例	9.1	27.3	27.3	63.6
	总数的比例	0.2	0.6	0.6	1.4
2006	计数	2	6	1	9
	年份中的比例	9.5	28.6	4.8	42.9
	总数的比例	0.4	1.2	0.2	1.8
2007	计数	5	8	5	18
	年份中的比例	17.2	27.6	17.2	62.1
	总数的比例	1.0	1.6	1.0	3.6
2008	计数	5	10	6	21
	年份中的比例	9.6	19.2	11.5	40.3
	总数的比例	1.0	2.0	1.2	4.2
2009	计数	6	11	4	21
	年份中的比例	10.9	20.0	7.3	38.2
	总数的比例	1.2	2.2	0.8	4.2

续表

年份	计数（篇）/比例（%）	报道主体			合计
		浙商个体：第一代浙商	浙商个体：第二代浙商	浙商个体：第三代浙商	
2010	计数	3	9	4	16
	年份中的比例	5.8	17.3	7.7	30.8
	总数的比例	0.6	1.8	0.8	3.2
2011	计数	1	10	14	25
	年份中的比例	1.3	13.3	18.7	33.3
	总数的比例	0.2	2.0	2.8	5.0
2012	计数	2	10	3	15
	年份中的比例	3.1	15.4	4.6	23.1
	总数的比例	0.4	2.0	0.6	3.0
2013	计数	4	4	10	18
	年份中的比例	5.9	5.9	14.7	26.5
	总数的比例	0.8	0.8	2.0	3.6
2014	计数	0	7	7	14
	年份中的比例	0.0	11.5	11.5	23.0
	总数的比例	0.0	1.4	1.4	2.8
合计	计数	31	80	57	168
	总数的比例	6.2	16.0	11.4	33.6

（二）性别分析

性别是人物的重要特征，在168篇针对浙商个体的报道中，有94%（158篇）是对男性浙商的报道，只有6%（10篇）是对女性浙商的报道（浙商性别统计见图3-5）。对女性浙商的报道零散地出现在2006年（1篇）、2012年（5篇）、2013年（2篇）、2014年（2篇）。但根据学者的相关研究，在新一代浙商中，女性创业者人数不断上升，在其中一项面向全省11个地区各个行业的民营企业随机发放的调查问卷中，女性创业者高达42%（邵梦梦、葛思羽、胡蕾、钭利珍，2014）。据浙江省工商局、市场导报社联合出品的《浙江女性创业年度报告（2015）》统计，截至2015年11月底，浙江女性创业的市场主体高达130.43万户，在全省市场主体数量中占比为28%。而且在知名浙商中，出现了诸如文娱产业大鳄、华策影视总经理赵依芳，金泰国际控股集团董事长张虹，饰品大王周晓光，三替家政总经理陶晓莺，古今集团有限公司董事长李美赞,太子龙控股集团总裁蔡冬冬这些杰出的女性浙商代表。浙江女性商人数量和在商界的成就与媒体对女商的报道显然不成正比。虽然从 2007 年开始政府主管部门、行业协会和媒体三家联合推出了"浙商女杰"的年度评审,但浙江女企业家阶层并未真正进入媒体的报道视野,说明受传统观念的影响,媒体对男性经商者给予了更多关注。

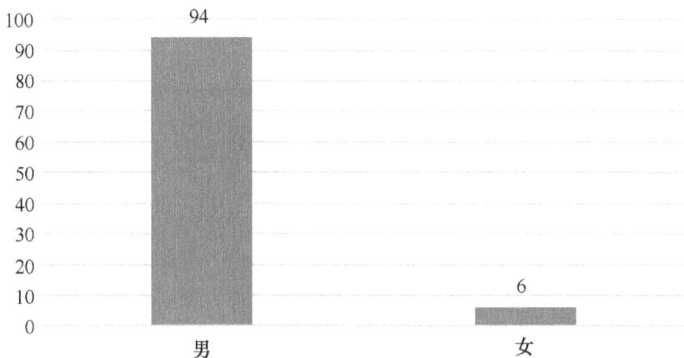

图 3-5 媒体报道的浙商性别统计(单位:%)

(三)文化程度分析

文化程度是浙商个体特征的另一方面(浙商文化程度统计见图 3-6),"文化"是"儒"的应有之义,"儒"从根本上说指的是读书人,《说文解字》解释:"儒,柔也,术士之称。"文化程度的高低,应该是衡量浙商作为儒商的重要尺度。但统计发现,在 168 篇针对浙商个体的报道中,"文化程度"一项较少提及,高达 73%的报道篇幅(122 篇)"不详或未提及",显示出对浙商"文化程度"书写的模糊化。究其原因,从浙商的成长史看,众多浙商出身草根,特别是从改革开放初期成长起来、经过 30 余年打拼而成为企业界成功人士的第一代浙商以及中共十四大以后天南海北创业的部分二代浙商,由于受经济条件、教育环境等因素限制,他们中的绝大多数凭借经验性知识的积累起家,文化程度低,在受教育背景上并不值得称道。其"儒商"的特征主要体现在经商道德和仁义慈善上,由此媒体在报道中对于低学历的浙商在其文化程度描述上往往采取避而不谈或一笔带过的方式。而在对子承父业的第二代浙商和以从事高科技、新业态、新商业模式为特征的第三代浙商进行报道时,因新浙商的教育习得已经完全不同于父辈,往往有了本科、硕士、博士或海外留学等教育背景,媒体则作了突出强调,这些报道占 22%（37 篇）。特别在对科技新浙商进行报道时，几乎无一例外地强调其闪亮的受教育背景。

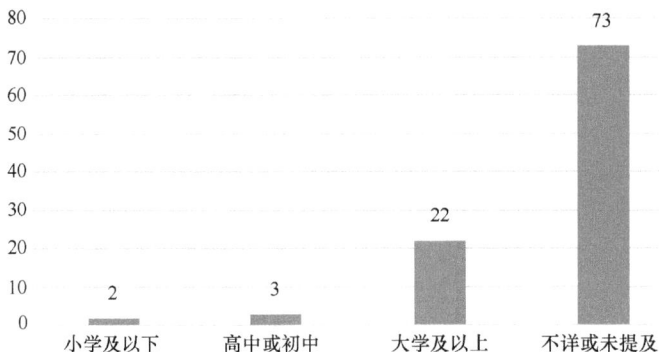

图 3-6　浙商文化程度统计（单位：%）

（四）称谓分析

　　媒体对浙商称谓的变迁，反映出媒体和社会在不同阶段对浙商不同的认知和评价，反映着不同历史时期的文化现象、社会价值观念和时代风貌，从而呈现出不同阶段浙商的社会阶层、地位、声望和媒介形象。改革开放以来，媒介对浙商的称谓变化遵循着明显的时间线索，从总体上看，经历了个体户（商贩）——老板（大款、富豪）——企业家（创办人、掌门人、董事长、总经理、总裁）——新浙商（新锐浙商、科技浙商、浙商名家）转变的过程，从而呈现了浙商从改革开放初期意涵"贱商"身份的小商小贩大军成长为当代新儒商群体的媒介形象（浙商称谓频率和占比见图 3-7）。排除以"浙企"为报道主体的样本，在 387 篇报道样本中，"个体户、商贩""老板、富豪"的称谓共占 7.5%（29 篇），主要反映了第二章分析的浙商发展第一阶段（1992—2001 年）所呈现的媒介形象，描绘的是浙商从扎根乡土的以"低、小、散"为特征的"草根商人"（个体户、厂长）向肯吃苦、善经营的"闯天下"创富群体形象（老板、富豪）转变的过程。"商贩"的称谓在中国的话语体系中含有贬义，在市场经济体制和鼓励经商的政策日渐明晰后，"个体户""老板"等中性称谓逐渐取代了"商贩"之称。到浙商发展第二阶段（2002—2007 年），随着浙江企业从以个体工商户和家族式小企业为主向以制度创新为特征的现代企业的转型，体现管理科学的"企业家、创办人、掌门人"和明晰权责身份的"董事长、董事局主席、总经理、总裁、CEO"等称谓成为主流，在样本总量中共占到 39.5%。为印证浙商这一称谓特征，笔者对"企业家、创办人、掌门人"和"董事长、董事局主席、总经理、总裁、CEO"两个类目称谓在 500 篇样本总量中进行了年度占比排序，结果排名前三位的年份分别是 2005 年、2006 年、2007 年，达 72.7%、61.9%、58.6%（见表 3-4），恰好是浙商发展第二阶段的后三年。到浙商发展第三阶段（2008—2014 年），世界经济形势的变局与转型促使中国经济发展必须随之转型升级，浙商发展在一定意义上是中国民营经济发展的风向标，这一时期浙商称谓除了反映浙商经营管理身份和才能的"企业家""董事长""总经理"等通常性称谓以外，新增了"新浙商""新锐浙商""科技浙商"等反映互联网经济、大数据经济等新经济形态、新商业模式的称谓（见图 3-8），反映浙商知识与文化内涵的"儒"的身份更为突显。另一个值得关注的现象是，直接以"浙商"作为称谓的报道最多，占 43.2%，从而呈现出"浙商"作为改革开放以来的中国新儒商已成为一个专门名词被人们广泛认知的媒介形象。

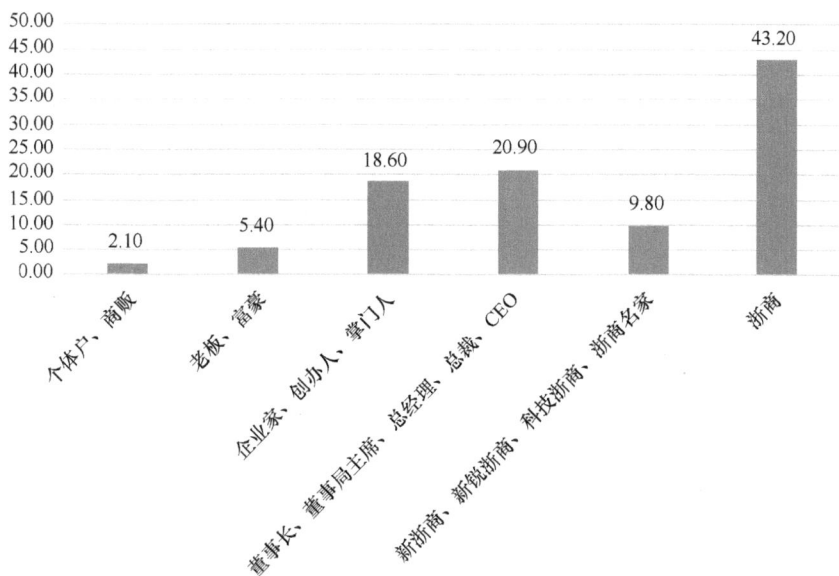

图 3-7　浙商称谓 1（单位：%）

表 3-4 浙商称谓 2

年份	计数（篇）/比例（%）	浙商称谓		合计
		企业家、创办人、掌门人	董事长、董事局主席、总经理、总裁、CEO	
2000	计数	0	0	0
	年份中的比例	0.0	0.0	0.0
2002	计数	0	0	0
	年份中的比例	0.0	0.0	0.0
2003	计数	1	0	1
	年份中的比例	50.0	0.0	50.0
2004	计数	1	0	1
	年份中的比例	14.3	0.0	14.3
2005	计数	2	6	8
	年份中的比例	18.2	54.5	72.7
2006	计数	9	4	13
	年份中的比例	42.9	19.0	61.9
2007	计数	5	12	17
	年份中的比例	17.2	41.4	58.6
2008	计数	7	12	19
	年份中的比例	13.5	23.1	36.5
2009	计数	5	10	15
	年份中的比例	9.1	18.2	27.3
2010	计数	1	9	10
	年份中的比例	1.9	17.3	19.2
2011	计数	14	10	24
	年份中的比例	18.7	13.3	32.0
2012	计数	6	7	13
	年份中的比例	9.2	10.8	20.0
2013	计数	8	10	18
	年份中的比例	11.8	14.7	26.5
2014	计数	13	1	14
	年份中的比例	21.3	1.6	23.0

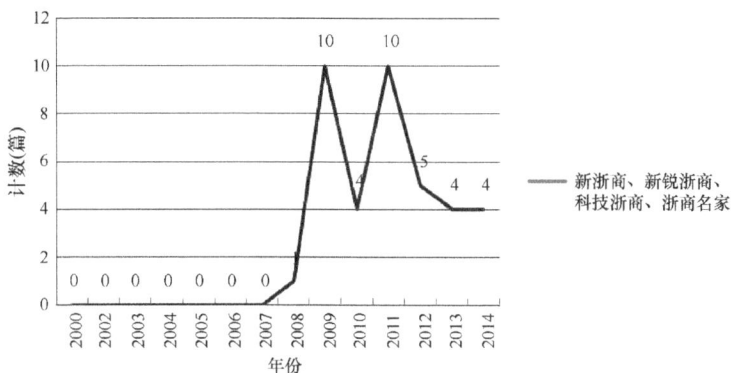

图 3-8　浙商称谓 3

（五）报道角色分析

浙商是当代中国经济舞台上的主角，同时作为社会的特定群体、社会系统中的子系统也必然与国家、政府及社会与家庭各个层次、结构、系统发生千丝万缕的勾连，担纲着一定的政治角色和社会角色。从总体上看，浙商作为当代中国市场经济实践活动的主动发起者和积极行动者，媒体对其报道主要选取了"经济角色"，如老板、企业家、董事长、总经理、CEO等，占报道总量的 69%（267 篇）。与此同时，20 世纪 90 年代以来，浙商作为"社会角色"和"政治角色"相继出场。"社会角色"包括慈善家、公益活动家、家庭角色等，以浙商社会责任担纲为主要报道内容的角色也归于"社会角色"类；"政治角色"包括人大代表、政协委员、工商联会长、中共党员等，分别占比 25.8%（100 篇）、5.2%（20 篇）（见图 3-9）。从报道年度看，样本中浙商作为"社会角色"首先出现于 2004 年，到 2007 年达到一个小高峰，内容涉及浙商热心康居工程、反哺家乡、热心慈善、关爱员工、个人生活方方面面，反映了媒体在浙商发展第二阶段对浙商媒介形象呈现的思路转换，即从"功利、创富"向"公利、责任"的转换。此后，从 2008 年到 2014 年，媒体对浙商"社会角色"一直保持较高的关注度。样本中浙商作为"政治角色"的报道首先出现在 2008 年，标题是《浙商代表吐露心声》（京江晚报/2008-01-12/ 第 A2 版面/关注两会/作者：干光磊　沈湘伟），主要报道镇江浙江商会会长、镇江市人大代表周文参加市人民代表大会，并积极建言献策、广泛联系其他浙商为镇江地方经济发展和实业惠民作奉献的决心和努力。但总体上看，对浙商"政治角色"的报道相对较少（报道角色分年度统计见表 3-5）。

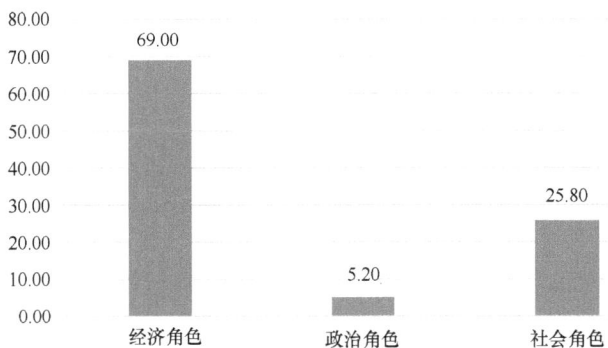

图 3-9　报道角色频率统计（单位：%）

表 3-5　报道角色分年度统计

年份	经济角色（篇）	政治角色（篇）	社会角色（篇）
2000	0	0	0
2002	1	0	0
2003	1	0	0
2004	2	0	1
2005	5	0	3
2006	11	0	6
2007	12	2	8
2008	28	2	8
2009	24	3	9
2010	34	3	8
2011	45	0	10
2012	39	2	19
2013	27	5	18
2014	38	3	10
合计	267	20	100

四、浙商形象呈现议题变化的统计分析

（一）有关议题归类的说明

通过对文本的通览与泛读，本书将媒体浙商形象呈现的议题类别划分为三个层级，即"浙商与经济建设""浙商与政府支持""浙商与社会发展"。其中，"浙商与经济建设"主要指关于浙商创业创新、经营管理、投资布局、

科技致富、企业建设、商业宣传、产业拓展等方面的直接经济行为和经济活动的报道；"浙商与政府支持"主要指关于政府为支持浙商创业创新出台的政策、开展的服务、搭建的平台、组织的评审和政府招商活动等方面的报道；"浙商与社会发展"主要指关于浙商承担社会责任、引领共同富裕、开展公益活动、组织社会慈善、促进社会进步等方面的报道。一级议题的划分是为了从宏观上把握媒体对浙商报道的价值取向、议程偏好与内容倾向。在此基础上，笔者又在每个一级议题下划分出若干个二级议题，以期清晰地描绘媒体在报道浙商与经济建设、浙商与政府支持、浙商与社会发展方面的具体侧重点。需要说明的是，由于政治、经济、社会活动本来就不是界限分明的，在多数浙商报道中都出现了议题交织的现象，即在一个样本中往往同时出现两个甚至三个一级议题。尤其是既涉及经济建设方面又涉及社会发展方面的较多，或者在一级议题下同时出现两个及两个以上二级议题。比如，2009 年 12 月 30 日《今日早报》的报道《最倔强浙商：邱继宝》（今日早报/2009-12-30/ 第 A17 版面），既报道了飞跃集团为应对金融危机进行重组，瞄准可再生资源这类企业经营管理、业态创新等经济建设方面的内容，也报道了各级党委政府的支持帮助。在此情况下，笔者将标题内容和报道内容的主次、篇幅多少作为确定议题类型的标准，即标题倾向于哪类议题就将整个文本归于哪类议题，主要内容倾向于哪类议题就将整个文本归于哪类议题，报道篇幅多的内容倾向于哪类议题就将整个文本归于哪类议题。这种方法参考了国际新闻研究者的经验（Xekalakis, E., 1999）。

（二）一级议题分布及变化的统计分析

统计显示，媒体浙商报道以"浙商与经济建设"为主要议题，占 52.2%（261 篇），由此主要建构浙商作为中国民营经济代名词的经济形象；其次是"浙商与政府支持"议题，占 30.8%（154 篇），展现了新时期政治与经济的互动与交融；"浙商与社会发展"议题占 17.0%（85 篇），显示出浙商媒介形象的日益丰富与发展（浙商报道的一级议题分布见图 3-10）。

一级议题的分布体现了两个特征：其一，它体现了商人题材报道的一般性规律，即商人的特定身份使得商人题材的报道一般是以与企业自身发展密切相关的经济新闻为主，由此呈现浙商经济形象。改革开放以来尤其是中共十四大以后，社会主义市场经济成为中国经济社会发展的主旋律，以浙商经济等为代表的民营经济是社会主义市场经济的重要组成部分，并

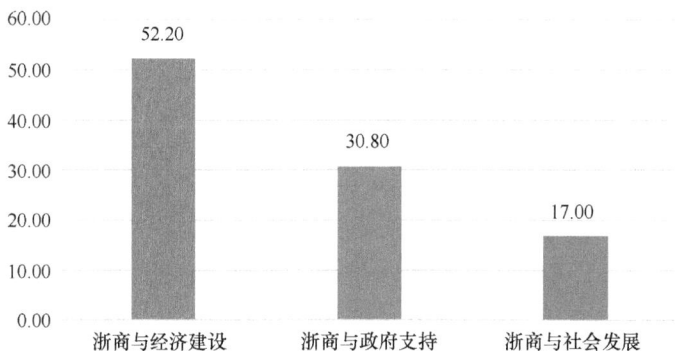

图 3-10　浙商报道的一级议题分布（单位：%）

越来越成为中国经济发展的奠基石，浙商由此成为中国经济舞台上活跃的主角。1992—2014 年整个样本区间有关浙商新闻的生产和传播几乎是紧紧围绕经济建设展开的，即使在其他两个一级议题的报道中，经济议题也如影相随，这是以经济建设为中心的当代中国发展现状和发展战略在浙商报道中的投射。其二，一级议题的分布特点也反映了报纸这一传统媒体的风格特征，"方正 Apabi 报纸资源数据库"收录的是全国各大报业集团的核心报纸，以传统主流报纸为主。从三个一级议题的排序和分布看，这些报纸设定了改革开放以来不同发展阶段官方和媒体记者所代表的权威阶层对民营经济发展的态度、智慧和情感的议程设置，体现着国家对经济建设的规划与引导，体现着传统媒体的价值取向和媒体议程设置的功能。

　　值得注意的是，经济活动从来不是单一的，浙商对当代中国发展的作用和意义绝不仅仅限于创造社会财富，而是创造具有多层次、多侧面的系统生产结构。从议题分布情况看，尽管"浙商与社会发展"这一议题所占比例相对偏低，但媒体从来没有停止过对浙商社会责任和社会形象的关注。样本中"浙商与社会发展"议题首先出现在 2004 年，之后每年保持一定的比例。笔者对"浙商与社会发展"议题进行了年份报道比例统计（见表 3-6），结果显示，有 5 个年份占比超过 20%，依次为 2006 年、2005 年、2007 年、2009 年、2012 年。前三个年份处在浙商发展的第二阶段，即浙商经过改革开放初期的粗放型发展后，进入官方、媒体和浙商三方共同建构以敢为人先、开拓创新、诚信经营、热心公益、勇挑责任等为表征的"功利型"现代企业家社会形象的重要阶段，浙商超越了第一阶段相对单一的富商形象

完成了向"儒商"形象的初次转型。2009 年的报道体现了全球金融危机后
媒体对浙商转型和重塑社会形象的再次关注，2012 年则是在新一轮艰难的
产业转型升级期，官方大力推行"浙商回归"战略后的一年。总的来说，在
社会发展议题上的高比例反映了媒体在呈现浙商形象时的重要话语转向。

表 3-6　"浙商与社会发展"议题年份比例分布

年份	浙商与社会发展	
	计数（篇）	比例（%）
2000	0	0.0
2002	0	0.0
2003	0	0.0
2004	1	14.3
2005	3	27.3
2006	8	38.1
2007	7	24.1
2008	8	15.4
2009	12	21.8
2010	8	15.4
2011	6	8.0
2012	14	21.5
2013	10	14.7
2014	8	13.1

（三）二级议题分布及变化的统计分析

　　笔者对 1992—2014 年所有二级议题进行了统计（浙商报道的二级议题
分布见表 3-7），结果显示，浙商报道中出现频率占前 10 位的报道议题是：
创业致富（经营管理）、政府关怀（指导、帮教）、品牌宣传（企业公关、
商业广告）、社会活动（公众形象）、科技创新（新经济业态）、企业内涵建
设、政府主导或委托社会组织（媒体）举办的荣誉评选、政策宣传、政府
主办的浙商活动、公益慈善。可以看到，除"浙商与经济建设"议题和"浙
商与政府支持"议题外的所有二级议题进入前 10 位外，隶属于"浙商与社
会发展"议题的"社会活动（公众形象）"议题排名第 4 位，"公益慈善"

议题跻身第 10 位。

表 3-7　浙商报道的二级议题分布

二级议题	频率（次/篇）	百分比（%）	累积百分比（%）
浙商与经济：创业致富与经营管理	139	27.8	27.8
浙商与经济：科技创新或新经济业态	41	8.2	36.0
浙商与经济：企业人力资源建设、文化建设等内涵建设	38	7.6	43.6
浙商与经济：品牌宣传、企业公关、商业广告	43	8.6	52.2
浙商与政府：政策宣传	26	5.2	57.4
浙商与政府：政府指导、关怀、帮教	65	13.0	70.4
浙商与政府：政府主办的浙商活动	26	5.2	75.6
浙商与政府：政府主导或委托社会组织、媒体等举办的荣誉评选	37	7.4	83.0
浙商与社会：参政议政	2	0.4	83.4
浙商与社会：公益慈善	19	3.8	87.2
浙商与社会：反哺家乡	15	3.0	90.2
浙商与社会：社会活动与公众形象	42	8.4	98.6
浙商与社会：个人生活	7	1.4	100.0
合计	500	100.0	

　　笔者接着又对议题以年份为坐标进行统计和细读，发现总量排名前 10 位的议题在各年份的分布有着很大的不同，不同年份和阶段中突出的议题有着显著差异性。比如，政府关怀（指导、帮教）议题较为集中地出现在 2008 年、2012 年和 2013 年，均超过 10 频次，分别体现了金融危机后政府的及时帮扶和浙江实施"浙商回归"战略后政府的导向。科技创新（新经济业态）议题较为集中地出现在 2011—2014 年，表明了 21 世纪初期以来新经济形势下各方对浙商经济转型升级的期待和当代浙商的新特征。"公益慈善"议题在 2007 年以来的各年份均占一定的篇幅，内容涉及抗震救灾、捐资助学、关爱老人、环境保护等方面。以 2008 年为例，中国先是大范围遭遇了罕见的暴雪天气，5 月份又发生汶川大地震，经济领域面临全球金融风暴、人民币升值、劳动力成本增加等严峻问题，浙商自身发展遭遇瓶颈。但这并未阻止浙商慷慨解囊支援灾区的善举，各大媒体用较多篇幅进行了报道，如《胡润百富公布 2008 慈善榜 浙商中李书福捐款最多》（都市快报/2008-04-03/第 34 版面）、《浙商救灾当先锋》（钱江晚报/2008-05-20/

第 A13 版面）、《说说抗震救灾中的浙商形象》（钱江晚报/2008-06-02/第 A10
版面）等，彰显了第二发展阶段以来浙商担当公共领域责任的社会形象。

第二节　当代儒商——浙商媒介形象呈现的主导框架

如第一章中所提到的，我们一般认为，20 世纪 70 年代，马克斯韦尔·麦
库姆斯和唐纳德·肖发表的《大众传媒的议程设置功能》（*The Agenda-Setting Function of Mass Media*）正式提出议程设置理论。议程设置理论是一种关于
大众传播效果的假设性理论，该理论认为为公众安排议题是媒介的一项作用
较突出的功能，大众传媒可以通过提供信息和安排相关的议题以及通过对
事物和意见的强调程度来有效地左右人们的关注、认知及行动。李莉在研
究近代中国媒介镜像时提出，"议程设置事实上是一个理解大众媒介如何建
构社会现实并影响受众认知的理论工具"（李莉，2010）；张咏华认为，议
程设置"为研究大众传播与社会政治生活的联系，提供了一种框架"（张咏
华，1998：333）。换言之，大众传媒通过议程设置构建的媒介形象，不仅
为我们提供了感知的关键性因素，而且交织构成了我们认识社会所依据的
"真实"。社会学领域的"框架理论"则来自欧文·戈夫曼和其他建构主义
者的论述（Scheufele，2007：11）。对于大众传媒来说，框架就是一种意义
的建构，经大众传媒框架生产出来的新闻又具有索引性，人们借助其形成
对社会的理解。纵观媒体改革开放以来的浙商报道，不难看出媒体浙商形
象呈现的议程设置更多地基于对当代中国社会现实的关照与建构，呈现出
高度的现实主义框架。中国自建立社会主义市场经济体制以来，民营经济
在中国市场化导向的改革中一直扮演着重要角色，以浙商为代表的民营经
济对当代中国作出的贡献又使其不断获得意识形态的合法性而走向社会舞
台的中心，引领当代中国经济社会发展的"当代儒商"形象在媒体的框架
呈现中由此清晰可辨。

一、"当代儒商"的内涵

在第二章中，笔者梳理了浙商形象变迁的历史路径，指出"士商互动"
和"亦儒亦贾"的浙江儒商形象在历史长河中从未缺席过。浙江古代和近
代的儒商形象主要侧重于对商人"富而好德""义利并重"的描写，强调其
伦理道德属性，这与中国历史上所有的"儒商"形象相一致。到了现当代，

彭焕萍在描绘"儒商的复活"时综合了众多学者对儒商的各种定义，如品格高尚、有较高文化素养、义利兼顾，立人、立业等，认为新"儒商"称谓"不仅代表着传媒为商人群体提供的一种理想人格；也代表了商人群体自发地对自身历史不良形象做出的一种突围尝试"，是"义与利纷争的历史延续"（彭焕萍，2008：66-67）。但新时代的"儒商"不仅仅是历史陈迹的延续，在市场经济背景下出现的"当代儒商"必然带有鲜明的时代烙印和丰富内涵，如新儒学代表人物、哈佛大学燕京学社社长杜维明将"儒商"概括为"关注政治、参与社会、注重文化"的商人，当代儒商应"既是具有较高文化素养，又是具有较强人文关怀的现代企业家"（王存昕、李友学，2002：61-63），同时必然是现代经济管理者的代表。如果说义利统一的商业伦理是传统儒商的核心价值，那么义利统一、内外兼修、注重科学发展与承担社会责任就是当代儒商的精神实质。

在企业社会责任问题上，中外学者提出了很多层次模型。阿尔奇·卡罗尔在其金字塔模型中把企业社会责任概括为经济责任、法律责任、伦理责任和慈善责任四层。其中经济责任是最基本的责任，处于金字塔底端，依次为法律责任、伦理责任，最上层是慈善责任（吕福新，2009），我们将此引申到当代儒商的定义中，当代儒商履行社会责任也是有层次和等级的。

在 2007 年浙商大会上，网易董事局主席丁磊、娃哈哈集团董事长宗庆后、吉利集团董事长李书福、正泰集团董事长南存辉、奥康集团董事长王振滔、传化集团董事长徐冠巨、西子联合控股董事长王水福、奥克斯集团董事长郑坚江、飞跃集团董事长邱继宝、万事利集团创始人沈爱琴、华立集团董事局主席汪力成等 16 位知名浙商发起《浙商社会责任倡议书》，向全社会浙商倡议自觉履行社会责任，3000 多名浙商在这份倡议书上签字，倡议书全面阐释了浙商社会责任的内涵。《浙江日报》等多家媒体对其进行了广泛报道。倡议书强调浙商应该在中国社会的科学发展中承担起各方面的社会责任，具体提出了 5 条倡议和承诺：第 1 条是"改革创新，做强做大"，提出把企业做强做大、创造更多的社会财富、提供更多的就业岗位，这是浙商的天职；第 2 条是"关爱员工，诚信守法"，浙商要关爱、培养员工，维护员工和消费者的合法权益，构建"和谐企业"，在构建社会主义和谐社会中做一个负责任的企业；第 3 条是"保护环境，节约资源"，要节能减排，与自然为邻，与自然为友，把保护环境作为企业应做的基础"功课",共同保护人类生存的家园;第 4 条是"扶贫济困,热心慈善",提出个人财富多了是一种负累,会"奴役人性",倡议浙商超越自我,热心扶贫济困,热心公益事业,从企业家迈向慈善家;第 5 条是"修身立业,传承文明",倡议浙商在创造财富名扬天下后不骄不傲、善于学习、不断学习、修身齐家、锻炼品格、长久立业①。这一倡议成为浙商精神的重要传承,直接影响到浙江民营企业的整体走向,甚至对浙江经济产生不可忽视的影响。

结合《浙商社会责任倡议书》和对企业社会责任理论的考察,我们可以把"当代儒商"的精神内涵归纳为四个层级:

第一个层级是改革创新、强国富民的创富观。例如,浙商倡议书所指出的,浙商创业创新,把企业做强做大,为社会创造更多的财富、提供更多的就业岗位,是商人的天职,是当代儒商的第一要义。创造利益是企业的本质,企业保持良好的经营业绩和持续的竞争力,盈利、依法纳税并保障股东利益,促进经济社会发展,带动一方共同富裕,在发展自我的同时实现经世济民、富国强民的目的,这理应成为儒商的基本经济价值追求和商业理想。

第二个层级是诚实守信、科学发展的经营观。"君子爱财,取之有道",在成熟的市场经济环境下,诚信经营这一传统的商业伦理仍是企业经营的第一准则。诚信经营包括遵守行业及社会相关法律法规,坚持质量意识,即卡罗尔所说的企业法律责任,包括在同业竞争中遵守公平竞争原则,互惠双赢、公正互利,即企业承担内部员工、买卖双方、同业人员等利益相关者的责任。科学发展则是当代儒商的应有之义,当代儒商之"儒"更多是指发展的软实力,包括现代企业制度的建立、企业治理结构的完善、企业管理的科学化以及企业可持续发展的核心竞争力和能力。

第三个层级是坚守道义、热心公益的伦理观。包括认可并尊重社会道德准则、对企业可能造成的污染进行治理和补偿、营造健康和谐的企业文化、参与社会和社区公益活动、救助社会弱势群体、捐助慈善事业等,这在卡罗尔的金字塔模型中是处于上层的慈善责任。浙商鼻祖范蠡三聚其财、三散其财,堪称中国慈善第一人,当代儒商应是关注公共领域、热心公益慈善、关爱社会、回馈社会的仁人义士。

① 浙商倡议刊登于钱江晚报 2007 年 6 月 1 日第 A4 版面"每日新闻·视点"栏目。

第四个层级是内外兼修、完善自我的学习观。当代儒商笃行儒家学说，有智慧、有远见、重视科技、勇立潮头、勇于创新、勇于开拓国际市场和新经济业态，他们是热爱学习、善于学习、修身立业、传承文明的人。

二、"当代儒商"框架的主导性呈现

"媒介的框架就是选择的原则——刻意强调的、阐释的和呈现的符码。媒介生产者惯常于使用这些来组织产品和话语。……这一些框架就成为大众媒介文本编码的一个重要的制度化了的部分，而且可能在受众解码的形成中发挥关键作用"（O. Sullivan，T.，Saunder，D.，Fiske，J，1994：123）[①]。换言之，新闻生产是大众传媒通过选择新闻框架对事件进行解释并建构社会现实的过程。媒介框架是一种意义"阐释图式"（Schemata of Interpretation）（麦克斯韦尔·麦库姆斯，2008：107），它关系到"形成刻板印象（Stereotyping）与建构形象（Image Building）"（麦克斯韦尔·麦库姆斯，2008：104）。这种阐释图式不仅仅依据新闻生产者的个人经验和知识基础，而且是一种体现媒介组织和机构意志的具有"公众性格"（盖伊·塔奇曼，2008：31）的组织化的社会性生产。它既是大众媒介通过有选择地设置议题、组织新闻事件、引导话题、进行时间和空间的分配来塑造社会环境；又隐含着一种意识形态观点，体现着意识形态对社会实践、新闻事件的解释，是"一种使政治活动和经济活动之间的复杂关系变得模糊化进而合法化的手段"（盖伊·塔奇曼，2008：40）。学者们一般从三个层面进行框架分析，即生产过程的分析、新闻文本的考察及新闻文本与受众之间的互动研究[②]。例如，盖伊·塔奇曼主要侧重新闻生产过程的研究，研究新闻工作者和媒介组织是如何使用新闻生产和陈述事实这一特权，通过集中化的信息采集和行业规范"做新闻"的，认为新闻工作者和机构通过时空安排的框架开展新闻生产组织运作，同时通过新闻和新闻生产的自反性和索引性形成人们理解

---

① 转引自：黄旦. 导读：新闻与社会现实，载自盖伊·塔奇曼. 做新闻[M]. 麻争旗、刘笑盈、徐扬译，北京：华夏出版社，2008：2-3.

② 黄旦对西方新闻和传播实践以及其研究有过深入思考，并形成其独特理解和总结，对新闻框架研究的分析总结是其中部分。详见黄旦. 传者图像：新闻专业主义的建构与消解[M]. 上海：复旦大学出版社，2005.

和解释生活世界意义和秩序的框架。更多的学者以文本分析作为框架分析的核心内容,即通过对文本内在话语建构和细节的考察,探究新闻生产的深层社会意涵(李莉,2010)。本书主要从报纸新闻文本出发,兼顾新闻工作者的具体新闻生产实践,探究媒体是如何将浙商呈现为"当代儒商"这一主导框架的。

(一)浙商的不同发展阶段与"当代儒商"的框架呈现

新闻框架是统摄新闻报道思想和行为的灵魂与主线,就像任何描绘现实世界的框架一样,它从总体上奠定新闻报道的基调、方向、主旨以及意向,并给某一新闻事件、主题、形象标上特定的价值序号。框架通过机构化的系统规范着秩序,既"表现为一种高度抽象化的、潜在的标准或视角",又"几乎浸润在每一篇具体的报道之中"(李莉,2010)。在浙商三个不同的发展阶段,我们可以直接或间接地发现,"当代儒商"这一主导性形象被不断阐释、修正与重构,并在这一过程中日渐明晰地得到类型化的呈现与延展。

1992—2001 年,是浙商发展的第一阶段。这一阶段的浙商,带着"80%农民出身、70%以上学历在初中以下"的"草根基因"(东方早报/2006-12-06/第 24 版面/长三角/作者:吴正懿),个体工商户、私营"老板"是主要群体,他们的产业都是低层次的,他们的规模都很小,"创业""创富"是这一时期浙商报道的主题,而不怕吃苦、抢抓机遇、自强不息的改革开放弄潮儿,就成为这一时期的"儒商"注脚。例如,1993 年有关省外浙商创业致富的人物通讯《浙商扎寨黄山》(浙江日报/1993-04-11/第 6 版面/经济专刊·经济广场 /作者:陈平民 程学开),作者用生动的笔墨描绘了 5 位浙江商人在黄山不怕吃苦、抢占先机、创业创富的精神与情怀。记者写的第一位人物是领取屯溪 1 号营业证的浙商王瑞兴,记者写道:

眼下黄山市到底涌来多少浙江人?说不清。屯溪区工商局长汪昌恕告诉我们,屯溪 1992 年个体工商户的从业人员比上年增加 93.2%,共有 8152人。浙江人占多少?311 人,不到 4%。但耐人寻味的是领取 001 号营业证的不是屯溪人而是浙江人。

此人姓王,大名瑞兴,浙江东阳人,老街茂槐工艺品商店的老板。

王老板年近花甲，华发满头，脸色红润，加上他块头大，着衣宽，话声底气足，无名指上套着"翡翠"，眼之所及，耳之所感，委实是"财大气粗"。

王老板说，经商就要敢冒风险。这里原是一处老旧店面，1988年底，王瑞兴连买带修一下子花了37万元，将"茂槐"里外出新，璀璨然一身珠光宝气，活如一个受宠的王妃。——生意场上，只有敢于炫耀财富，财富才会毫无顾忌地向你滚滚涌来。

其后出场的人物是一对开店"温州麻油鸭"的夫妻，两人既当"老板"，又当"伙计"：

在"影都"或者说在屯溪区政府对面有一扇不大的窗口，窗口上挂着红字招牌："温州麻油鸭。"

此鸭味道如何？老板陈建平说，我从浙江、广东等地用汽车装活鸭来，装来就煎烤，几天就卖完。

陈建平今年31岁，原在温州二轻系统当"伙计"，1991年来黄山，先在祁门开过店，去年4月来屯溪，一炮打响。……门后站着一位银盆大脸、戴着金耳环的年轻女子，她是陈氏妻，温州麻油鸭店的老板娘。

老板娘立在煤炉边，拿着长竹筷，把沸油中的鸭不停地翻身。我们问："快10点了，烤完这堆鸭要到几点？""两三点。""每天都这样？""都这样。""早上几点起来？""6点。"第二天上午路过"影都"，又见这位老板娘在店里边做生意边煎煮鸭嗉。你算算，她一天能歇几小时？……

卧薪尝胆——勾践以自强不息的精神创造了一句千古生辉的成语；赚钱不怕辛苦——勾践的后代正学着先人的榜样，奔向小康。

紧接着，记者又着重描写了两名放弃公职到黄山创业的浙商形象：

西施的后代领导着沙发新潮流

令人注目的九层市府大楼斜对面有块并不十分显眼的门牌，门牌上写着黄山市屯溪振兴沙发厂。……老板袁满根，35岁，个子不高。他原是诸暨城关供销社职工，已留职停薪 4 年，每月向留职单位缴 150 元；他爱人原是丝绸厂工人，每月向留职单位缴 50 元。这里一个月房租多少？2000元。每年上缴税金多少？2 万元。还有工商管理费及这费那费，每年不下 5万元。

这样大的出项，该有多大的进项才能盈利？袁老板说，市内各大宾馆都有"振兴"的沙发，黄山风景区的西海、北海、桃源、云谷山庄等涉外饭店和索道公司所用的也是振兴沙发。……

"振兴"连厂带店，300 平方米房屋，12 个人，领导着全市的沙发新潮，创造着可想而知的高额利润，你能说，这不是奇迹么？

电视台小姐"想得开"

在屯溪老街、裤裆街及一些街头巷尾，无论服装、五金、小百货、文房四宝、旅游工艺品及饮食理发、钟表修理等形形色色的经营行业中，都有来自诸暨、金华、开化、衢州、温州、黄岩等地的浙江人。

……她原是衢州电视台的一位小姐，辞去公职已 10 年，随夫来到屯溪，在黄山电视台楼下开了个"想得开"酒店。真个想得开！……

风雨之中一家人，全无范仲淹的"去国怀乡，忧谗畏讥，满目萧然"的感伤情调。且不论眼前夫妇挣钱多少，单是这种经商的超然境界，你我之中有几人？……

新安江上钱塘潮。这是改革、开放大潮带来的黄山经济大观。泰山不让土壤，河海不择细流，新安江应该有更多江河的春潮之水涌来。不过，身为黄山人，是观潮还是弄潮？

5 位浙商的创业故事真实感人，从字里行间不难看出作者对文中所报道的浙商及其代表的浙商群体敢冒风险、四海为家、艰苦创业的肯定和褒扬。他们中部分人的出身、文化程度在文中有所涉及，如黄山市屯溪振兴沙发厂老板袁满根"原是诸暨城关供销社职工，已留职停薪 4 年，每月向留职单位缴 150 元"，"想得开"酒店女老板"原是衢州电视台公职人员"，虽不是书香门第、大儒鸿士出身，但是原"公职人员"的身份表明了这些浙商由"士"而"贾"的"儒商"潜台词。但总的来说，这一时期受教育情况、文化程度不是媒体所要宣扬的浙商的主要特征，文本中突出强调的"自强不息""赚钱不怕辛苦""经商的超然境界"和"领导新潮"、勇于"弄潮"的创富精神，才是这一时期"儒商"的应有之义，也是这一时期媒体对"当代儒商"的主要注脚。

2002—2007 年，是浙商发展的第二阶段。这一阶段的浙商，随着财富的积累和企业的声名鹊起，开始努力实现从"草根浙商"向儒商的转型，热衷于到高等学府深造，讲学传道、注重社会形象成为这一时期浙商"儒商"形象自我塑造的主要特征。例如，"娃哈哈"的宗庆后、"万向"的鲁冠球等频频亮相于全国各地的论坛、峰会，甚至到各大高校讲学。宗庆后在浙江大学设立"宗庆后研究生奖学金"，鲁冠球受聘担任浙江大学 MBA 特聘导师，正泰集团的南存辉爱读国学历史类书籍，是个"南怀瑾迷"。部分这一时期名声鹊起的浙商出道前就受过良好的教育，如康恩贝集团的老总胡季强 1982 年毕业于原浙江医科大学（现浙江大学）药学系，更多的浙商则去攻读 MBA。这一时期媒体也正是站在"草根浙商"的对应面来呈现"当代儒商"框架的。

2006 年《东方早报》的一篇调查性报道《"附庸风雅"著书传道"草根浙商"悄然转型》（东方早报/2006-12-06/第 24 版面/长三角 /作者：吴正懿）这样描写浙商的"儒商"转型：

他们经常荣登各类"富豪榜"，尽管他们携带着"80%农民出身、70%以上学历在初中以下"的"草根基因"。不过，随着财富的积累，越来越多的浙江商人——据当地官方统计，仅游走于省外和境外的就达 500 万之众的群体，正开始进入高等学府深造、考职称；部分有建树的甚至讲演著书，呈集体性、有意识地向"儒商"靠拢。"尽管出书、读 MBA 还带着浓厚的形式主义色彩和宣传目的，但浙商至少在朝着'儒商'行进。"昨日，温州著名学者、温州大学经济学院教授马津龙在接受早报记者采访时说。

从摆地摊到上讲坛

近日，被称为"打火机教父"的温州大虎打火机有限公司董事长周大虎现身重庆，参加"2006 中国民营经济发展战略论坛"并作演讲。日前，周大虎还受聘为温州大学兼职教授，为大学生上了第一堂课。据报道，周大虎讲课近两小时，200 多名学生无一中途离场。

与周大虎一样，近年，"万向"的鲁冠球、"娃哈哈"的宗庆后、"奥康"的王振滔等浙江著名民营企业家频频聚焦于闪光灯下或"空降"全国各地的论坛、峰会，或在高校授课。更多的浙商则热衷于"攻克"MBA、高级经济师等头衔职称，部分还兼任高校教授。

　　专门研究"家族企业管理"的浙商——方太集团董事长茅理翔应该是"空降"最多的一位。"从 1999 年在北京师范大学第一次演讲至今，我受邀进行的演讲、授课大概有 350 多场。"有高级经济师职称、被北京师范大学等多所高校聘为兼职教授的茅理翔告诉早报记者，他有 1/3 时间用于讲课，足迹遍布 20 多个省市，包括北大、清华、人大、浙大等 30 多所高校。

　　除了在各类讲坛演讲、授课，浙商还热衷著书立说：

　　公开资料显示，横店集团创始人徐文荣著有《徐文荣文集》，"正泰"南存辉主编有《创新正泰》，"奥康"王振韬有《追求卓越》，宋城集团黄巧灵有《四天工作制——破解中国困局》等。

　　报道援引新儒学代表人物、哈佛大学燕京学社社长杜维明在"浙江大学儒商与东亚文明研究中心"成立仪式上的讲话，将浙商的"儒商"特征概括为"关注政治、参与社会、注重文化"。报道称，这一时期的浙商"儒商"框架是官方民间合塑的结果，从浙商一方看：

　　事实上，在"关心政治"方面，浙商无疑已有领军之势。颇具代表性的一例，是 1999 年正泰集团掌门人南存辉在美国进行商务活动期间，从报刊上得知魏京生等人公开发表声明，支持美国国会取消对华最惠国待遇的提案，理由是"中国政府重视国企、打压外资和私营企业"。次日，南存辉在美召开新闻发布会，以自己的创业经历表明中国政府对私企并无歧视。

　　从学术界和官方的塑造看，报道引用大学教授马津龙的话，认为很多浙商的职称、头衔并不响亮，出书也是宣传企业形象，整体素质与"儒商"还有距离。但是浙商的"附庸风雅"仍值得赞许：

　　"演讲、出书都是在向'文化'靠拢，有些浙商的确已从经验主义向理论化方向转变，渐渐产生学术研究的动力。""至少在朝'儒商'努力，愿望或许会在下一代浙商身上实现。"

在政府方面，记者写道：

为推动浙商转型，去年底，30位拥有亿万资产的浙江民企老总齐聚清华大学，接受12天封闭式学习，费用由政府买单。根据浙江省人事厅、清华大学签订的"非公经济人才培训基地"协议，该研修班每年将不少于2期，每期30人，培训期半个月左右。

可以看出，媒体借大学教授、学界专家之言，对浙商"附庸风雅"著书传道进行了肯定式评价。事实上，虽然这一时期包括一些名扬天下的民企领袖在内的多数浙商出身"草根"，创业初期的文化程度大多是初、高中文化，甚至小学文化（2004年7月，浙江个私经济大会评选出该省"非公企业100强"，并首度公布上榜浙商出身、年龄及学历。其中几个"大腕"的出身是：横店集团徐文荣是土生土长的农民；万向集团鲁冠球出身于铁匠；温州德力西集团胡成中办企业前是一名裁缝；温州正泰集团南存辉最初是修鞋匠；雅戈尔集团李如成是农民出身；华立集团汪力成最早是一名丝厂临时工；奥克斯集团郑坚江是修理工出身），但媒体在进行浙商报道时对他们的出身往往进行模糊化处理（此前所做的浙商"文化程度"分析已说明了这一点）。而一旦这些浙商表现出某种儒商的气质和特征——这些气质和特征表现在浙商对文化的注重上，也包括文中所提到的"关注政治、参与社会"，媒体立刻不惜笔墨，进行突出强调和报道，由此体现出媒体浙商形象呈现的总体框架和导向。

这一阶段的"当代儒商"形象的报道框架还体现在媒体对浙商勇于担当社会责任的宣扬上。诚信经营、品质意识、富而好德、崇义养利、贡献社会等，作为社会责任的重要体现都成为报道的重要内容。2004年10月，浙江省浙商研究会成立，一大批浙江商界精英在成立大会上集体签署《浙商使命宣言书》，向全体浙商发出了"更开放、更锐气、更和谐、更负责"的倡议；2004年6月，人民电器集团董事长郑元豹创建大型公益活动"国际绿色志愿者日全国行"，成立绿色志愿者协会，斥资百万元；正泰集团董事长南存辉发起，32名温州民营经济代表联合发表《诚信宣言》；2006年，浙商开展了"保护地球、保护大气层"万里行活动；2006年2月，西子联合控股出台了浙江民企首份《社会责任报告》。浙商倡议企业责任、践行社会责任的这些活动得到媒体广泛关注与报道，我们从这一阶段选择不同年

份共 6 则新闻进行分析,从标题也可以读出媒体对浙商作为"当代儒商"担当社会责任的肯定性意涵:

全国"康居"浙商挑起大梁(杭州日报/2004-09-16/ 第 21 版面)
上海新浙商领衔"反哺"浙江(第一财经日报/2005-06-06/ 第 A5 版面)
越来越多浙商回流反哺(杭州日报/2006-02-24/ 第 11 版面)
浙商产品频上央视新闻(青年时报/2006-05-08/ 第 7 版面)
功利→公利 浙商闪亮转型(钱江晚报/2007-06-01/ 第 A4 版面)
浙商向"责商"严肃转身(青年时报/2007-12-06/ 第 B11 版面)

"责商"的出现既延续了"传统儒商"义利一统、崇德尚义的定义,又是"当代儒商"的核心内涵,浙商形象的主导性框架至此清晰可见。

2008—2014 年,是浙商发展的第三阶段。这一阶段媒体对"当代儒商"的刻画更加丰富和饱满,"儒商""儒雅"等词汇也是媒体对浙商报道时使用较为频繁的词汇,爱心、责任、公益、慈善,是这一时期媒体着力渲染的儒商品质。从媒体的报道中,我们看到浙商经常慷慨捐资支援灾区、老区和少数民族地区,为当地农村修建公路、资助失学儿童等,树立了浙商新形象。2008—2014 年的样本中共出现 17 篇"公益慈善"的报道,占"公益慈善"议题总量(19 篇)的 89.5%,标题如下:

胡润百富公布 2008 慈善榜 浙商中李书福捐款最多(都市快报/ 2008-04-03/ 第 34 版面)
浙商救灾当先锋(钱江晚报/2008-05-20/ 第 A13 版面)
说说抗震救灾中的浙商形象(钱江晚报/2008-06-02/ 第 A10 版面)
福泉浙商献爱心 福利院里暖意浓(黔南日报/2009-01-23/ 第 3 版面)
"2009 胡润浙商慈善榜"发布(东南商报/2009-05-26/ 第 A20 版面)
财富的分量:"2009 浙商社会责任榜"(钱江晚报/2009-05-30/ 第 A12 版面)
潘阿祥荣获 2009 浙商责任大奖(安吉日报/2009-06-01/ 第 03 版面)
百名浙商敦煌捐资助学(甘肃经济日报/2010-08-06/ 第 03 版面)
浙商颜海波(经济参考报/2010-11-05/ 第 A22 版面)

年轻浙商,做好自己是最大的慈善(每日商报/2011-01-09/ 第 11 版面)

浙商父子接力助学 25 年(湖北日报/2011-08-07/ 第 03 版面)

浙商聚力保护民间文化遗产(浙江日报/2011-08-13/ 第 02 版面)

浙商善举 市民赞许(盐城晚报/2011-12-08/ 第 A08 版面)

"浙商妈妈"爱心快车驶进万阜(青田侨报/2012-11-23/ 第 A02 版面)

为灾区建新家,浙商解囊相助(钱江晚报/2013-04-22/ 第 A10 版面)

浙商捐赠震区款物逾两亿元(浙江日报/2013-05-07/ 第 02 版面)

浙商财智女人会 为北山学生送冬衣(青田侨报/2014-12-31/ 第 A01 版面)

除公益慈善外,关注政治、关心社会发展环境、注重科技和文化、富有才华、勇于创新等,也是这一阶段媒体着力宣扬和呈现的"当代儒商"的理想人格和多重内涵。比如,2010 年 5 月 5 日《金华晚报》的一篇报道《当代浙商要担当起文化浙商的社会责任》(金华晚报/2010-05-05/ 第 9 版面/经济新闻 /作者:江胜忠),报道了浙商发布《浙商文化宣言》的情况,报道引用《宣言》对文化浙商的内涵展开了叙述:

在文化的时代,需要有文化的企业家。当代浙商在传承传统浙商吃苦耐劳、敢于开拓等精神的同时,必须要摈弃"草根",提升素质,充实灵魂,增加学养,增强文化自觉,努力将自身造就成为负有历史使命感,能够运用辩证思想能力,站在战略全局高度把握企业管理规律的经营家;成为诚信经营,胸怀大志,勇担责任的开拓者;成为有文化、有知识,勇于竞争和善于竞争,具有开拓创新意识和能力的现代儒商。

再如,《青年时报》2010 年 6 月 28 日的《新浙商的另一个样板》(青年时报/2010-06-28/ 第 A04 版面/浙江·观察)这样报道徐冠巨,塑造讲政治的浙商形象:

徐冠巨与我见过的其他浙商不太一样。他给人的第一感觉是个"儒商",但熟识他的人说,"严格来讲,他连商人都不算。"这源于他的两个特点:其一,他不追求利润;其二,他积极向党靠拢。

"向党靠拢",不是一句空洞的口号,而是一种善意的企业自觉,是研判国内外大环境后得出的发展之道,更是企业不断保持活力和健康的源泉。

这一时期多样化的儒商人格塑造既体现在消息、通讯等新闻事实的建构性报道中,也体现在以记者劝服性意见为主的评论性文本中。"新闻评论无疑是承载媒介框架最好的文本载体,因为新闻评论本身就是指记者和报纸本身的观点和评价,大量有关媒介框架的线索可能都隐藏在其中"(李莉,2010)。在浙商报道的 500 篇样本总量中,共有 21 篇评论文章,占比为 4.2%,总占比不大,但主要集中在浙商发展的第三阶段,共 19 篇,这些评论大多含有记者明显的劝服性意见。以 2011 年 10 月 24 日《浙江日报》的一篇报道《浙商的现代使命和形象》为例,该报道提出,浙商要成为"创新浙商",创新包括发展理念、体制机制、动力模式、发展环境方方面面;要成为"智慧浙商",从"浙江制造"向"浙江智造"转型,用现代的管理理念、知识体系、科技成果提升发展浙商;要成为"人文浙商",拥有崇高的人文情怀;要成为"和谐浙商",团结协作,合心合力;要成为"世界浙商",有国际视野和世界眼光,走出国门,走向世界。"创新""智慧""人文""和谐""世界眼光",这些记者对浙商发展的劝服性意见,正是记者和媒体这一阶段着意描画的"当代儒商"丰富内涵和报道框架的重要佐证。

(二)浙商报道不同议题与"当代儒商"形象的框架呈现

在浙商报道的不同议题中,"当代儒商"的主导框架有着不同的呈现和表达。浙商报道样本中最多的文本是"浙商与经济建设"议题,共 261 篇,占了一半以上。在经济类议题中,浙商的"当代儒商"形象是具有隐含性、"组装性"①的,既不显现于直接的字面定义当中,也不贯穿于整个文本,需要借助删除、化约、普遍化与重组的手段,对文本进行意义解读,从而得以浮现。总起来说,媒体在浙商报道经济类议题中的"儒商"框架,离不开创富、诚信经营、贡献当地经济社会发展等关键性词汇和要素。浙商敢闯敢干、敢为人先、诚信务实,无论走到哪里,都能找到自己的生存空间和发展机遇,都能生根发芽成长;浙商富有商道,具有敏锐的市场洞察力,在哪里发展,在何处扎根,就能带动当地经济的繁荣昌盛。在经济领

---

① 新闻话语的"组装性",由托伊恩·梵·迪克提出,详见作为话语的新闻[M]. 北京:华夏出版社,2003:45.

域里,"浙商"成了创富的符号、创新的模板,浙商把浙江制造源源不断带到各地,对于当地经济社会发展起到了很好的促进作用,人们对"财富"的观念因浙商而改变,这从媒体众多关于各地欢迎浙商投资的报道文本中可以看出。比如,在"创业致富与经营管理"议题中,有关"浙商最佳投资城市"的同一题材报道就有 4 篇,并被置于头版或要闻版。分别是,2008 年《永城市荣膺"浙商最佳投资城市"》(商丘日报/2008-06-28/ 第 1 版面/头版)、2009 年《浙商最佳投资城市 重庆江北位列其中》(重庆晚报/2009-05-31/ 第 03 版面/晚报要闻)、2010 年《我市荣登 2010 浙商(省外)最佳投资城市榜》(营口日报/2010-07-14/ 第 01 版面/要闻)、2013 年《万年成浙商省外最佳投资城市》(上饶日报/2013-06-20/ 第 01 版面/头版)。媒体关于浙商投资的报道传递出积极的基调,我们不难从"创富"中读出"贡献"这一潜台词,浙商财富取之于社会,回报于社会,创业、创新、创富一方的"财富英雄"成为"当代儒商"的首要形象并受到追捧。《黔南日报》2009 年12 月 8 日《弘扬"浙商精神" 共谋发展之路》(黔南日报/2009-12-08/ 第2 版面/二版)这样写道:

如今在贵州、在黔南等地,一提到浙商就会竖起大拇指加以赞叹,他们不仅带来了期待发展的资金和先进的管理理念及技术,更重要的是为给黔南欠发达欠开发地区带来了新的思维方式、新的经营理念、新的管理模式、新的生活方式,对当地人来说更是一笔可贵的精神财富。

在"浙商与社会发展"议题中,如前所述,媒体对浙商承担社会责任、热心于公益慈善及反哺家乡、引领共同富裕等方面给予了极大的关注,由此所呈现的"当代儒商"框架,主要体现为浙商扶贫济困、乐善好施、情系桑梓、回报社会方面的情怀和品质。根据对浙商"品质一类"的统计,反映浙商"反哺家乡和引领共同富裕"的社会角色品质达 50 频次,"乐善好施和热心公益"的社会角色品质达 20 频次。除此之外,好学上进、修身立业、注重文化、关爱员工等,也成为"当代儒商"架构的重要内容。比如,2012 年《钱江晚报》的报道《浙商,有财更有才》(钱江晚报/2012-12-09/第 A11 版面/人文),着力描绘了浙商的才学品质:

"浙商"两个字,无疑是财富的代名词。不过,正在火热进行中的"首届世界浙商书法大赛"，让人们看到，浙商们除了有财富，还有才华。

　　……

　　自开赛以来，世界各地浙商热烈响应，到目前为止，大赛组委会已收到世界各地浙商书法作品一百余件。他们中有的一直坚持着书法之路，也有的一度放下却又再次提笔，习墨生涯里，总有那么一些瞬间，让他们记忆犹新。他们的人生，也在与书法的相伴之中，被悄然改变。

　　……

　　上周，在浙江日报报业集团举行的世界浙商书法大赛海外浙商书法专场交流会上，来自世界各地的华侨们尽情舒展自己的才华，挥毫泼墨，写下各自心中对故乡的热爱和眷恋。

　　浙江省侨联副主席、国和控股集团有限公司董事长陈乃科一到会场，就忍不住拿起了桌上的笔。"回归"二字，被他用三种不同的字体表现出来，形虽异，意相通。

　　对于浙商而言，培养"文化力"是一个回归根本、积淀内涵的过程。他们是商人，也是艺术家，这样的双重身份让他们充满了"儒商"魅力。在他们身上可以看到，建设物质富裕、精神富有的现代化浙江，不再是一句空话。

　　而在 2014 年《浙江日报》的一篇报道《光荣浙商：基业长青的选择》（浙江日报/2014-02-21/第 08 版面/光荣浙商）中，社会、媒体、浙商共同把以"诚信、道义、使命感"为精神、以"义利并举，正气责任"为气质的"光荣浙商"作为浙商的人格追求，"当代儒商"的形象进一步丰满和提升。作者写道：

　　2 月 18 日，主题为"浙商往何处去？"的"全球光荣浙商论坛"2014春季圆桌会在杭州举办。浙水股份、海亮集团、正泰集团、盾安控股集团、丝绸之路控股集团、万事利集团、万丰奥特控股集团、王力集团、三杭控股集团、八达集团、天盛控股集团、江西省越秀集团、先行集团、嘉善国际木雕城、中国瓦萨帆艇等 2013 光荣浙商和 2014 候选光荣浙商，主办单位浙报传媒集团、普华永道会计师事务所以及上海社科院博导王如忠一道，共同完善了光荣浙商的理论体系，并向全球浙商发出了"做浙商，就做光荣浙商"的倡议。

> ……光荣浙商的精神是：诚信，道义，使命感。光荣浙商的气质是：义利并举，正气责任。精气神俱备，全球光荣浙商论坛理论体系的核心就打通了。诚信的人，可以成为盈利能力好的人。因为你诚信，产业链上下游的合作者都愿意推动你；诚信的人，再加上道义和使命感，就会成为盈利能力强而持久的人。因为你的存在有益于全社会，全社会都会因此尊重你、推动你！

除了诚信、道义、使命感，文中引用"全球光荣浙商论坛"特别顾问、上海社科院博导王如忠的话对光荣浙商人格进行了阐释：

> "在创立事业实践中，逐渐建立起受人尊敬的四维人格体系：艺术的表达、科学的思维、哲学的高度、信仰的温度。给寒冷者带去暖阳，给绝望者带去希望，给迷路者带去方向。"

最后，对于浙商与社会发展的关系及"浙商往何处去？"的哲学命题，文中给出了浙商自己的倡议和回答：

> "通过五万多公里行程的高端访谈，'全球光荣浙商论坛'运营团队汇聚了海内外 20 多位浙商精英的商业智慧，我们的回答是，浙商发展可分三阶段：普通老板、财富英雄、光荣浙商。光荣浙商是浙商人格提升的必然选择，光荣浙商是浙商事业发展的高级阶段。"

"浙商与政府支持"议题，包含了四类二级议题，即"政策宣传""政府指导、关怀、帮教""政府主办的浙商活动""政府主导或委托社会组织、媒体等举办的荣誉评选"。前两类议题共出现 91 频次，其中政府服务于"浙商回归"的主题出现 35 频次，2011 年以后尤为密集，2011—2014 年分别为 6 频次、21 频次、17 频次、17 频次，反复出现的"浙商回归"主题暗含了在新一轮艰难的产业升级转型期政府对当代浙商"回报桑梓、反哺家乡"人格的期待和塑造。"政府主办的浙商活动议题"主要报道政府牵头主办的浙商投资博览会、浙商大会、浙商论坛和各类考察活动等，主要内容是政府通过活动打造浙商品牌、塑造浙商形象、帮助浙商寻找投资机会和新的经济增长点、助力实体经济发展。比如，有关浙商大会的报道指出，浙商大会自 2004 年举办以来，每年召开一次，每次都有明确的主题，2005—2010 年主题词如下：

2005 年：跳出浙江　发展浙江
2006 年：创新、合作、发展
2007 年：科学发展与浙商责任
2008 年：创业与投资
2009 年：转型升级　逆势超越
2010 年：新起点、新跨越、新发展

2011 年起，由浙江省工商业联合会等 12 家单位共同发起主办，召开了第一届世界浙商大会，首届世界浙商大会以"创业创新闯天下，合心合力强浙江"为主题，世界浙商大会由此成为浙江省委省政府支持浙商创业创新的重要战略平台。2013 年，第二届大会依旧延续第一届的主题。2015 年，第三届世界浙商大会召开，主题是"经济新常态，浙商新机遇"。历届主题词反映出政府希望浙商以此为参照，"贾服儒行"规范自己，由此也映照出当地政府理想中与时俱进、不断发展的"当代儒商"框架。

随着浙商的发展，浙江省不断推出有关浙商的各类荣誉性评选活动。例如，2004 年起，由浙江广电集团主办，发起了"风云浙商"评选活动；2007 年起，由浙江民营企业发展联合会、《市场导报》社等共同主办，发起了"浙商女杰"评选活动；2008 年起，由浙江省青年企业家协会、青年时报等单位联合主办，发起了"新锐浙商"评选活动；2009 年起，由钱江晚报等多家媒体联合举办"科技新浙商"评选活动；2010 年起，由浙江省文化厅、新华社浙江分社联合主办，发起了"文化新浙商"评选活动；2014 年起，由浙江日报报业集团创立的全球光荣浙商论坛推出"光荣浙商"评选活动。这些评选活动或由媒体直接主办，或由媒体共同参办，典型地体现了媒体的议程设置，媒体自然而然进行了大力报道，在样本中，有关"政府主导或委托社会组织、媒体等举办的荣誉评选"议题共出现 34 频次。媒体对浙商人格魅力和精神风范的尽情渲染鲜明地映射出"当代儒商"这一主导新闻框架。

（三）三代浙商与"当代儒商"的框架呈现

随着时序更替和改革开放的深入，"新生代浙商"的描述由来已久，但"三代浙商"的划分并非泾渭分明，也不存在那些能使我们清晰辨认的称之为一代的时间点。本书依据创业时间与创业环境对三代浙商进行操作化的划分，主要意从中国当代社会变迁和改革发展的宏观视角对"当代儒商"的内涵发展进行实时记录、历时分析和抽象演绎。事实上，如果从某一企业自身发展和企业家的自我成长去考量，三代浙商的划分是有交叉的。

根据对三代浙商的操作化定义，第一代浙商主要指中国改革开放后最早创业的浙商。第一代浙商从义乌"货郎"挑出乡间集市开始，见证了中国经济从计划经济向市场经济的转型。此后，个体经济和私营经济显现顽强的生命力和极大的活力，1980年，温州诞生中国第一个个体工商户，温州模式在是非中成长，受到全国广泛关注。随着浙江乡镇企业的崛起和随后进行的产权制度改革，浙江民企开始大发展，1986年4月10日，《人民日报》刊发通讯《乡土奇葩——记农民企业家鲁冠球》，鲁冠球和万向集团成为全国带动"共同富裕"的典型。同一时期，"娃哈哈"宗庆后、"横店"徐文荣、"雅戈尔"李如成、"正泰"南存辉等一批浙商精英显露头角，浙商这个中国第一商人群体由此逐步形成。媒体对第一代浙商作为"当代儒商"的定义，是围绕"创富带动共同富裕"展开的，草根出身的"农民企业家"闪耀着"经世济民"的儒商光辉，这篇《人民日报》刊发的长达8000多字的文献可见一斑。这篇通讯首先以"编者按"的形式对鲁冠球进行了饱含赞美之情的肯定，指出鲁冠球"所作所为完全符合党所提倡的让一部分人先富起来，从而带动群众共同富裕的政策"。在正文中，首先介绍了1985年鲁冠球带领浙江杭州万向节厂近千名职工抓生产，在产品产量、质量、品种、劳动生产率、税利率、利润率和万元固定资产产值七个重要指标上取得全国同行业冠军的辉煌业绩。紧接着，记者不惜笔墨地报道了鲁冠球在万向节厂"发"起来后带领全乡共同富裕的"儒商"之举：按承包合同规定的分成比例，鲁冠球从1983年到1985年应得449000元，但他并没有这么做，而是把承包超额利润分成部分全部捐给了企业。在保证企业扩大再生产的基础上，又将100000元捐给了乡里办教育事业，积极支持乡里的公共建设,使宁围乡农民"日子过得像刚吐红的花苞苞"①。这篇长篇通讯夹叙夹议,描绘了一幅幅充满时代感的生动画面,富有理想、追求、实干精神和拥有带领群众共同富裕情怀的"儒商"形象呼之欲出。第一代浙商在中国改革开放的风云变幻中稳健发展,其中的大多数至今仍活跃在浙江乃至全国、全球的经济舞台。在 500 篇样本量中,关于第一代浙商的报道样本有 31 篇,从文本看,实干、创富、带领群众共同富裕是第一代浙商的特点,强烈的创业精神与杰出的经营能力,成为第一代浙商"儒商"报道框架的主旋律。

第二代浙商以创业时间计,主要指中共十四大以后崛起的浙江民营企业家;以民企代际计,主要指子承父业的"富二代"浙商。邓小平南方视察讲话和中共十四大以后,浙商和浙江经济突破发展空间飞速发展,1992年,陈金义一举收购上海 6 家国有商店,开创了全国首例"私"吃"公"的"陈金义"现象。此后,第二代浙商走南闯北,兼并企业,建立现代企业制度,融入全球化,积极参政议政,成为中国活跃的新阶层的代表。从对第二代浙商的媒体报道中我们可以看到,2003 年,温州烟具协会打赢了国际官司——中国入世后第一个反倾销案;同年,传化集团董事长徐冠巨涉足政坛,当选为浙江省政协副主席;2007 年,《浙商社会责任倡议书》问世。不甘落后、敢为人先、开拓创新、富有社会责任感的"当代儒商"形象成为媒体呈现第二代浙商的主要框架。例如,2003 年《浙江日报》的一篇报道用如下语言描述新浙商的素质特征,"艰苦创业、不怕困难的拼搏力""强烈的竞争欲望和求胜精神""敏锐的市场洞察力""不断改革发展的创新力""追本溯源的企业文化合力"等。列举了娃哈哈集团创始人宗庆后三顾茅庐请出浙江医科大学营养系专家设计开发娃哈哈儿童营业液,宁波杉杉集团总裁郑永刚在"高"字上做文章生产名牌西装发展企业,万向集团董事局主席鲁冠球把技术创新作为提高企业竞争力的关键,富润集团赵林中创建了"团结爱厂、奋发进取"的企业精神等案例,指出正是这些优秀品质和素质特征,形成了一种共同的价值观,使新浙商不断取得成功(陈关允,2003)。

2007 年《青年时报》的报道《浙商向"责商"严肃转身》(青年时报/2007-12-06/第 B11 版面/财经新闻综合/作者:程超),重点报道了第二代浙商勇于

---

① 林楠等. 乡土奇葩——记农民企业家鲁冠球[N]. 人民日报. 1986-04-10. 转引自:网络资料向小田财经频道百家号. http://baijiahao.baidu.com/s?id=1582226150212895709&wfr=spider&for=pc.

担当社会责任的精神：

"在我看来，企业要承担起更多的社会责任，应该不仅仅局限于慈善和捐助一类的活动，更重要的是做好自己的企业，让更多的人得到就业机会。"在昨天的阿里巴巴首份 2007 年度社会责任报告发布会上，其副总裁金建杭这样说。

其实，社会责任已越来越多地被浙商提及。今年的浙商大会上，曾有 3000 多名浙商签署承担社会责任倡议书。

如果说这只是表象，企业家们的具体行动则最可见"责任"二字。花 6500 万元买私人飞机的杭州道远化纤集团有限公司董事长裘德道，耗资 1 亿元建立了白血病基金会，他表示在 55 岁之前每年捐一个亿。奥康集团总裁王振滔在花巨额资金和欧盟打官司的同时，也积极设立助学基金，帮助失学少年重归校园……针对这些现象，浙商研究会的专家表示，越来越多的浙商，已经从最初的作秀炫富，向承担更多的社会责任转变。

在 80 篇关于二代浙商的报道中，明确报道"富二代"浙商的样本仅 1 篇，是《每日商报》的一篇报道，题为《百名中国民企少帅浙商二代占四成》（每日商报/2009-11-09/ 第 01 版面/要闻/作者：李锋）。报道显示，在颇受关注的百名中国民营企业少帅榜中，进榜的二代浙商有 42 位，横店集团、方太集团、广厦建设集团、罗蒙集团接班人跻身榜单前十。但报道没有详细描述浙商少帅的特征，只是以徐永安、茅忠群、鲁伟鼎等民企二代"都已在企业中表现非常出色"一笔带过。对于从老一辈手中接过接力棒的"富二代"来说，接班是责任与理想的混合，从"方正 Apabi 报纸资源数据库"中阅读文献可以发现，媒体对这些二代浙商的描述，离不开受过高等教育、海归、"儒雅"、"创二代"、"闯二代"等词汇，褒扬之意跃然纸上，第二代浙商"当代儒商"形象的主导框架更加清晰和丰满。

第三代浙商作为浙江经济转型升级的引领性人物，更关注新经济领域、互联网金融、资本市场和全球市场，我们把从第二代转型发展而来的企业家和积极投身新经济业态的新生代浙商群体同时归于第三代，除了马云、丁磊等商界风云人物外，第三代浙商更多的是一批锐气十足的青年企业家群体。他们比第一代和第二代浙商具有更新的理念，富于创新性，普遍具有学历高、见识广、精通现代企业管理制度、外语好等优势。他们重视研发投入，喜欢冒险，关注"互联网+"、大数据、云计算、工业 4.0 等领域，热衷于在高科技行业、互联网等新兴产业淘金，往往由一小笔启动资金开始创业，在自己瞄准的领域精耕细作，然后借力高科技优势、知识储备、新商业模式和互联网融资等，带动企业迅速发展。他们是浙江软件、网络企业的中坚力量，无论是资金、市场还是技术，都靠第三代浙商支撑。"年轻化、知识化、专业化""科技新浙商""新锐浙商""浙商新领军者""文化浙商"等，都是媒体赋予第三代浙商的光环。第三代浙商在报纸样本中出现的频率是 57 次，主要集中在浙商发展第三阶段，即 2008—2014 年，共 48 频次，媒体对第三代浙商的着意描绘，成为"当代儒商"与时俱进的表征。

第三节　他者框架——不同媒体浙商媒介
形象呈现的比较分析

一、他者呈现的基本样貌

在任何情形下，媒体都有可能同时使用多个不同的框架（新闻机构的市场定位、效率需求，社会环境的影响，记者的不同知识经验和对现实的不同组织），不同类别媒体在建构同一群体媒介形象时也会使用不同框架，由此呈现出不同类型化的媒介形象。统计发现，在用于描述浙商负面品质变量的"浙商品质二类"一项中，有 22 频次报道了浙商"投机暴富""假冒伪劣、欺诈拐骗、诚信缺失""因循守旧""重利轻义""道德败坏"等不良品质（见表 3-8），虽然在样本中占比只有 4.4%，却在一定程度上反映了浙商在特定发展时期的他者形象。与此相呼应，涉及浙商价值层面形象的"报道立场与倾向"一项，"对浙商表现出批评、谴责的态度和语气"的负面报道有 22 频次（见表 3-9：报道立场和倾向）。例如，《浙企老板频现"范跑跑"》（萧山日报/2008-07-07/ 第 12 版面）、《浙商赌博"生态链"》（内蒙古晨报/2009-02-03/ 第 B02 版面/金三角报道·观察）、《逾万浙商梦碎迪拜炒楼损失超 20 亿元》（重庆晨报/2009-12-01/ 第 12 版面/世界新闻焦点）、《一浙企被合肥 列入"黑名单"》（新安晚报/2012-10-11/ 第 AII11 版面/时讯）等。浙商负面形象的出场，最早来自刚步入市场经济时民众的集体记忆，改革开放初期，由于市场的不规范性，一些浙商的原始资本积累难免与走私、贩私、假冒伪劣沾边。1987 年 8 月 8 日，5000 多双温州产劣质皮鞋在杭州武林门被愤怒的群众付之一炬，"假冒伪劣"由此成为浙商群体的标签，与中国历史为商人打上的"奸商"印记相叠加，一度成为一些媒体描绘浙商的"刻板印象"，浙商负面新闻如影随形。进入 21 世纪以后，随着改革开放的推进，浙商经济日益在浙江乃至全国经济社会中发挥举足轻重的作用，在政府主导、本地媒体宣传和浙商自身努力下，浙商负面形象得到相当程度的改变。但与此同时，积累了大量财富的浙商开始四处寻找投资机会，"炒房团""炒煤团""炒矿团""炒棉团"迅速发展。比如，2001 年以后的几年，温州炒房团所到之处，当地房价一路狂飙，浙商遭到一些国内媒体集中讨伐。2008 年，受美国金融危机风暴的冲击，浙江民企出现了资金链断裂，一些企业倒闭，有的企业家席卷资金逃亡，浙商再次成为媒体他者凝视的目标。2013 年，对于中国民企来说，阴霾与阳光交替相间，一个原本带有明确历史意涵和贬义色彩的词汇——"土豪"突然成为网络热词，2013 年 10 月 15 日，美国《外交政策》杂志刊登的文章《来见见中国的"比弗利山人"》这样向美国读者介绍中国的"土豪"："'土'意味着土气或粗野，'豪'意味着显赫、华丽。他们拥有暴发户的艺术鉴赏力及新贵的花钱习惯，他们是中国的'比弗利山人'（Beverly Hillbillies）。""土豪"一词流行后，也被媒体用来作为指称部分民企以及浙商的代名词，映射出媒体对新时期尤其是那些发端于微末、拼杀于市场、投机暴富又热衷于追求物质主义的新浙商的嘲讽和诟病。

表 3-8　浙商品质二类

浙商品质二类	频率（次/篇）	百分比（%）	累积百分比（%）
经济角色品质：投机暴富	7	1.4	31.8
经济角色品质：假冒伪劣、欺诈拐骗、诚信缺失	4	8	63.6
经济角色品质：因循守旧	3	6	45.5
经济角色品质：其他	3	6	81.8
社会角色品质：自私自利、重利轻义	1	2	86.4
社会角色品质：剥削员工、拖欠工资	1	2	90.9
社会角色品质：道德败坏	1	2	95.5
社会角色品质：其他	1	2	100.0
合计	22	4.4	

表 3-9　报道立场和倾向

报道立场和倾向	频率（次/篇）	百分比（%）	累积百分比（%）
正面 对浙商予以褒扬、赞美的态度和语气	133	26.6	26.6
中立或混合 报道语气无明显偏向，呈客 观中立态度，或报道中既有赞扬又有批评	345	69.0	95.6
负面 对浙商表现出批评、谴责的态度和 语气	22	4.4	100.0
合计	500	100.0	

二、不同类别媒体他者呈现的比较分析

　　浙商被视为浙江的金名片，笔者在研究时做出假设：浙江本地媒体在呈现浙商形象时以"宣传取向"为主要倾向，而浙江以外地方媒体的浙商形象呈现则以"受众取向"为主要倾向。那么，不同类别媒体对浙商形象的呈现到底有没有不同？浙江本地媒体和非本地媒体在呈现浙商负面形象时是否存在显著性差异？如果有，具体体现在哪些层面？笔者通过列联表分析和卡方检验进行验证。

　　首先，在不同类别媒体与浙商"报道议题"的呈现层面（表格略），浙江本地媒体与全国性报纸、浙江以外地方性报纸存在显著差异（$X^2=57.703$，$df=28$，$P=0.001$）[①]。比如，"政府指导、关怀、帮教"议题，"宣传取向"的浙江本地媒体的报道显然比浙江以外地方性报纸要多得多（16.1%VS.5.1%），而全国性报纸居其中（11.3%）；明确指向的政策宣传议题，浙江本地媒体占一定比例，但浙江以外地方性报纸则很少涉及（7.0%VS.0.9%），全国性报纸仍居其间（3.8%）。而与浙江本地媒体相比，"受众取向"的浙江以外地方性报纸更多注视浙商给所在地方带来的经济变化和社会发展，主要关注"创业致富与经营管理"议题（41.0%VS.23.4%），其次是浙商"社会活动与公众形象"议题（13.6%VS.6.6%），全国性报纸两项议题仍居其中（分别为26.4%、7.5%）。

　　其次，在报道立场和倾向上，浙江本地媒体作为地方党委政府态度的体现者，浙商报道多采取正面或中立的态度；相比浙江本地媒体，浙江以外地方性报纸在报道中对浙商负面评价要高得多（12.0%VS.1.5%），全国性报纸居其中（5.7%），尽管这一倾向在总体上看并不显著（$X^2=8.542$，$df=4$，

---

　　① 这是卡方检验结果，卡方分析是用来研究两个定类变量间是否独立即是否存在某种关联性的最常用方法。X^2指 Pearson 卡方，df 指自由度，P 指卡方值的显著性（即 SIG.）P 小于 0.05，说明两个变量是显著相关的。

P=0.074）^①（见表3-10）。

表3-10 报纸类别与报道立场和倾向之关系

	报道倾向			合计
	正面	中立或混合	负面	
浙江本地媒体	85	240	5	330
	25.80%	72.70%	1.50%	
全国性报纸	14	36	3	53
	26.40%	67.90%	5.70%	
浙江以外地方性报纸	34	69	14	117
	29.10%	59.00%	12.00%	

在浙商负面形象的具体呈现上，通过对样本的分析可以发现，浙江以外地方性媒体在浙商"投机暴富""假冒伪劣""诚信缺失"等二类品质的报道上存在类型化取向，浙江以外地方性媒体在共计14频次的二类品质报道中，上述三类的报道高达10频次。例如，《新安晚报》2012年10月11日报道了一家在合肥的浙江建筑企业因信用问题被列入合肥建筑市场信用"黑名单"（新安晚报/2012-10-11/ 第A11版面/时讯）；《常州日报》2013年5月14日报道了温州商人倪日涛官商勾结、投机致富，涉嫌刘铁男案的负面消息（常州日报/2013-05-14/ 第A07版面/中国新闻·国内）。

但就总体而言，浙商他者化的负面记忆只是在某些特定历史时期（如改革开放早中期浙商的功利性、2008年全球性金融危机后浙商遭遇危机）的低度再现。从浙江以外地方媒体浙商报道看，曾经以"投机暴富""假冒伪劣""诚信缺失"等二类品质呈现的他者形象正不断成为各地的历史性记忆，而且随着浙商经济发展方式的转变，浙商走到哪里，就给哪里带来商业格局、经营理念、社会风貌的改变。以2014年浙江以外地方媒体报道为例，共计10篇的浙商报道不仅没有出现负面报道，反而充满正向的期待和评价，从标题可见一斑：

"十大杰出浙商"今日揭晓（东莞日报数字报/2014-01-03/ 第A13版面）
浙商科技园加快建设步伐（建湖快报/2014-05-16/ 第02版面）
浙商陇上行主题活动在兰举行（兰州晨报/2014-07-06/ 第A03版面）

---

① 这是卡方检验结果，卡方分析是用来研究两个定类变量间是否独立即是否存在某种关联性的最常用方法。X²指Pearson卡方，df指自由度，P指卡方值的显著性（即SIG.）P小于0.05，说明两个变量是显著相关的。

2014 经济运行逆势而为　止缓　回稳　促增：12 家浙商联手打造运城空港化纤工业园（山西日报/2014-07-09/ 第 A1 版面）

浙商兄弟田东占得先机（右江日报/2014-08-18/ 第 A01 版面/要闻）

浙商皮革城，向五星级标准进发（山东商报/2014-09-05/ 第 D04 版面）

看好贵州成为浙商新共识（贵州商报/2014-09-13/ 第 A4 版面）

浙商来了　裕民变了（抚顺日报/2014-09-25/ 第 08 版面）

2014 世界浙商华北峰会在并举行（山西法制报/2014-09-29/ 第 5 版面）

浙商在京投资总额超 4000 亿元（北京日报/2014-12-08/ 第 11 版面）

由此可见，浙商形象与当地经济社会发展的确定性越来越紧密联系在一起，越来越多的媒体对浙商的报道从他者凝视转为主动建构，浙商负面形象正逐渐被媒体淡化。

小　　结

本章对"方正 Apabi 报纸资源数据库"所呈现的浙商形象进行了框架分析。通过对浙商媒介形象呈现进行版面、篇幅、报道类型和报纸类别的基本分析，对浙商主体身份和角色属性演变的统计分析以及对浙商报道议题变化的统计分析，描述了浙商媒介形象呈现变迁的基本样貌。以浙商为代表的民营经济在中国市场化导向的改革中一直扮演着重要角色，浙商不断获得意识形态的合法性走向社会舞台的中心，并由此成为媒体和公众共同关注的热点和焦点。在浙商三个阶段、三个代际的发展中，浙商作为"当代儒商"的特征既具有同质的一面，又具有不同的侧重点。总的来说，随着中国改革开放和社会主义市场经济体制的建立、发展和不断完善，随着科技的发展和经济形态的日新月异，随着人们对财富与成功所具有的内涵认识的不断加深，公众、媒体和社会对浙商所应具有的"儒商"品质的期待和评价也在不断丰富和发展，从原来对单纯的物质主义和发展的崇拜，转为对文明、品位和社会贡献度的更多的要求。同时，浙商也在创造社会财富和市场繁荣中完成自身的转型，在实现市场价值的同时更多地注重实现社会价值。由此，具有时代特征和深刻内涵的"当代儒商"形象在媒体的新闻框架中被清晰地呈现出来。与此同时，通过不同媒体浙商媒介形象呈现的比较分析，我们也模糊地看到了媒体在呈现浙商形象时若隐若现的他者框架，但浙商他者化的负面记忆主要是在某些特定历史时期的低度再现。

第四章　话语分析："方正 Apabi 报纸资源数据库"浙商媒介形象的话语建构与叙事策略

　　"对新闻话语进行分析就是对新闻形式和语义的结构、用法及功能进行分析。新闻制作过程受到环境约束和社会意识形态的限制"（胡易容、赵毅衡，2014）。按照梵·迪克的新闻话语分析办法，新闻话语分析主要有两个视角，即"文本视角"和"语境视角"。文本视角是对具体文本中各个层次的话语结构包括语音语调、词汇、句子形式和语法等进行分析①。语境视角是对这些结构与语境的具体情景，如理解过程、重现及与社会历史文化的关联进行描述。本章将运用新闻话语分析方法，通过解读新闻文本宏观结构，对文本进行话语命名和身份书写分析、言语行为和隐含意义分析、叙事模式和语境分析，对浙商报道样本作进一步细读，以对浙商作为"当代中国第一儒商"主导框架的呈现进行更精细的分析。

第一节　媒介形象呈现中的话语与话语理论

　　我们在第一章中已经简要介绍了话语分析理论的学术流派及主要观点。早期话语研究主要集中在修辞学与诗学领域，近代话语研究生发于语言学，拓展于社会语言学、社会学、新闻传播学。话语分析是媒介结构分析的主要研究方法，对媒介形象建构和呈现进行话语分析，是话语理论在新闻传播学中的主要应用之一。

一、批判话语分析理论

　　媒介建构和呈现的基础是社会建构，因此，探讨媒介形象呈现中的话

---

　　① [荷兰]托伊恩·A. 梵·迪克话语分析理论主要体现在其著作《作为话语的新闻》和《话语·心理·社会》中，其对文本视角的解释见《话语·心理·社会》第 26 页（托伊恩·A. 梵·迪克、施旭等编译. 话语·心理·社会[M]. 北京：中华书局，1993）。

语与话语理论时，我们把重点放在话语与社会的关系上，这属于"批判话语分析"（Critical discourse analysis）的范畴。"批判话语分析"着重研究话语在社会中、特别是在社会权力运作中的作用，这一理论为人们解剖各种传播活动的深层机制、社会情态、历史渊源等，提供了新颖的视角。批判性话语理论的开创者可追溯至米哈伊尔·巴赫金（Mikhail Bakhtin），巴赫金认为，任何话语都不可能是中立的或中性的，"表述的范围小到一个独立的符号……或单独一句话，大到一篇文字、一部作品……甚至无形的舆论等"，这一切话语或表述都不是互不相干，而是紧密相连，处在以社会交往为特征的错综复杂的社会系统之中，因此，"它们无不充盈着社会情态和意识形态内容，无不具有事件性、指向性、意愿性、评价性"（李彬，2001）。在巴赫金之后，安东尼奥·葛兰西、哈贝马斯（Jürgen Habermas）等西方马克思主义者以及法兰克福学派的批判理论，费迪南·德·索绪尔（Ferdinand de Saussure）、皮尔斯（Charles Sanders Peirce）、罗兰·巴特（Roland Barthes）的符号学，福柯等后现代思想家的后现代文化理论对话语做了进一步阐释和扩充，"批判话语分析"日益成为传媒与社会研究的重要取向。

　　对当代批判话语分析产生广泛影响的是费尔克拉夫和梵·迪克。费尔克拉夫在其最有代表性的著作《话语与社会变迁》中，系统地阐述了批判话语分析理论与方法。他提出了在三个具有递进特征的框架——文本、话语实践、社会实践内开展话语分析的理论与方法（诺曼·费尔克拉夫，2003）。文本属于微观的语言学分析层面，关心的是媒介文本、修辞手法及语词的使用，文本是话语的存在形态，是表意的呈现系统。社会实践则超越了文本本身，关注的是与社会结构相关的宏观社会学层面，如说话者的社会身份、话语背后的权力结构、话语实践与政治文化环境的关系等，从而把话语从工具价值中解放出来。话语实践则是文本与社会实践两者的中介，指文本的生产、流通、接受的实践，话语实践是特定形态的社会实践。

　　梵·迪克的批判话语理论将话语视作社会控制力量，他在著作《话语　心理　社会》中说道："权势群体及其成员拥有或控制着越来越大范围的，越来越多种类的话语功能、话语体裁、话语机会和话语文体。……特别要强调的是，权势不仅在话语中和通过话语体现出来，而且也是话语后面的社会力量。在这一点上，话语与权势紧密相连：两者的关系是阶级、群体、机构权势的直接体现，也是阶级、群体、机构成员地位的直接体现"（托伊恩·A. 梵·迪克，1993：170-171）。

二、作为新闻的话语

把批判话语分析应用到新闻传播领域，主要归功于梵·迪克，这一应用充分体现在他的著作《作为话语的新闻》中。他认为，"新闻应该从作为一种公共话语形式的角度来进行研究"，他的著作就在于"为分析新闻提出一种新的理论框架"，即"把新闻主要当作一种文本或话语来进行分析"①。他分析了同样具有递升特征的三个层次，首先，把新闻话语图式看作一种系统的叙事结构，即超结构（Superstructure），包括"①一系列常规的叙事范畴或类型；②一系列规定图式形式中叙事类型等级和顺序的叙事规则；③一系列把隐含的规范叙事的模式变成各种真实叙事图式的转换规则"（托伊恩·A. 梵·迪克，2003：52）。其次，关注新闻文本与语境——公众认知和社会限制之间的复杂关系，认为"在日常生活中人们通过话语在社会化、人与人之间、团体与团体之间的理解和互动这些大语境中进行知识和信念的习得活动"，"除了少数几条人类信息处理的普遍原则以外，认知从根本上说是社会性的"（托伊恩·A. 梵·迪克，2003：111）。这一分析涉及大众媒体传播环境下的新闻生产、新闻认知、新闻传播全过程。最后，梵·迪克把新闻报道的复杂结构与新闻制作的认知过程放到更宏观的社会结构中，指出"新闻媒体正是在新闻制作的日常规程（如选择和关注精英行为人或新闻来源以及可理解的或意识形态上一致的新闻事件）和新闻报道约定俗成的结构模式中体现了这些结构和意识形态"，这决定了新闻报道"是公共话语的重要形式，这一公共话语不仅提供了关于社会事件的社会、政治、文化和经济认知模式的大致框架，还提供了证明这些框架正确有理的无处不在而又占据主导地位的知识和态度结构"（托伊恩·A. 梵·迪克，2003：187）。

诚然，话语理论在不同学者的探讨和对新闻话语进行分析的实践中具有多样化的结构层次和不同视角，我们无法将所有的话语理论范式应用于同一文本的分析中，但这些话语理论为我们分析媒介形象提供了方法论的视角。新闻生产是一个过程，新闻生产的过程就是话语实践的过程，这个

---

① [荷兰] 托伊恩·A. 梵·迪克在《作为话语的新闻》前言部分和第一章即阐明了话语分析方法在新闻分析中的理论价值。他认为，这种分析方法对传统内容分析法是质的改变，而且把新闻生产直接或间接地与社会实践、意识形态和宏观社会环境联系在了一起。

过程发生在特定的社会情境中,遵循特定的规则规范。本节主要从批判话语理论出发,对"方正 Apabi 报纸资源数据库"的浙商报道从文本和语境的某些视角切入进行分析。在文本上,着重分析话语的命名、身份书写、言语行为以及隐含意义;在语境上,着重从社会实践意义上分析话语叙事模式,从而描绘出在社会结构和权力关系变迁中的浙商媒介形象图景。

第二节 身份书写、权力话语与浙商媒介形象呈现

一、命名与身份书写

商人是谁?商人对社会意味着什么?商人是如何命名、其身份又是如何被书写的?谁来定义商人?界定他们的基础是什么?1904 年,马克斯·韦伯(Max Weber)在《新教伦理与资本主义》(*Die Protestantische Ethik und der Geist des Kapitalismus*)中将资本主义运动进行了一次非经济层面的文化阐释,从伦理、宗教和文化的层面阐述了资本主义发展的内在动因,重新定义了资本主义精神。同年,美国《企业家》(*Entrepreneur*)杂志创刊,它的创刊词节选自托马斯·潘恩(Thomas Paine)的《常识》(*Common Sense*)。《常识》是美国独立战争期间最受欢迎、最有影响力的一本小册子,作为表达舆论、实现舆论的同步手段,当时促成了美国人民对独立的空前一致的支持,几乎每一个美国人都读过它(汤姆·斯丹迪奇,2015),《企业家》杂志节选的创刊词如下①:

> 我是不会选择做一个普通人的。
> 如果我能够做到的话,我有权成为一位不寻常的人。
> 我寻找机会,但我不寻求安稳,
> 我不希望在国家的照顾下成为一名有保障的国民,那将被人瞧不起而使我感到痛苦不堪。
> 我要做有意义的冒险。
> 我要梦想,我要创造,我要失败,我也要成功。
> 我拒绝用刺激来换取施舍;

---

① 我是不会选择做一个普通人的——美国《企业家》杂志创刊[J]. 文苑.2012(4):13.

我宁愿向生活挑战，而不愿过有保证的生活；

宁愿要达到目的时的激动，而不愿要乌托邦式毫无生气的平静。

我不会拿我的自由与慈善作交易，也不会拿我的尊严去与发给乞丐的食物作交易。

我决不会在任何一位大师面前发抖，也不会为任何恐吓所屈服。

我的天性是挺胸直立，骄傲而无所畏惧。

我勇敢地面对这个世界，自豪地说：在上帝的帮助下，我已经做到了。

自创刊起，美国《企业家》杂志都会把这段话刊登在首页，激发企业家选择做一个"不寻常的人"，这样一个"不寻常的人"，他会寻找机会、做有意义的冒险；他宁可面临种种挑战也不愿意在国家的照顾下过有保证的生活；他有梦想，要奋斗和创造，能承受失败，更追求成功；他的天性是"挺胸直立，骄傲而无所畏惧"，并最终实现梦想。

潘恩的"常识"与韦伯的新教责任伦理观相互关联，从文明属性、价值理性到日常行为规范，组成了一种具有结构性影响的话语体系，从而确立起具有美德光环和理性精神的西方商人阶层的身份书写。

由于东西方文化根本上存在差异，在以农业为基石的漫长的古代中国，"贩夫走卒"是士大夫甚至普通百姓家庭不屑与之为伍的地位低下者，商人在国家意识形态上就不可能成为一个值得命名和书写的阶层。商人群体及其身份即使存在也不过是封建统治者及知识阶层对其进行结构化的"低度再现"（Underrepresentation），商人的称谓也是平淡无奇的，而且很多中性词汇，如"商贾""贾人"等逐渐生发出贬义，甚至直接以"奸商""贱商"替之。到了中国近代社会，尽管重农抑商的政策在外力的强制下已难以维系，商业势力逐渐成长为一股不容忽视的公共力量，但独立运行的工商体制和商人的自主话语始终没有真正出现，商人的身份认同在由权力阶层、主流媒体和公众社会传递的"集体记忆"中就成为被抑制、被弱化和被边缘化的群体。

中华人民共和国成立后，社会的变迁、制度的重建，使中国商人的身份得以重新书写。改革开放以来，民间资本集团如雨后春笋般出现，浙商就是其中的典型代表。国家发展社会主义市场经济的战略定位为商人身份书写定了基调，浙商的企业家阶层的群体类别随着时空的变化才不断被重新设计和塑造。浙商身份的重构离不开媒体的话语实践，对浙商进行命名就是一种重要的话语实践方式，因为"命名本身代表着一种权利"，"当我们称商人为'奸商'时，很显然我们已经通过命名完成了自身的话语权力"（彭焕萍，2008：31）。

（一）浙商称谓与命名

命名主要通过媒体对群体的称谓来实现，总的来说，20 世纪 90 年代以来，通过对浙商称谓运用变化所完成的命名，媒体实现了对浙商定义的转移。

学者彭焕萍在《媒介与商人》一书中，通过分层抽样法对 1983—2005 年的《经济日报》中以再现商人为目的的相关报道进行量化统计和分析，由此发现在 23 年的媒体命名中，中国商人经历了商贩—万元户—大款—民营企业家的身份变迁，从而使商人完成了从"奸商""贱商"到"集财富、才能、道德于一身的完美商人形象"的飞跃。本书对"方正 Apabi 报纸资源数据库"500 份样本的统计，正好反映了中国市场经济体制深入推进媒体对商人命名的延续。从媒体对浙商的称谓看，在经历了 20 世纪 90 年代初到 21 世纪初个体户（商贩）—老板（大款、富豪）—企业家（创办人、掌门人、董事长、总经理、总裁）的称谓转换和命名传递后，浙商发展进入第三阶段，媒体对浙商的称谓和命名着重向新浙商（新锐浙商、科技浙商、浙商名家）转变，"当代新儒商"的鲜明形象由此确立起来。我们着重分析媒体对浙商从企业家（创办人、掌门人、董事长、总经理、总裁）到新浙商（新锐浙商、科技浙商、浙商名家）的称谓改变及其所包含的儒商意蕴。

如前统计，浙商以"企业家"（创办人、掌门人、董事长、总经理、总裁）的称谓在样本中出现篇数为 153 篇，占 39.5%，除了泛称"浙商"外，"企业家"是对浙商的主要命名，集中出现在浙商发展的第二阶段，交叉出现在浙商发展的第三阶段。根据彭焕萍的研究，媒体称谓话语的变迁使我们可以清晰地看到中国社会商人评价系统的主要构成要素和关键性指标，即财富、才能、道德，"企业家"的称谓和命名不同于以往的"万元户""大款"，更不同于传统社会的"奸商"，体现着对商人在财富、才能、道德三方面的正向评价（彭焕萍，2008：73）。这一研究发现同样适用于媒体对浙商的形象呈现。事实上，媒体在完成对浙商"企业家"命名的同时，也正是从财富、才能、道德三个主要方面书写浙商的儒商特征的。我们以第二章中选摘的以"企业家"（创办人、掌门人、董事长、总经理、总裁）命名浙商的 4 篇文本为例,借鉴包含"财富、才能、道德"三个构成要素的商人评价系统对文本呈现出的浙商特征进行分析。首先对 4 篇文本进行编号,分别是:

1.《"附庸风雅"著书传道"草根浙商"悄然转型》(东方早报/2006-12-06/第 24 版面/长三角)

2.《浙商,有财更有才》(钱江晚报/2012-12-09/ 第 A11 版面/人文)

3.《光荣浙商:基业长青的选择》(浙江日报/2014-02-21/ 第 08 版面/光荣浙商)

4.《浙商向"责商"严肃转身》(青年时报/2007-12-06/ 第 B11 版面/财经新闻综合)

第 1 篇报道正文涉及的浙商个体有"打火机教父"周大虎、"万向"鲁冠球、"娃哈哈"宗庆后、"奥康"王振韬、"方太"茅理翔、"横店"徐文荣、"宋城"黄巧灵、"正泰"南存辉 8 位,以企业家(创办人、掌门人、董事长、总经理)命名出现 11 频次。文章开宗明义描写了浙商"荣登各类'富豪榜'",然后话锋一转,报道随着财富的积累,越来越多的浙商"呈集体性、有意识地向'儒商'靠拢","讲演""著书"充分显示了以"企业家"命名的浙商的儒学"才能"。接着,作者又借专家、新儒学代表人物杜维明之口细化了"儒商"的内涵,除著书立说、传道外,将新"儒商"概括为"关注政治、参与社会、注重文化"的商人,其中在关心社会上,凸显了浙商对"慈善"的贡献,报道称:

从慈善角度看,无论是《福布斯》"2006 中国慈善榜"、民政部为指导单位的"2006 年度中国大陆慈善家排行榜",还是胡润"中国慈善家排行榜",浙商上榜数都居第一。

"慈善"在这里的意涵是浙商为商的道德。这样,以"财富、才能、道德"为要素的身份特征在这一时期以"企业家"命名的浙商身上体现出来。

2、3、4 篇的命名特征也十分明显。其中第 2 篇,标题开宗明义,直接点出浙商有"才"。如果我们用"+"表示浙商以"企业家"命名所彰显的"财富、才能、道德"特征凸显，用"−"表示不凸显。1、2、3、4 四篇文本的结果见表 4-1。

表 4-1　浙商儒商特征呈现表

编号	财富	才能	道德	总体儒商特征
1	+	+	+	+
2	+	+	+	+
3	+	+	+	+
4	+	−	+	+

这一结果表明，"财富、才能、道德"集于一身成为浙商作为"企业家"显在的儒商特征，这一命名方式映照了中国社会主义市场经济体制形成和发展以来执政者、媒体以及社会公众对商人身份的重新认定和对民营经济内涵发展的期盼。

"新浙商"（新锐浙商、科技浙商、浙商名家等）的称谓在样本中出现篇数为 38 篇，占 9.8%，主要出现在浙商发展第三阶段，交叉出现在浙商发展第二阶段，有关"科技浙商"评选的文本反复出现，达 12 篇。从历届"科技浙商"的评选要求和上榜浙商看，具有强烈创新意识、产品或者工艺科技含量高、技术领先、管理创新等，是"科技浙商"的基本内涵，由此可见，"新浙商"的称谓体现了新时期公众、社会和媒体对浙商"儒学"和"才能"品质的新要求，"新浙商"的命名标志着浙商完成了"儒商"身份的又一次跃升。

浙商称谓的发展变化体现了传媒话语与社会、文化、权力之间的复杂关联，"新浙商"的称谓是中国经济改革进入所谓"深水区"以来，官方和媒体对浙商命名的延续、丰富、深化与转向。当前，中国经济已经进入转型期，新的时代对企业转变发展模式、建立新的竞争优势与可持续发展能力提出了新的挑战。浙商回应这一挑战必须进一步提高自身能力和素质，除了"财富、才能、道德"，以高新知识储备、新科技素养、创新思维和国际视野等为表征的"学养"成为不可或缺的企业家品质，进而成为当代浙商新的命名和身份。

（二）关键词与身份书写

与浙商命名所包含的"财富、才能、道德"浙商特征相对应，泛读浙商报道的总体文本，频频出现的关键词有创富、投资、吃苦、实干、团结、低调、冒险、诚信、公利、公益、慈善、责任、品质、品牌、儒雅、反哺、开拓、传奇、新锐、富而思进、转型升级、创业创新等，这些关键词显示了记者浙商报道的基本价值判断。

记者对浙商关键词的书写大多采取了相对固定的叙述模式。所谓叙述模式，是指"记者叙述时所采用的具有典型意义的行文手法，在整体上表现为较为连续的风格"（夏倩芳、张明新，2007）。在浙商报道文本中，记者大多采用了以独白陈述为主，穿插浙商自述、官员陈述的叙事模式。首先，由于浙商报道属于记者容易到达现场的经济报道，记者往往是新闻事件的亲历者，能够直接与新闻源进行接触，所掌握的是真实的一手资料。根据新闻生产规则，记者往往把与新闻源的交流抽离出来转换为自己的客观陈述，为此，独白成为浙商新闻报道中话语表征的常规模式。在这种独白式的报道中，记者通过饱含赞扬之情的各种关键词的书写，完成了对浙商身份和形象的"客观"塑造。这一报道手法在消息类文本中尤为明显。我们以2006年1月17日《杭州日报》的一篇报道（杭州日报/2006-01-17/第13版面/房产新闻）为例：

全国康居工程"浙商"挑大梁

上周，在萧山区城厢街道的国泰花园通过了建设部"国家康居示范工程"验收。至此，浙江省的康居居示范工程达到了12个。建设部住宅产业化促进中心副主任梁小青透露：自1998年以来，全国已经有80多个康居示范工程项目，而浙江省是实施"康居工程"最多的省（市）；更可喜的是，外省申报的康居示范开发项目，也以"浙商"最为踊跃。可以说，"房产浙商"的品质意识领先全国，"浙商"在全国康居示范工程中挑起了大梁。

在杭州，已经实施康居示范的项目有坤和·山水人家、耀江·文鼎苑、众安·国泰花园。建设部实施康居示范工程，共分八大技术体系，在绿色节能、智能化、可持续发展、舒适性等方面均严格要求。国家期望通过"康居工程"，全面提升住宅品质，促进住宅科技的广泛运用，并加快住宅产业化进程。

实施康居工程，对开发商来说无疑是增加了开发建设的难度。可为何浙商的积极性还这么高？梁小青及专家组分析认为："房产浙商"群体中，民营企业占了大多数。他们强烈的品质意识，首先源于市场竞争意识。"浙商"有务实的传统，尤其到外地开发，如果没有过硬的品质，很难一炮打出品牌。因此，做康居工程虽然比较累，但对有眼光的企业家，这同时也是掌握新技术、了解新材料、提升团队素质、打造企业品牌的极好机会。在康居工程项目中，浙商实现了多赢。

在这一篇报道中，"康居""品质""品牌"是最主要的关键词，其中"品质"一词，在文中出现 4 频次，作者直接以"'房产浙商'的品质意识领先全国""强烈的品质意识"等独白式的陈述，完成了对蕴含道德、责任特征的浙商"儒商"身份的书写。

为了显示自己的客观公正，记者在浙商报道中常常把浙商自身以及官方话语重新组织到报道中，使关键词再语境化为对话模式，作为浙商身份书写更为可信的佐证。这一叙述模式普遍存在于各文体中，甚至评论、述评也不例外。在 500 篇样本中，评论、述评类文体共 21 篇，几乎每篇评论都有各方陈述的并置。我们以《每日商报》2011 年 1 月 9 日的一篇评论（每日商报/2011-01-09/ 第 11 版面/创富评论）为例：

年轻浙商，做好自己是最大的慈善

最近，网上热传一段视频——浙江工商局长郑宇民"智斗"央视主持人董倩。这段视频截自第八届中国民营企业峰会，当时峰会就在杭州举行。除了工商局长，郑宇民也是浙江民营企业发展联合会会长。视频热播后，他又添了一个新称号：最给力官员。

视频以主持人董倩与郑宇民的"舌战"贯穿始终。主持人不断抛出裸捐、富二代、拉闸限电和节能减排等敏感的热点问题。一番你来我往中，有关"裸捐"的争论吸引了笔者。

2010 年 9 月，"世界首善"巴菲特和比尔·盖茨在"劝捐"美国富豪后，又跑来中国首都举办慈善晚宴。不过，据说很多中国富豪怕被"劝捐"而躲着不去。截然相反的，有"中国首善"之称的江苏商人陈光标宣布裸捐。而浙商既没有裸捐的，也少有赴宴的，被指抠门。对此，郑宇民提出了一个崭新的观点：浙江的民营企业在做慈善，但最大的慈善是做好自己的分内之事。

　　如郑所言，陈光标的裸捐可以称为壮举、善举，值得称赞和尊敬，但这和称赞解放军战士舍身炸碉堡一样，并不是要求每一个战士都必须舍身炸碉堡。这种善举不是民营企业的行为准则，而是一种精神引导。

　　慈善和民企的自我觉悟是画等号的。现阶段的浙商仍然十分年轻。阿里巴巴集团总裁马云曾对巴菲特和比尔·盖茨坦言，他们劝善来得不是时候，不是地方。任何事物的发展都有阶段性，中国还没到这个阶段。跟巴菲特 75 岁捐出 360 亿巨款做慈善是一个道理，50 岁的时候为什么不捐？因为当时没这个认识。浙江的民营企业也才 50 岁，也没人认识到。

　　"饮料大王"宗庆后在婉拒慈善晚宴后说，慈善不是请客吃饭，不是炒作宣传，不是生后裸捐，而是生前时时刻刻做好应尽的责任和习惯。他认为把手下十几万员工安排好，让他们无忧无虑就是最大的慈善。马云也有此一说，把慈善植入他的集体里，对员工善待，对社会要善行，对自己求善果，是实实在在的慈善。

　　但做好自己并不是浙商唯一的慈善，在福布斯慈善百人名单，浙商仍占了 27 位。

　　这篇评论的关键词是"慈善"。与此相关的词汇有"首善""善举""劝善""善待""善行""善果"等，共计出现 21 次。针对社会上对浙商未参加巴菲特和比尔·盖茨在北京举办的慈善晚宴的非议，作者首先用标题开宗明义亮出自己的观点："年轻浙商，做好自己是最大的慈善。"为表明自己的观点不是"一家之言"，记者把社会上有争论的意见（"被指抠门"）、官方的评价（浙江省工商局局长郑宇民："浙江的民营企业在做慈善，但最大的慈善是做好自己的分内之事"）、浙商的认知（马云："劝善来得不是时候，不是地方。任何事物的发展都有阶段性，中国还没到这个阶段""把慈善植入他的集体里，对员工善待，对社会要善行，对自己求善果，是实实在在的慈善。"宗庆后："慈善不是请客吃饭，不是炒作宣传，不是生后裸捐，而是生前时时刻刻做好应尽的责任和习惯"）抽取出来并置在一起，拟构成辩论式的对话，从而把受众对浙商慈善的认知拉到与记者相同的理性立场，即"浙商做好自己是最大的慈善"。文末，作者又通过独白指出，但"做好自己并不是浙商唯一的慈善，在福布斯慈善百人名单，浙商仍占了 27 位。"至此，浙商以公益慈善为特征的儒商身份和形象实实在在地确立了起来。

从浙商称谓、命名的发展变化和关键词、身份的书写，我们能够看到隐含在话语中的社会意义，即浙商作为民营企业家群体的代表在当代中国社会变迁中社会阶层的被认同和社会地位的提升。与这一话语命名和书写方式相呼应，媒体在浙商形象呈现过程中采取了断言式言语行为。

二、断言式言语行为与权力话语

在特定的情景中，话语总是通过言语完成社会行为，即言语行为（Searle，1969），言语行为与句子形式、意义共同构成话语的三个主要方面。在言语行为方面，所有的新闻话语几乎完全充斥着各种断言，或者说，新闻话语作为整体时具有宏观断言（Superassertion）的功能[①]。这一断言功能既体现在文本的宏观结构中，由包含摘要、主旨、要点的标题和命题群共同组成；又隐含在具体的话题叙述中，即新闻记者将事先准备好的观点和意义融入到新闻报道中，毋庸置疑地传递给受众，而没有发现或无意指出背后的缺陷，甚至特意将背景资料和证据加以遮蔽。"记者有时会使用中立或独立的新闻声音作为幌子，表达隐含着的或间接的观点——引导受众得出某一结论。他们会选择引语，挑选信源，有目的地运用形容词。"（比尔·科瓦奇、汤姆·罗森斯蒂尔，2014：103）

（一）缺损证据的断言与权力话语

在浙商报道中，我们看到最多的是确证式新闻。记者或是不由分说、不容置疑地进行事实报道，告诉读者浙商在做什么、给当地和社会作出怎样的贡献；或是积极地挑选和操纵证据，告诉读者浙商具有什么样的精神、品质和素质，而对于一些隐含的争议，则采取缺损或故意不提的方式处理。

我们以作为"企业家"身份出现的浙商报道言语行为为例。事实上，文本中以"企业家"身份出现的浙商其构成是多元的，他们既有接受过高等教育、具有经济与管理类专业背景的企业家，也有相当一部分草根出身、文化程度不高、经过资本原始积累和企业转型发展取得成功的企业家；既有白手起家、勇于开拓创新获得成功的企业家，也有从第一代浙商中接过

---

　　① 梵·迪克认为，新闻话语作为整体可能具有宏观断言的功能，而一则广告则可能具有全面建议或向大众提议的作用，一张敲诈便条则将典型地暗示着对大众的威胁。见梵·迪克《作为话语的新闻》第29页。

接力棒的新生代企业家。但我们可以发现，在呈现浙商形象时，为凸显对浙商的财富、才能、道德要素的正向评价，媒体以断言的话语方式，对浙商的历史采取了缺损的方式处理，如对从第一代浙商成长起来的企业家的描写，很少描写他们的文化程度及其家庭背景，对于浙商"文化程度"一项，高达73%的报道篇幅"不详或未提及"，其主要原因就是浙商除了吃苦耐劳、不怕艰辛的优秀品质可能来自于他的出身外，大多缺少教育的草根出身并不值得炫耀。

一方面，媒体对学养高的知识分子型浙商浓墨重彩进行报道，比如，翻开历届"科技新浙商"候选人简介，《浙江日报》等媒体总是不惜版面整版进行介绍，"博士""EMBA""发明专利"等闪亮的字眼总是出现在开篇显要位置。另一方面，对于草根出身、贴上"儒商""哲商"标签的浙商，记者也在着力宣扬其爱学习、勤著述的一面，而对于其"草根"的学历避而不谈。比如，对出身军旅的宁波如意集团老总储吉旺的报道，在《宁波日报》一篇题为《读书助推浙商转型》（宁波日报/2010-06-24/ 第A16版面）一文中，记者描写储吉旺著有"《经商三部曲》"等多部著作，内容"充满了智慧和灼见"，查找其他相关报道，对储吉旺更多的身份报道是"企业家""作家""慈善家"等，因储吉旺出资千万元携手宁波《文学港》杂志社设立"储吉旺文学奖"，其儒商身份更加突显。

由此可见，媒体对浙商的"企业家"断言，所要渲染的是媒体所代表的权力话语对浙商作为当代中国经济社会瞩目的新群体其能力素质的提升、责任担当的扩展以及企业的自身发展和企业家精神的弘扬。

（二）简约化策略与群体形象塑造

在浙商报道中，另一值得注意的话语现象是，媒体断言式言语行为侧重塑造的是具有"财富、才能、道德"要素的浙商群体身份，对浙商个体的身份书写和认同往往采取了简约化和模糊化的方式。我们以一篇浙商荣誉类的评选报道（浙江日报/2005-09-26/ 第5版面/经济新闻/作者：记者 王纲 通讯员 童娜）为例：

两位浙商当选中国优秀民营企业家

第二届"中国优秀民营企业"和"中国优秀民营企业家"评选日前揭晓，我省的浙江大虎打火机有限公司董事长周大虎和西子联合控股有限公司董事长王水福获得中国优秀民营企业家称号。"中国优秀民营企业家"是由中国企业联合会、中国企业家协会组织，经过有关部门的专家依照推选的原则、标准和程序，在全国范围内进行评审而出。

从这则短消息的描述中，我们不难发现媒体在断言浙商群体身份时简约化的策略性机制，文本开门见山报道了"我省的浙江大虎打火机有限公司董事长周大虎和西子联合控股有限公司董事长王水福获得中国优秀民营企业家称号"，指出这一评选"是由中国企业联合会、中国企业家协会组织，经过有关部门的专家依照推选的原则、标准和程序，在全国范围内进行评审而出"。"中国优秀民营企业家"荣誉的高规格、评选程序的规范性成了这则短消息刻意强调、阐释和呈现的符码，新闻话语在这里进行了严格的语用描写，断言的主要内容仅限于解释说明合理完成"当选中国优秀民营企业家"这一结果所必须的条件，两位获选的优秀企业家的其他个体信息无关其用，自然就被忽略了。

另一有关浙商荣誉类报道的文本同样如此，在《浙江日报》2005 年 3月 1 日一版要闻《2004 年度风云浙商揭晓》一文中，记者报道了 UT 斯达康（中国）公司董事长吴鹰等 10 位在国内外工商界有重要影响和新闻性的浙商当选 2004 年度风云浙商的情况。文本通过"10 位当选者均属在本年度有重要新闻事件，在经济生活中引起广泛关注，对于探索和推动经济发展有一定贡献"寥寥数笔的描述（金涛，2005），勾勒当选"风云浙商"在年度表现、经营能力、社会贡献等方面的群体特征，塑造浙商的"财富、才能、道德"形象，当选者个人、独立的形象却被模糊化处理了。这一报道策略同样被记者类型化地处理在文本二的报道中，这一制度化的报道框架和断言方式，体现了权力话语对浙商形象塑造的总体意图和基本方向，在受众解码的形成中发挥的作用就是书写了浙商作为群体的身份特征。由此，浙商以意涵"财富、才能、道德"的"当代儒商"群像走进公众视野。

三、话语的隐含意义与浙商媒介形象呈现

新闻话语有许多隐含在字里行间的意义等待读者去发现，"这些意义要么必须推导出来以完全理解全文，要么通常被事先认定为读者当然知道的一般或具体的信息。"（托伊恩·A. 梵·迪克，2003：71）隐含意义的表达

包括语义上隐而不述的隐含、预设、暗示、联想等多种类型。在浙商报道上，媒体的表达、叙述、措辞同样离不开对浙商媒介形象的事先假设和隐含。我们在这里重点分析浙商报道中预设立场的隐含和联想的隐含。

（一）预设立场的隐含

我们从 2011 年、2012 年、2013 年、2014 年各选择一篇"新浙商"报道，以此为例进行分析。

文本一：《第三届"科技新浙商"候选人简介》（浙江日报/2011-12-06/第 23 版面/专版）。在这一文本中，报纸不惜版面详尽介绍了"科技新浙商"候选人的特征，如介绍宁波锦浪新能源科技有限公司总经理王一鸣，"1981 年出生"——年轻；"博士"——高学历；"入选'国家千人计划'，国务院特聘专家，浙江省'新世纪 151 工程第一层次'人才"——高层次人才、高学养；其所带领的团队，有博士 4 名、硕士 5 名；其所研发和生产的产品，"部分产品填补了国内外空白"，"得到了多国并网认证"。在介绍另一候选人博创科技股份有限公司董事长兼总经理朱伟时，介绍其拥有博士学位，曾任美国国家科学基金会专家审阅组成员，拥有多项国际专利，对技术与市场有精准判断，公司承担了多项国家级和省级重大科技攻关项目（陈纳新，2011）。总之，文本对候选人的介绍透露着强烈的预设立场的隐含意义，即代表当代和未来方向的浙商除了作为"企业家"所应具备的"财富、才能、道德"外，还应该是具有较高知识素养和科技素养的"学养"型儒商。"学养"的内涵微妙而充分地体现在入选浙商的介绍中。

文本二：《新一代浙商：创新更有底气》（钱江晚报/2012-01-31/ 第 B03 版面/财富·浙商）。这一文本报道了新锐浙商代表浙江盘石信息技术有限公司董事长田宁在参加浙江省全省民营经济工作会议后接受记者采访的情况。这篇报道出现最多的词汇是"服务""创新""速度"，其预设的立场是"政府支持和企业创新共同打造浙企发展的速度"。记者写道："2004 年召开的首次全省民营经济工作会议，浙江盘石信息技术有限公司董事长田宁还记忆犹新。当时他创业不久，从媒体上读到的大会信息令他兴奋不已——民营企业创业大有可为。8 年过后，田宁的盘石如今已有超过 2000 名员工，成长为中国最大的互联网广告企业。"（黄晶晶，2012）可见，盘石企业的发展首先来自于政府给的"定心丸"，新一代浙商们"从大会报告中听出了诚意——浙江将以前所未有的力度介入并服务于民营经济"。其次，盘石发展速度来自于企业创新，田宁表示，盘石集团 2000 多名员工平均年龄只有 25 岁，对企业转型和创新充满激情和信心，他们专注于打造全球中文网站联盟，目标是"未来成为全球最大的中国网站联盟"，通过不断创新，"利用智慧、与众不同、更好的客户服务赢得未来"。"激情""信心""创新""未来"这些措辞通常使人联想到青春活力、生机勃勃的画面，呈现了新一代浙商在政府引导下勇于创新和创造的时代特征。

文本三：《73 位浙商获奖创新话题成论坛焦点》（青年时报/2013-10-27/第 A04 版面/本地新闻 /作者：时报记者 沈谢芸 翁亚平）。这一文本报道了第二届世界浙商大会开幕的盛况，第二届世界浙商大会以"创业创新闯天下、合心合力强浙江"为主题，会上浙商发出了治水倡议书，会议表彰了香港永新企业有限公司副董事长曹其镛等 73 位在创业创新、经济社会建设和环境保护领域作出卓越贡献的海内外浙商，颁发了功勋浙商奖、浙商新星奖、创业创新奖、杰出浙商奖等多个奖项。会议召开的"浙商论坛"，企业家代表着重谈企业创新，就"创新驱动、金融创新、新型城市化、浙商回归"四个热点话题展开对话与演讲（沈谢芸、翁亚平，2013）。文本中，"创新"一词出现 16 频次，"创新"以及报道中与这一词汇相关联的谓语反映出记者对新浙商形象呈现的倾向性意见：

创新、创业创新、创新驱动、新型城市化、金融创新、颠覆性创新、新的生活方式、转型升级、喜新不厌旧、创新反哺主业、提高自身素质的转型升级、开创、新发展。

显然，无论是在宏观层次上，如标题，还是在微观层次上，我们都可以从这些描写中得出这样的结论：浙商已经完成从普通老板和财富英雄向智慧创造的新浙商转变，创新正成为新一代儒商不可或缺的典型的特征。

文本四：《它蕴含浙商的发展哲学》（钱江晚报/2014-12-07/ 第 B02 版面/全民阅读•重点报道）。这是一篇关于三狮集团董事长姚季鑫的人物通讯。记者着重描绘了姚季鑫作为成功企业家不为人知的另一面，即对艺术、对书法的爱好和修为。在三狮集团，开展书法比赛是一种企业文化，这源于董事长姚季鑫的亲力亲为与带动。他对书法"如痴如醉、一天不写就手痒",认为书法如同做事,爱好书法的人"做事也会一丝不苟",认为书法能修身养性,企业家应该用哲学精神做企业,在挑战与机遇面前用哲学解决问题,在对立统一中、在书法原理中寻找答案(姚季鑫,2014)。记者从书法艺术修养的角度对浙商的重墨描绘,隐含了记者对新浙商儒商身份的事先假设和立场,与文本一对新浙商知识修养的描述和判断形成了很好的呼应。

（二）联想的隐含

虽然此处我们把隐含分为联想与预设立场两种类型,但事实上两者不是截然分开的。从以上文本的隐含意义中,我们同样可以读出"新浙商"身上的联想的形象特征:

第一,新浙商大多受过良好的高等教育,拥有博士、硕士学位或大学学历,或具有海外教育背景,不乏入选"国家千人计划"、国务院特聘专家者,是以高新知识创造财富的"知本家"。

第二,新浙商都拥有创新意识和创新思维,重视科技创新,主要从事高新技术产业和 IT 行业,善于利用知识和信息资源、把握知识经济的运行规律创造巨大财富。比如,马云这位在知识经济大潮中脱颖而出的新生代浙商领袖,因为他打造的巨无霸电商帝国代表了中国企业家的全新高度,赢得了国际声誉,成为最杰出的浙商代表。

第三,新浙商都拥有全景思维、国际视野和世界观。在全球经济快速发展的今天,新浙商有着长远的眼光、国际市场的意识,熟悉国际化的游戏规则,有参与国际竞争的胆略,能瞄准国际市场,务实创新,迅速行动,如盘石"专注于打造全新的全球中文网站联盟,未来成为全球最大的中国网站联盟"。

第四,新浙商都重视自身的文化修为。新浙商在转型升级中不断触发文化自觉,注重提升学识素养、积淀文化底蕴,越来越多的浙商还把目光锁定在文化产业上。人文素养、文学艺术、文化远见,蕴含着浙商的发展哲学,新浙商一定是有文化、有涵养、有人文情怀的企业家。

反之的联想是,没有上述特征的不能称之为"新浙商",或者说不是"新浙商"的典型代表。

在另一篇报道中,记者从他的角度和立场出发,同时采用多方陈述并置的叙述模式，引导读者做了"浙商往何处去"的联想。标题是《光荣浙商：基业长青的选择》（浙江日报/2014-02-21/ 第 8 版面）。记者写道："35年来，海内外千万浙商凭借开疆拓土的创业精神和百折不挠的奋斗激情，带动浙江经济总量跃升至全国第 4 位，造就了著名的'浙商现象'。但与此同时，和全国其他商帮一样，浙商群体在环境保护、诚信机制、公益理想等方面，也有诸多缺失和短板。"之后，记者话锋一转，在正文中拟了两个小标题，通过自己陈述和引用学者、浙商陈述的方式清晰地对"光荣浙商"作了界定和回答：

人格提升　光荣浙商基业长青

　　光荣浙商的精神是：诚信，道义，使命感。光荣浙商的气质是：义利并举，正气责任。……诚信的人，可以成为盈利能力好的人。因为你诚信，产业链上下游的合作者都愿意推动你；诚信的人，再加上道义和使命感，就会成为盈利能力强而持久的人。

　　……"在创立事业实践中，逐渐建立起受人尊敬的四维人格体系：艺术的表达、科学的思维、哲学的高度、信仰的温度。"……上海社科院博导王如忠对光荣浙商有着极为深刻的理解。

　　……"浙商发展可分三阶段：普通老板、财富英雄、光荣浙商。光荣浙商是浙商人格提升的必然选择，光荣浙商是浙商事业发展的高级阶段。"浙报传媒集团领导认为。

　　……企业家的人格提升，带来企业文化软实力的提升。……浙水股份董事长蒋文龙代表光荣浙商倡议全球浙商"做浙商，就做光荣浙商"，从依靠"诚信"单纯创造利润，到依靠"诚信、道义、使命感"创造基业长青的发展方式，让"中国梦"梦想成真。

五位一体　智慧创造鼓舞浙商

　　"企业成功遵循'二八定律'，即 20%源于外部环境，80%在于企业家自身。"普华永道会计师事务所中华区税务合伙人黄佳，总结多年来所接触浙商的成功经验，得出光荣浙商成功的重要因素：修炼内功。

　　……为全面提升浙商文化软实力，满足浙商精英的高层次需求，浙报传媒集团在"全球光荣浙商论坛"主平台的基础上，打造了首席公益官、帆船会、圆桌会、讲师团、《智者》微杂志五大子平台，提供公益理想、品质生活、高端聚会、专家智库、商业智慧，形成了五位一体的人格提升全系统服务创新的运营模式。

　　"诚信、道义、使命感""义利并举，正气责任""艺术的表达、科学的思维、哲学的高度、信仰的温度""人格提升""修炼内功"，文中对"光荣浙商"内涵的解释使用了丰富、密集的措辞和表达，这些正面意义的表达隐含了媒体及媒体所代表的官方对新时期浙商形象的主导性建构以及对浙商发展方式的倾向性。对浙商的自我建构而言，引导浙商"做光荣浙商"；对公众而言，关于兼具公益理想、商业智慧和高尚人格的光荣浙商的形象联想由此确立起来。

　　任何新闻话语的产生都不是无源之水，新闻话语的命名、言语行为和隐含意义标示着特定的语境，从社会文化、政府和媒体共同制定的制度框架、决策机制和理性内容的视角看，当代浙商媒介形象呈现表明了新的时期权力话语对浙商发展的期待和理想化形象的塑造，社会组织、政府以及党政媒体不断推出的"科技新浙商""新锐浙商""文化浙商""光荣浙商"等层出不穷的评选，使这一点毋庸置疑。由此，在有关浙商内涵新闻话语的不断丰富和发展中，兼备财富、才能、道德、学养的"当代儒商"身份已经可以清晰地被认定出来。

第三节　政治话语与经济话语交互下的叙事模式与浙商媒介形象呈现

　　叙事模式是宏观层次的话语分析，是表征系统中意义最丰富的层面。纵观 1992—2014 年"方正 Apabi 报纸资源数据库"中浙商报道的文本叙事，可以发现，政治话语与经济话语的交互始终是贯穿浙商报道或明或暗的主线，并在浙商发展的三个阶段呈现出不同的趋向和样貌，体现着浙商发展的特定语境。笔者把它概括为：政治话语规范下的"创富—贡献"叙事模式、经济话语主导下的"创新—传奇"叙事模式、政治话语和经济话语合流的"转型—回归"叙事模式。

一、政治话语规范下的"创富—贡献"叙事模式

　　改革开放初期，从"鸡毛换糖""前店后厂"走出的浙商虽然成为刚被

激活的中国经济社会中日益活跃的主体，但仍处于自发冲动和艰难生长阶段（吕福新等，2009：87），并不足以形成一个显著的社会阶层，媒体对浙商的关注是零星的。即使有，同媒体对中国其他商人的报道一样，发家致富的浙商不过是政府富民政策的注脚（彭焕萍，2008：77）。1992—2001 年，即进入本研究的浙商发展第一阶段，走南闯北的浙商和飞速发展的浙江民营经济日渐成为中国经济社会引人注目的现象和全国各地竞相仿效的典型。1995 年，浙江全部工业总产值占全国的 8.9%，而个体工业总产值占全国的 17.8%，私营工业总产值占全国的 23.8%，"个私经济看浙江"成为社会普遍共识（浙江省统计局课题组，2002）。到 2001 年底，全省已有个体工商户 158 万户，从业人员 277 万人；私营企业 21 万家，从业人员 347 万人；个体私营企业工业总产值已占全省的 47%，社会消费品零售总额占全省的 63.7%，工业企业税收占全省的 38%；个体私营经济增加值占全省国内生产总值的 43.5%。在全国 500 家最大民营企业中，浙江占 170 家，总量居全国第一，个体工商户和私营企业总产值均居全国第一（徐金发，2003）。温州的皮鞋、纽扣、打火机等，诸暨大唐袜子，义乌小商品，永康小五金，桐乡羊毛衫，海宁皮革，慈溪小家电等小商品享誉全国市场。1999 年，《经济生活报》推出"浙商名流系列访谈"专栏，"浙商"作为专有名词走进人们的视野，"浙商"日渐成为媒体关注的热点。

但这一时期的浙商，脱离不了浓郁的乡土气息，根据最早的一次较大规模的浙江私营企业主的调查，截至 1994 年年底，浙商出生地为"乡镇"及"村"的占 84.8%（其中"村"为 56.3%），出生地在城市不足 5%；这一数据到 1999 年没有明显变化（吕福新等，2009：75），充分显示了浙商的"草根性"。"草根"出生的浙商受教育程度低，那么，媒体是如何将其刻画成"儒商"这一形象的呢？政府话语主导下的"创富—贡献"就是典型的叙事模式。把"创富"与"贡献"紧密关联，这一点与韦伯和潘恩的商业伦理有着异曲同工的类比之处。西方商业伦理中，商人把努力增加自己的资本并以此为目的的活动视为一种尽职尽责的行动，把赚钱本身当作一种目的，商人有增加自己的资本的职业责任，增加资本被看作是一种美德和能力的表现，是企业家应有的一种精神气质。财富自身本没有好坏善恶之分，关键在于财富是否取之有道、是否用之有道。20 世纪 90 年代以来，随着社会主义市场经济体制的建立，国家大张旗鼓地倡导和鼓励民营经济的发展，吃苦耐劳、坚韧不拔、敢为人先的浙商通过辛勤劳动创造的巨大财富，在政府主导下成为贡献社会的重要力量，浙商的"草根"出生也因成了"艰苦创业""自强不息"的代名词而得到褒扬。

阿尔都塞（Louis Pierre Althusser）的"意识形态国家机器"理论认为，大众传媒（出版、广播、电视等等）是国家意识形态系统的有机组成部分。从传播学诞生背景来看，美利坚大学传播学院辛普森（Christopher Simpson）在其专著《胁迫之术：心理战与美国传播研究的兴起》（*Science of Coercion: Communication Research and Psychological Warfare*）中提出，美国传播研究的兴起和传播学科的建构离不开冷战时期国家心理战工程的资助和引导。拉斯韦尔（Harold Lasswell）、拉扎斯菲尔德（Paul Lazarsfeld）、霍夫兰（Carl Hovland）、施拉姆（Wilbur Schramm）等传播学先驱不过是以服务于"帝国统治技术"的工具性角色出场，其研究精力全面投入在"冷战"的政治宣传事业中（辛普森，2017）。由此可见，新闻传播学从诞生之日起就是最贴近政治权力场的领域，非但离不开与复杂的社会权力的博弈，而且就在政治权力的控制之下，东西方概莫能外。当然，这并不意味着其自身就放弃了专业主义、新闻伦理、新闻客观性的努力。

中国新闻学奉行马克思主义新闻观，党性原则是基本原则，主流媒体是党、政府和人民的喉舌，是党的机器的一部分。中国媒体的性质决定了新闻话语具有天然的政治话语基因。20世纪90年代以前，在报纸关于经济新闻的报道中，政治意识形态语态成为传媒叙事的显性表达姿态，90年代以前和90年代初期经济新闻话语的"政治化"体现在反映商人身份的新闻词汇（如"劳模"等）、政治公文式的句式、整齐划一的文体结构以及对政治话语资源，如经典作家、政府文件，不厌其烦地引用、注释与依赖上。20世纪90年代是传媒发展的重要分野期，西方从20世纪80年代以来的市场新闻业和传媒娱乐化此时随着全球化流入中国，在中国特色社会主义市场经济体制指引下，中国报业产业化集团化迅速发展，大众传媒开始越过传统的政治领地，进驻到公共领域以及公众的私人生活，报纸成为社会全景式的展示平台，以政治意识形态为宏大指向的新闻话语不再像90年代以前那样显见，消费主义意识形态悄然兴起（刘文辉，2009）。但"喉舌"仍是中国大众传媒的主要功能，政治话语只不过为适应传媒面临的全新的文化景观、社会景观和政治景观从新闻报道的前台走向了幕后。

在浙商发展第一阶段，我们通过细读文本发现，政治话语在浙商报道中不仅仅作为背景出现,而且内化于文本中,框定文本的结构形态,承担了文本的叙事功能,从而使意识形态以不露声色的、隐含的方式规范着、浸润着人们对浙商的认知。

我们节选《浙江日报》2000 年的一篇报道(浙江日报/2000-05-24/ 第 2 版面/经济新闻)为例,具体分析"创富—贡献"这一政治话语规范下的叙事模式。

新丝路上访浙商

……

今天的伊犁,以其欧亚大陆桥中国段西桥头堡的特殊位置和拥有中国西部最大的公路口岸——霍尔果斯口岸,再度成为我国向西开放的门户。国内生产的轻工业品以及蔬菜、粮油制品源源不断地从这里输往中亚、西亚,汇聚成一条新的丝绸之路。

许许多多的浙江商人就活跃在这条新丝绸之路上。他们从浙江老家运来服装、鞋袜、百货、电器等商品,再由伊犁出境,销往中亚五国、俄罗斯甚至东欧诸国。浙江产品西进,进而走向世界,新丝路上的浙商功不可没。(创富—贡献)

……

在伊犁哈萨克自治州首府伊宁市,有一个专做边贸生意的中亚市场。它是由义乌人牵头,和伊宁市喀尔敦乡、伊宁市工商局联合投资 2300 万元,于 1995 年办起来的。市场现有 100 余经营户,几乎都是浙江人,卖的也基本上是浙江货。市场上诸暨的袜子、义乌的衬衫、宁波的电器、浦江的童装、东阳的小百货、温州的拖鞋……都是外商喜爱的热门商品。前几年年交易额在 10 亿元以上,近两年来受大气候影响滑坡较大,但去年也在 2 亿元左右。(创富)

市场开业 5 年来,已上缴当地税收、工商管理费 500 多万元。市场副总经理老赵是伊宁市喀尔敦乡政府派来的,他目睹了市场给当地带来的巨大变化。他说,市场所在的汉人街过去街容破旧,正是有了中亚市场,这方圆几公里才有了今天的发展。附近的"小吃一条街"、"富民市场"等第三产业都是市场给带起来的,别的不说,前两年附近居民光是向浙江经营

户出租民房，每年收入就在百万元以上。（创富—贡献）

　　……浙江商人来到这里，不但自己做生意，还和当地少数民族兄弟携手合作，浇灌出一朵朵民族经济合作之花，给新时期的民族团结注入了崭新的内涵。（**民族团结—共同富裕**）

　　在中亚市场有一个颇有意思的现象：市场内是一批浙江老板，市场外还有一批维吾尔族老板，当地人称他们为"吃茶钱的"，意为中介人。这批"吃茶钱的"给外商带路、做翻译甚至当代理，在市场内外撮合买卖，非常活跃，前两年市场生意最好的时候可达上千人。中亚市场总经理蒋秋生说，维吾尔族同胞和中亚诸国外商语言相通、习俗相近，浙江人在这里做生意离不开他们。（**民族团结—共同富裕**）

　　当地派出所民警曾现亮有一位来自尼勒克县的维吾尔族朋友，名叫伊恩木。1997 年他刚来这里时只有 6000 块钱，就靠"吃茶钱"，到 1998 年底赚到了 20 多万元。曾现亮说，这几年，靠在市场"吃茶钱"赚了上百万的维吾尔族人就有好几位。他指给我们看市场远处的一幢漂亮的小楼，"那就是一位维吾尔族老板盖的，他前两年就是靠'吃茶钱'发的家，现在自己进货做边贸，5 年下来，楼盖了，进口越野车也买了，日子好得很。"（**民族团结—共同富裕**）

　　霍尔果斯是伊犁，也是新疆最大的公路边贸口岸。去年进出口货物 29 万吨，贸易额 3.2 亿美元。这里同样活跃着许多浙江人。在霍尔果斯的边民互市市场，浦江人傅继生的童装颇有名气。……（**创富**）

　　……

　　"累归累，只要货能卖得出，略有点赚头，我就心满意足了。"傅继生说，"我的童装基本上都是我们浦江产的，我这里出货不停，老家工厂就不会停工。"他所在的浦江县白马乡刘店村 120 来户人家，有 30 多户生产服装，专门供这边出口。傅继生就代销四五家厂的产品。虽然近一年来受大气候影响，边贸市场不太景气，但口岸有很多优惠政策，经营软环境也比较好，他经商经验比较丰富，所以生意还能做下去，每年还能赚上几万块钱。现在，不但他自己早就在老家盖起了四层四间的楼房，不少乡亲也靠做服装富了起来。（**带领相邻共同富裕**）

　　……

　　新闻媒体具有重要的认知再现功能,从 20 世纪 90 年代到 21 世纪初,人们对浙商的认知除了先在的"原始经验"和口耳相传,更多地依赖和受控于体现了意识形态特征的官方媒体的报道。《浙江日报》是中共浙江省委机关报,其新闻话语体现的不是记者的个人意志,而是体现着其所属团体即党报的认知状态和意志体征。新丝路是浙江产品西进、浙江制造走向世界的重要枢纽,是中国以产品沟通东西方文化交流的重要桥梁。报道第三自然段,即指出在西进创富的新丝路上,"浙商功不可没";文中第五、第六自然段,记者详细介绍了由义乌人牵头、与当地政府联合投资的中亚市场货物年交易额,上缴税收以及给所在地带来的巨大变化,"创富—贡献"的叙事模式清晰可见。第七、第八、第九自然段记者描写的是浙商不仅自己经商创富,而且带动培养了当地商人,"市场内是一批浙江老板,市场外还有一批维吾尔族老板,当地人称他们为'吃茶钱的',意为中介人。……这几年,靠在市场'吃茶钱'赚了上百万的维吾尔族人就有好几位。"在政治话语的注视下,这一民族合作的"创富—贡献"模式带动了民族团结,"浇灌出一朵朵民族经济合作之花,给新时期的民族团结注入了崭新的内涵。"在第十、十一、十二、十三自然段,记者描绘了新疆边贸口岸霍尔果斯的浙商傅继生个像,以及众多像傅继生那样不等不靠,个体创业闯荡在先,然后带领亲戚、同乡和朋友跟着经商创业或服务边关贸易,共同致富的浙商群像。浙商"创富—贡献"服务所在地的同时服务了家乡,带领家乡人民共同富裕,隐含了邓小平在会见美国时代公司组织的美国高级企业家代表团时回答的"一部分地区、一部分人可以先富起来,带动和帮助其他地区、其他的人,逐步达到共同富裕"的政治话语(邓小平,1993)。可见,《新丝路上访浙商》一文,能够清楚地看出《浙江日报》作为官方媒体对 21 世纪初活跃在新丝路上的浙商从业行为正面意义的暗示,"创富—贡献"的主导政治价值观和叙事模式清晰、精细地体现在新闻框架里,读起来一目了然。

二、经济话语主导下的"创新—传奇"叙事模式

　　2002—2007 年是浙商发展的第二阶段。2002 年,中共召开了十六大,体制改革跨出了除旧图新的决定性步伐,经济市场在改革进程中不断走向良性运行,与市场经济发展过程相一致的是国家在经济领域管制的放松和民间政治经济自由权利的扩大。这一年,也是中国加入世贸组织的第二年,

中国经济进入良性快速发展轨道。这一时期，对于民众普遍而持续的自发经商创业行为和倾向，浙江政府采取了开放经济活动、放松管制的措施，并制定和实施鼓励引导的政策，如在浙江省台州市，一方面，政府给予民众经营活动充分的自由和空间；另一方面，应中小企业对金融信贷的强烈要求，取得中国人民银行支持，在城市信用社的基础上先后于 2002 年、2006年成立了台州银行、浙江泰隆商业银行、浙江民泰商业银行三家股份制商业银行，浙商得以正式和大规模地形成与深入发展。浙商作为中国人数最多的民商群体和引人瞩目的财富制造商，极大地推动了财富增长，2007 年，浙江生产总值达到 18638 亿元，居全国第 4 位；从 2005 年到 2007 年，浙江人均 GDP 三年跨过 3000 美元、4000 美元、5000 美元三个台阶，达到了上、中等收入国家或地区的平均水平；民营外向型经济开始发展，铁匠出身的鲁冠球，此时已经把万向发展成一个国际化企业，产品远销海外，通用、福特等大公司成为万向的合作伙伴（吕福新等，2009：29-30）。

在传媒领域，信息技术不断向纵深发展，20 世纪 90 年代开始的传媒产业化进一步深化，其标志性的事件是都市报在大大小小城市的迅速崛起和电视媒体的集团化。继 1995 年中国第一张都市报《华西都市报》创刊后，伴随着中国的城市化进程，都市报如雨后春笋般从"中心城市报"向"区域组合城市报"发展①。2002 年 4 月，由人民出版社、商务印书馆、新华书店总店等 13 家大型企事业单位组成的中国出版业的"航空母舰"——中国出版集团成立。2003 年 11 月，由《南方都市报》与《光明日报》报业集团联合打造的《新京报》在北京创刊，拓展了中国跨地域办报、中央级媒体与地方级媒体联合办报的空间。至 2003 年，全国已批准成立中国广播影视集团和湖南、北京、上海、浙江、江苏、山东、天津、四川、福建、重庆以及杭州、南京、长沙等 14 个广电集团或总台，传统媒体进入发展的黄金时期。一方面，产业化运营的媒体以市场逻辑为遵循主动发生话语实践的转变；另一方面，持续发展的中国社会源源不断地给传统媒体提供新鲜的报道素材。以经营方式的改变和受众多样化的需求为驱动，传统媒体正在经历一场新闻生产社会关系的重构，围绕内容建立起来的传统媒体藉其强大的采编能力，日益摆脱政治话语的束缚，在市场化语态中重新确立

---

① 详见张立伟. 学术书评：《新闻研究三题——谈吴定勇新著〈都市报崛起之谜〉》[J]. 新闻与写作. 2005（12）；吴定勇. 都市报崛起之谜[M]. 成都：四川大学出版社，2005.

起了具有自身政治价值、经济价值的影响力。反映在经济新闻生产过程中，传媒及其新闻从业者的话语实践日趋频繁，开始与那种强烈的"中心意识形态"保持一定距离，并最终完成了体现新闻专业主义的经济话语的建构。在浙商报道中，这一转变主要体现在两个方面：一是平民化、故事化叙事的出现；二是深度报道的发展。

首先是平民化、故事化叙事的出现。都市报一开始就显示了其平民化的理念和突出的创新能力，我们从部分都市报的办报口号可以读出："理性、新锐、时尚 新主流都市报"——《华西都市报》；"讲真话、办实事、树正气"——《现代快报》；"早起看晨报，事事早知道"——《重庆晨报》；"为市井人家办报，让平民百姓爱读"——《燕赵都市报》；"办市民最喜爱的报纸"——《深圳晚报》；"帮市民之所需，解市民之所难"——《楚天都市报》；等等。都市报通过贴近百姓生活做文章的内容定位、与读者平起平坐的视角定位和市民化、本土化的语言策略，最大限度地赢得了城市受众群和广告市场。党报为摆脱市场竞争的被动局面，也开始从高高在上的垄断性话语舞台上走下来，进行了内容、视角、版面和经营策略的创新。在经济新闻报道上，围绕读者兴趣和需要，政治话语避让三舍，经济话语以平民化和平等的叙事方式重新书写浙商的创业创新，百姓的眼光、角度和亲切的家常语言使受众在阅读文本时产生"近距离感"。故事化则表现在：场景、个案描写、人物性格、对话开始出现在新闻报道的文本中，浙商的传奇故事在一些报道中栩栩如生，鲜活的浙商形象跃然纸上。

其次是报道的深度化发展。浙商报道的深度化表现在：这一时期随着版面的拓展，媒体不再满足于对浙商进行平面的、简要的、动态式的消息报道，而是出现了很多长篇幅的宏观型、探源型、预测型深度报道和调查性报道以及人物通讯和专访。深度报道的行文风格摆脱了政治意识形态主导下的代言人意味，以新闻专业主义理性和独立思索的勇气，"用解释、分析、预测等方法，从历史渊源、因果关系、矛盾演变、影响作用、发展趋势等方面报道新闻"，西方学者将之概括为"以今日之事态，核对昨日的背景，从而说出明日的意义"（张泽萱，1999）。记者群体专业判断标准的强化使媒体形成了有别于社会权威系统的一套专业阐释公共话题的方式。浙商新闻深度报道在 20 世纪 90 年代已经得到实践，1999 年《经济生活报》推出的"浙商名流系列访谈"就是一次集中尝试。进入 21 世纪以来，浙商深度报道向纵深发展，表现在报道类型更加多样、话题空间得到延展、评述的专业化程度进一步提高等方面。

在这样两种转变中，经济话语主导下的"创新—传奇"叙事模式被凸显了出来。我们先来看平民化、故事化策略下的"创新—传奇"叙事。我们选取 2005 年《杭州日报》的一个文本（杭州日报/2005-01-04/ 第 9 版面）为例：

浙商百万天价购域名

浙江一直是互联网业界的一块沃土，有人戏言，在这儿插一根筷子，一不小心就长成了一片竹林。近年来，浙江在国内互联网行业异军突起，并占据了特殊的地位。阿里巴巴、中国化工网等创造的"神话故事"已成为互联网的传奇。而今，作为互联网第四种模式的"地域性门户网站"，现在已越来越受到了业界的关注。

都市网瞄准百姓生活

2003 年 2 月，曾创造中国化工网"赢利奇迹"的孙德良，斥资近百万元从美国将 www.zj.com 购回杭州，……由两个英文字母构成的.com 国际顶级域名一共只有 600 多个，资源非常稀缺。zj.com 就成了浙江地域门户网——浙江都市网的网址。"浙江都市网"把自己定位于为浙江企业及浙江老百姓生活提供互联网服务，提出了"浙江都市网，老百姓的网"的口号，并打造"十八般兵器"——好运天天、UU 俱乐部、个人家园、zj.com 二级域名、都市同城游、zj.com 邮箱、便 E 店、都市大卖场、二手市场、网交会、浙江黄页、我要房子网、浙江搜索、影视娱乐等，逐步建立起自己的核心竞争力，并在同国内外网络巨头的激烈竞争中屡有斩获，找到了自己的生存空间。

三维虚拟城市全球首创

去年 11 月，全球第一个真实三维的网上交互性城市——E 都市杭州人家网诞生。该网站将整个杭州城完全搬到网上，把真实的生活浓缩到网络。

由杭州阿拉丁信息科技有限公司打造的 E 都市，完全是个三维的虚拟城市，也就是说，整个杭州都被他们搬到了网上，大到高楼、街道、居民区，小到街边小店、公交站点，都能在网站上直接看到。E 都市以现实的地理信息为基础，划分出对应现实城市的主要街道、商业区、居民区、商店、景点等，同时根据人们的各种需要借助互联网技术优势，开发出各种信息功能模块，它不只是对现实城市建筑形状、地理形态的仿真，还让网民在虚拟的城市里实现真实的生活，比如购物、交流、娱乐等等。

　　……

　　极其活跃的商家，相对成熟的网民，越来越普及的信息化网络，以及政府的政策扶持，这可能就是浙江或杭州缔造一个又一个"网络神话"的最根本的要素。

　　通篇报道具有很强的贴近性和极富形象的生活语境，很好地体现了新闻报道的"三贴近"原则：贴近实际、贴近生活、贴近群众。行文平实、风趣、流畅，把浙江省占领先机的互联网产业从都市公众生活的角度进行亲和地切入，以朴素的民间话语把新闻写活了。"在这儿插一根筷子，一不小心就长成了一片竹林""打造'十八般兵器'""将整个杭州城完全搬到网上，把真实的生活浓缩到网络"等描述，以及对 E 都市设计形式、功能模块的详细介绍，撇开了意识形态目光注视下的霸权话语模式，用百姓所喜闻乐见的语言，把浙商孙德良、杭州阿拉丁信息科技有限公司等创新经济形态、创造盈利奇迹的"创新—传奇"故事生动地书写了出来。

　　又如，在另一文本，2005 年 6 月 20 日《经济观察报》的一篇报道《浙商之跳》（经济观察报/2005-06-20/ 第 40 版面）中，记者用动词"跳"，形象地描述了浙商的特征。"浙商之跳"，包括"跳起来""跳出去"，包括从农业"跳"向手工业和商业、从乡村"跳"向城市、从浙江省"跳"向省外，从国内"跳"向国际。记者带着朴素的民间情感，用平民化、故事化的叙述，分别细致描写了浙商名家李书福和未成大名家的慈溪市观海卫镇宏一电子公司创办人沈国强的"创新—传奇"故事。报道李书福时，记者写道："怎样看，那也是一个不知深浅的人。好像生命别无他求，就是一门心思要造汽车。"记者形象地描绘了当地人通过对吉利车的描述表达的对李书福的最初印象，"前面看像奔驰，后面看是夏利，摩托车的轮胎，自行车的链条"，这一广在民间流传的传神段子，被记者用到新闻报道中，不禁让人心领神会、会心一笑，为李书福从小企业起家通过创新最终成功打造汽车王国的传奇故事作了很好的铺垫和生动的阐释。文本中对李书福的报道，既呈现其作为一个现代企业家所具有的与众不同的企业观、商业价值观和卓越的经营管理才能，同时也展示了他特立独行的性格特征。文中的沈国强则从一个生产电视机天线的小商人"跳"出浙江，"跳"到国外，与当地同类公司一起，靠出口欧式插座占据欧洲70%的插座市场，书写了创新传奇。

对浙商的深度报道，我们以2003年11月17日《浙江日报》第11版面为例，这一版面推出系列理论文章对浙商进行了多角度、多侧面的立体报道，包括"编者的话""专家观点"和《对新浙商现象的总体评估》《新浙商的发展趋势》《新浙商面临的新考验》《新浙商的素质特征》《为新浙商营造良好的环境》《推进家族企业产权制度创新》6篇文章。这6篇文章分别探讨了新浙商的素质特征、具有的优势、存在的问题、面临的考验、发展的趋势，以恢宏的气势再现了浙商经济发展速度，理性地分析揭示了浙江民营经济脉动的轨迹。不难看出，这组系列深度报道，作者都是下了工夫的，有数据资料的支撑，有作者的知识积累，到实际生活中做了体验，请教了群众和专家，新闻内涵深，理论思辨色彩浓，既具有现实的针对性，又具有思想的深刻性，可谓既入木三分，又情理交融。我们以入选样本的《新浙商的素质特征》（浙江日报/2003-11-17/ 第11版面/理论视野 /作者：陈关允）为例，作者以自己的观察和思考，概括了新浙商素质的五大特征："艰苦创业、不怕困难的拼搏力""敏锐的市场洞察力""不断改革发展的创新力""追本溯源的企业文化合力""谦虚、谨慎的自我约束力"。对每一个特征的立论，都有理有据有案例，如对浙商"敏锐的市场洞察力"的立论，作者举了娃哈哈宗庆后敏锐地察觉到儿童营养液这块潜在市场的案例；对浙商"不断改革发展的创新力"的立论，作者举了万向鲁冠球在企业内建立国家级技术创新中心，每年从销售收入中划出一定比例资金用于技术创新的案例；对浙商"追本溯源的企业文化合力"的立论，作者举了万向鲁冠球倡导"求实、图新、利他共生"的企业文化、娃哈哈宗庆后倡导"励精图治、艰苦奋斗、勇于开拓、自强不息"的企业文化、正泰南存辉倡导"和谐、求实、科学、创新"的企业文化、杉杉集团"团结、奋斗、追求卓越"的企业文化和方太集团"敬业、真诚、开拓、创新"的企业文化以及富润集团"团结爱厂、奋发进取"的企业文化。这样的深度报道既探索出经济新闻报道的一条新路，又深入挖掘了浙商形象的丰富内涵，这些凝练的浙商形象内涵，成为商人共同的符号，引起了读者心灵的共鸣，给人们留下了深刻的印象。

　　总之，在"创新—传奇"叙事模式中，媒体通过多样化的报道类型，平民化、故事化的叙述以及专业化的深度解读和经济学角度的指引，有意无意地回避了政治中心意识形态下的权威话语语态，浙商在宽松的政治环境和自由的经济话语形态下得到了迅速发展，并引领着浙江经济以开放型经济的姿态"走出去"。据有关部门统计，到 2002 年底，在浙江省已经实际利用的近 170 亿美元的海外资本中，有 70% 左右是浙江籍的海外侨胞和港澳同胞投资的。温州就有 160 万人在全国各地经商办企业、40 多万人在世界各地创业（徐金发，2003）。浙商敢于冒险、不怕失败、眼界开阔、善于投资经营的开拓创新精神创造了一个又一个商业传奇，一些浙商大名家以个体的形象凸显了个性和主动性。马云（阿里巴巴）、丁磊（网易）、陈天桥（盛大）、宗庆后（娃哈哈）、鲁冠球（万向）、南存辉（正泰）、徐冠巨（传化）、赵林中（富润）、宋卫平（绿城）……一批浙江企业家通过媒体进入普通受众的日常生活视野，当我们返回到这一时期以经济话语为主导的媒介场景中时，便可抽样式或横截面式地看到这段浙商蓬勃的"创新—传奇"发展图景。

　　这一时期浙商的舞台也从商场拓展到了社会生活的诸多领域，他们热心参与慈善公益事业，重视企业社会责任，竞相参选人大代表，积极争取民主参政的实践空间，在人代会、政协会上通过提案和建言发出自己所属的新阶层的声音，有关浙商的传奇和明星般的形象多方位、多角度地呈现出来。

三、政治话语与经济话语合流的"转型—回归"叙事模式

　　2008 年以来，浙商发展进入第三阶段。中国经济经过 1992 年以来的体制转轨、改革的重点突破和经济运行机制的理顺，进入了蓬勃发展的快车道。以浙商经济为代表的民营经济在推动国民经济发展、增加财政收入、解决新增就业、促进社会发展等方面作出了巨大贡献。但与此同时，浙商经济健康可持续发展问题、一系列深层次的经济现代化带来的社会矛盾和改革创新的风险问题凸现出来。在全球视野关照下，2008 年由美国次贷引发的全球金融危机发生后，欧美国家为摆脱经济发展疲软的态势，以各种名义通过贸易禁令、出口补贴提高关税及非关税贸易壁垒等限制，使以实体经济和外向型经济为主体的浙江民营经济陷入困境。从 2008 年下半年起

到 2009 年底这段时间，"国宝"邱继宝及其飞跃集团出现危机，绍兴华联三鑫、江龙控股资金链断裂，义乌金乌集团倒闭，中港集团董事长失踪，华伦集团资不抵债破产重整，各种非法集资案爆发……被誉为中国"第一商人群体"的浙商遇到了前所未有的危机。浙商前一阶段建立起来的诚信、守法的形象严重受损，后金融危机时代如何实现企业组织模式、经营战略、发展模式、产业结构等方面的转型升级，成为摆在浙商面前的现实问题。此外，危机带来的是对经济、文化、政治等全方位社会运行机制的挑战。如果说在浙商发展的第一、第二阶段，当地政府为推进民营经济发展壮大，采取了"无为"政策以体现机制灵活性的话，那么，在浙商经济面临转型升级的第三阶段，政府如何转变职能，强化宏观调控，从"无为"变成"有为"，通过生产方式、产业生态、就业方式以及政府管理体制等方面的调整和变革，在关键时期为民营经济营造良好的政策环境和制度环境，也成为对新时期政府执政能力的考验。而在这一关键时刻，党和政府更迫切地需要主流媒体强化和发挥宣传、引导作用，确保经济体制转轨和社会转型期方针政策的贯彻执行。

这一时期传媒领域同样面临深刻变革。20 世纪 90 年代中后期到 21 世纪初的新闻改革和市场化媒体的勃兴，被当前新闻界的"怀旧"族加冕为传统媒体发展的"黄金时代"（陈敏、张晓纯，2016）。对"黄金时代"的感怀在各种各样的场景中展开，如在个体离职、组织纪念、媒体人转型、纸媒困境、新旧媒体格局的讨论中，都经常浮现"黄金时代"的叙事（李红涛，2016）。"黄金时代"在某种意义上是新闻人站在此时此刻对 20 世纪 90 年代中期发端的新闻改革的理想化描述，折射出新闻业转型当口新闻人对行业内外情势的共同感受和普遍焦虑。21 世纪以来，中国和世界各地的媒介谱系正随着互联网、移动互联技术、社交媒体和数字媒体的崛起迅速改变。传统媒体至少在两个方面受到严重冲击，其一，传统主流媒体作为新闻权威机构的地位受到挑战，传统媒体一家独大、主导人类信息交流的时代一去不复返。大众获取新闻使用最多的媒介渠道由传统的报纸、广播和电视转变为手机、iPad、PC 文字、声音、影像、动画、网页等多种媒体表现手段。其二，传统媒体市场份额受到严重冲击，在网络、移动增值等新兴产业蓬勃发展的冲击下，2010 年开始，报纸广告年增长率逐年下滑；2011 年开始，报纸广告经营额持续下滑；2014 年，全国报纸零售量下滑 30%（崔保国，2015），传统报纸面临生存困境和发展瓶颈。在此情形下，作为应对媒体格局深刻变化、提升主流媒体传播力公信力、影响力和舆论引导能力的重要举措，2014 年 8 月，中央全面深化改革领导小组部署新形势下媒体融合发展策略。2016 年底 2017 年初，《广州日报》又一次拿到财政支持，回到 1996 年之前的状态，政治话语重新介入和主导媒体改革。

"话语系统的构成并不完全取决于内在的原因。……更重要的是话语实践所包括的更为广阔的社会文化意识、价值观念和意识形态内容"（黄伦生，1995），从浙商报道的新闻话语看，"转型"首先是浙商自身发展的内在需求。2009 年 5 月 30 日，丝绸之路集团董事长凌兰芳代表第五届浙商大会组委会、《浙商》杂志以及全体与会浙商，宣读了《转型升级逆势超越》倡议书。会后，倡议书引起媒体的高度关注，《浙江日报》、《浙商》杂志、《钱江晚报》等主流报刊媒体和新浪网、腾讯网等网络媒体全文刊登或摘抄刊发。倡议书倡议浙商正视困难，勇于超越，不因企业暂时困难而丧失创业激情，不因生活舒适而丧失吃苦耐劳的传统；创新路径，加快转型，敢于、善于进军主流产业、优势产业、新兴产业；呼吁浙商通过三个"敢于"，即"敢于总结自己，敢于否定自己，敢于超越自己"，完成浙商的三大转型：从财富浙商转型为人文浙商，从苦力浙商转型为品牌浙商，从区域浙商转型为天下浙商（王文正，2009）。

与浙商自身的"转型"倡议相呼应，"转型"叙事首先以经济话语的形式体现出来。开宗明义报道浙商"转型"的文本较集中地出现在 2008—2011 年。2010 年直接以"转型"为标题的文本就有 3 篇：《浙企转型 金融撑腰》（浙江日报/2010-03-19/ 第 02 版面）、《浙商欲寻新"奶酪"转型升级求新商机》（企业家日报/2010-04-08/ 第 07 版面）、《浙商：从"以钱为本"向"以人为本"转变》（企业家日报/2010-07-08/ 第 03 版面）。以"转型"为内容的叙事则贯穿于浙商发展第三阶段的始终，包括产业结构转型、新经济业态开发、海外市场拓展、科技提升、产品自主创新、企业品牌建设、企业家素质转型等方方面面。

经济下行的压力使地方政府不仅对浙商提出"转型"发展的要求，同时加强了强有力的政策支持、指导与宣传。这一时期的媒体重新成为政府有关经济转型宣传和政策引导的强有力手段。体现在浙商报道中，政治话语或隐含其中，或与经济话语交替进行，有时直接站到了新闻生产的前端。

其中《中国产经新闻报》2010 年 8 月 12 日的一篇报道，以《新浙商精神背后的"领路人"》（中国产经新闻报/2010-08-12/ 第 D01 版面/思想）为题，突显了政治话语在浙商报道中的"回归"：

> 浙商群体是一支生机勃勃的优秀企业家队伍。能够在艰辛的历史中取得成功，浙商离不开政府的帮助与扶持。浙商精神中，政府的幕后支持是不可或缺的一部分。政府支持是浙商成长的外在动力，也是推动浙商精神发展的重要力量。……
>
> 在浙江产生的任何一次对现有制度的突破和"违法"的改革实验，都和政府的行为结成了千丝万缕的联系。私营经济的出现如是，民间金融的萌生亦如是。当 20 世纪 80 年代浙江义乌刚刚出现小商品市场之时，国家工商局曾专门下发文件要求清理和制止这种"扰乱社会经济秩序"的行为。文件传达到浙江省有关部门，却被锁进了抽屉。
>
> 在浙江省改革与发展研究所所长卓勇良看来，这是浙江官员一种特殊的政治智慧。浙江各地政府在浙商群体发展壮大的过程中同样扮演了"敢为人先"的角色。……
>
> "东阳模式"是浙商发展的成功案例，不可否认的是，浙江各地政府在浙商兴起、发展、壮大过程中确实扮演了"领路人"的角色，有了政府助力，浙商跟他们的企业才能走得更远。

这一文本通过梳理浙商发展的历史脉络，开宗明义地强调政府在浙商发展中"领路人"的作用。政治话语在这里表现为国家和政府的意志和行动。意在告诉浙商，国家和政府以权威力量发挥对浙商的监管和指导，有资源和能力让浙商和他们的企业走得更远。作为党和政府的新闻媒体，报纸有责任把这一主张和意图准确无误地传递给浙商和公众。

政治话语的另一个"回归"，是政府这一时期直接向浙商发出了"回归"的号召。到 2012 年，"浙商回归"被确定为浙江省政府的"1 号工程"，浙江省政府期冀通过此举顺利度过艰难的产业转型升级期，同时为浙江省经济转型注入新的活力，"回归"话语被赋予了天下浙商反哺家乡、回报桑梓的"当代儒商"意涵。而处于尴尬转型中的传统媒介权力，为重新获得传播力、公信力和影响力，把政治权力的延伸和经济公共话语的表达作为内容生产的重要部分。于是，在政治、经济、社会和传媒多重变革的背景下，退隐幕后的政治话语以可以辨认的话语主体形式重新回到浙商报道的前台，与21世纪初以来形成的媒体新闻专业主义的经济话语合流，从各自的目标出发，共同参与了这一时期浙商新闻话语的架构和形象塑造。

"回归"叙事主要体现在媒体对政府关怀的相关报道中，内容包括政府创建投资环境、组织招商引资、开展金融支持、推出优惠政策、举办浙商大会等。"浙商回归"文本集中出现在2012年以后，2012—2014年，直接以"回归"为标题的文本共计68篇，其中2012年24篇、2013年21篇、2014年23篇。浙江省地市级媒体"回归"话语尤显突出，如《嘉兴日报》的13个样本中，"回归"报道高达11篇。《都市快报》共计24个样本中的5个"回归"报道则全部出现在2012年以后。

我们选取2013年的一篇文本《杭州规划打造全国浙商总部中心》（都市快报/2013-08-09/ 第A03版面/杭州新闻 /作者：王佳佳）进行分析：

越来越多"当今中国最会赚钱的人"——浙商，来到杭州扎根创业。

去年，杭州引进浙商回归项目649个，到位资金418.86亿元，总量位居全省第一。

近日，杭州市政府办公厅又下发了《杭州市支持浙商创业创新促进杭州发展规划（2013—2015年）》，要用3年时间把杭州打造成"全国浙商总部中心"，争取到2015年年底，3年引进项目到位资金累计1500亿元，世界和中国500强项目30个。

重点推进56个浙商回归重大项目

《规划》要求，在支持浙商时，要将"引资、引智、引技"结合起来，强调"高质量"。

同时，杭州支持浙商向"大杭州"发展，落地五县市，参与中心镇的基础设施、公共事业等建设以及先进制造、旅游休闲和生态农业等产业的发展。

对于引进的浙商企业，鼓励围绕现代服务业、旅游综合体、文化创意产业、高新技术产业和先进制造业发展。

对此，这次重点推出了华为杭州生产基地等56个浙商回归引进重大项目，总投资1366.94亿元。

杭州还打算把钱江新城、钱江世纪城和武林中央商务区打造成三大中央商务区；推进创新创业新天地、黄龙西溪总部企业集聚区等职能型总部企业集聚区，把行业中处于领先地位的国内外浙商企业，吸引过来设立总部，或者区域性总部或研发营销等职能性总部，打造全省浙商回归的投资高地和精神家园。

培育东盟、非洲、南美等新兴市场

欢迎浙商回杭创业，同时鼓励他们去赚世界的钱，这两者并不矛盾。

市政府支持浙商拓展外部空间，在深耕美国、欧盟、日本等传统市场的基础上，要培育东盟、非洲、南美等新兴市场；引导和支持中小企业利用电子商务平台开展网上进出口贸易，加快建设自主国际营销网络。

为了更好地服务浙商，杭州酝酿构建浙商创业创新的行政审批"绿色通道"，涵盖企业注册、项目推进、就业就学、职称评定、户籍管理等各个方面，确保更多浙商项目早立项、早动工、早产出。

对于浙商在杭州设立总部、发展十大产业以及有突出贡献的高层次人才来杭创业创新，杭州还会在项目用地指标、金融支持、政府性资金补助及户籍、人才专用房、税收、科研经费等方面，给予相应的倾斜。

这篇文本主要报道了浙江省杭州市"浙商回归"项目的重点推进情况，记者一开始介绍了杭州市 2012 年"浙商回归"总量"位居全省第一"，话语隐含了对"浙商回归"的肯定性描述。其后，文本重点介绍了杭州市政府颁发的《杭州市支持浙商创业创新促进杭州发展规划（2013－2015 年）》，规划指出要将"引资、引智、引技"结合起来，高质量地"推进 56 个浙商回归重大项目"，"用 3 年时间把杭州打造成'全国浙商总部中心'"。规划提出，"到 2015 年年底，3 年引进项目到位资金累计 1500 亿元，世界和中国 500 强项目 30 个"；要打造钱江新城等三大中央商务区和两大总部企业集聚区，着力打造总部经济；同时要"培育东盟、非洲、南美等新兴市场"，支持浙商拓展海外空间，以及为吸引浙商正在酝酿构建包括企业注册、项目审批、就学就业、户籍管理、金融支持、税收等各个方面浙商创业创新行政审批的"绿色通道"。从这一文本可以看出，新闻话语处处体现着在浙江经济转型、"浙商回归"项目上，政府政策的高度支持和引导。

"转型—回归"叙述一反第二阶段平民化、故事化的叙事语态，由权威而全面的经济术语、经济数据和"引资、引智、引技术""培育新兴市场""浙商总部经济"等政策术语交替编织建构起来的叙述语境，传达出浓郁的政府关怀色彩和经济理性，"转型—回归"叙事模式由此确立起来。

小　　结

本章对"方正 Apabi 报纸资源数据库"所呈现的浙商形象进行了话语分析。浙商媒介形象呈现是多种社会话语实践的过程，在浙商的身份书写中，浙商个体户（商贩）——老板（大款、富豪）——企业家（创办人、掌门人、董事长、总经理、总裁）——新浙商（新锐浙商、科技浙商、浙商名家）的称谓转变，印证了经济、政治、文化及媒介权力在社会发展进程中对"当代儒商"形象的期待；浙商报道文本中创富、投资、吃苦、实干、诚信、公益、慈善、责任、创业、创新等关键词的突显表明了记者对浙商形象的基本价值判断。在文本中，所有的新闻话语几乎充斥着各种断言，表现为各种确证式新闻和简约化报道，突显对浙商的财富、才能、道德形象的正向评价。政治话语与经济话语两种叙事声音或意识的交互是贯穿浙商形象呈现的主线，并在浙商发展的三个阶段分别呈现出政治话语主导的"创富—贡献"叙事模式、经济话语主导的"创新—传奇"叙事模式、政治话语和经济话语合流的"转型—回归"叙事模式，从而为我们勾勒出浙商形象独特的媒介图景。

第五章　浙商媒介形象呈现的多元
力量及其互动

"媒体从本质上说就不是一种中立的、懂常识的或者理性的社会事件协调者，而是帮助重构预先制定的意识形态"（托伊恩·A. 梵·迪克，2003：12）。新闻中的现实或通过新闻所再现的现实本身就是根据诸如政府、机构、组织等新闻源所给出的界定之上的一种意识形态的建构。透过"方正 Apabi 报纸资源数据库"文本，我们可以观察到媒体机构、社会民众、国家、文化观念、新技术等力量以及浙商自身对浙商媒介形象的塑造与影响，看到媒体报道与这些力量的互动。本章着重分析社会、媒介以及浙商自身在推动浙商媒介形象呈现中的作用。

第一节　浙商媒介形象呈现的社会动因

新闻生产从来都受制于各种社会控制力量，如果借鉴皮埃尔·布尔迪厄（Pierre Bourdieu）"场域"理论和福柯、费尔克拉夫等人的权力话语理论进行剖析，可以发现，浙商新闻报道始终是传统媒体与经济场、政治场、文化场等各种权力场域的关联中进行的，在不同时期体现为多重权力场域的博弈与互动。

一、经济场域的生成与浙商媒介形象呈现

法国社会学家布尔迪厄认为，社会科学的真正对象并不是研究单纯的个体，而是研究无数个体所构筑的一种"场域"（Field），以及无数场域构筑的一种更大场域的综合性结构。布尔迪厄研究了许多场域，包括社会场域、政治场域、法律场域、宗教场域、文化场域等。他这样定义场域："从分析的角度来看，一个场域可以被定义为在各种位置之间存在的客观关系的一个网络（Network），或一个构型（Configuration）。"场域是一种关系型的、权力或资本空间分布的位置结构，既是一个开放性的概念，又是具

有高度的技术性和精确性的内涵，"是一种从关系的角度'进行思考'的技术"（皮埃尔·布尔迪厄、华康德，1998：133-134）。"场"既是力量集聚的所在，又是互为关系的场所。以福柯为代表的后结构主义者们的话语理论，则从话语的视角分析社会实践活动中的各种社会关系，认为话语不是思想的自由表现而是处于其他实践活动的关系网中的一种实践活动，话语仅仅是关系网中的一个结。我们把布尔迪厄的场域理论和福柯等人的权力话语理论相叠加并进行借鉴运用到媒体对浙商的新闻报道中，会看到改革开放以来有关浙商的新闻报道首先是经济场域及其权力话语在不同时期通过媒体进行的建构实践，也就是说，现实的就是关系的，浙商媒介形象呈现的新闻场，首先是与不断生成的经济场域互为关系的。在媒体浙商报道的背后，隐藏着的是时代语境下经济话语的建构规则。

　　浙商是在浙江省独有的经济环境中产生的，浙商的发展可以说是当代中国经济发展和社会变革的缩影。1978 年，中共十一届三中全会第一次提出"改革开放"的概念，中国一元化、整体化的社会利益结构开始被打破，浙江民营经济率先"抢跑"。但是，经济的发展过程并非一帆风顺，社会对财富的认识也经历了一波三折的过程。从 1978 年到 1992 年邓小平南方视察讲话前，意识形态领域"姓社姓资"搞得人心惶惶，反映到对浙江民营企业的报道上，以《浙江日报》为代表的传统主流媒体曾经存在三大争议：承包责任制雇人是不是资本主义，农民外出打工是不是不务正业，搞副业在市场买卖是不是投机倒把。1985 年 5 月 12 日，《解放日报》刊发了一篇报道，题目是《乡镇工业看苏南，家庭工业看浙南　温州三十三万人从事家庭工业》，同时刊发评论《温州的启示》，高度赞扬"温州模式"是"令人瞩目的经济奇迹"，这是国家级媒体第一次对浙江民营经济作出正面肯定，"温州模式"得到推广。但此时国家层面的经济政策尚未明朗，以温州商人为代表的"浙商"群体并未得到媒体的更多关注。笔者在"方正 Apabi 报纸资源数据库"中以时间为序输入"浙商"（标题或内容）进行查询，第一条记录出现在 1993 年，从 1978 年至 1991 年记录为 0；输入"浙江民营经济"（标题或内容）进行查询，第一条记录出现在 1988 年，从 1978 年至 1991年记录为 1；输入"温州模式"（标题或内容）进行查询，第一条记录出现在 1985 年，从 1978 年至 1991 年记录为 21。

　　"在历史上，经济场域的形成，则是通过创造一个我们平常所说的'生意就是生意'的世界才得以实现的"（皮埃尔·布尔迪厄、华康德，1998：

134），中国以市场经济为取向的经济场域的生成是从 1992 年开始的。1992 年 1 月至 2 月，邓小平视察南方，并发表重要谈话，1992 年 10 月，中共十四大提出了中国经济体制的改革目标，明确提出建立社会主义市场经济体制，马立诚、凌志军在《交锋 当代中国三次思想解放实录》中称之为当代中国第二次思想解放。但从 1995 年开始，"姓公姓私"问题又成为新的枷锁，借助原始"小道消息"或"手抄本"的传播渠道，闹得满城风雨，温州再遭大批判。直至 1997 年中共十五大召开，当代中国迎来了第三次思想解放，中国民营经济的地位才从理论上得以确立，"浙商"真正开始被纳入主流话语体系。随着中国改革开放步伐的进一步加快，浙江民营经济以国人瞩目的速度崛起，"浙商"随之见诸报道并逐年增加。1992—2001 年，如第二章所统计，"方正 Apabi 报纸资源数据库"中以"浙商"为标题的报道出现 12 篇，内容涉及浙商在全国各地经商致富以及拓展海外市场的情况，体裁有消息、通讯、专题报道等多种，反映了"闯天下"浙商群体形象的多个侧面。

"任何话语——不管是随意交谈还是正式报道，不管是直截了当还是拐弯抹角，不管是貌似中立还是仗义执言，其实都源于各种各样的现实关系或实际利害，……一句话体现了意识形态的鲜明色彩与鲜活运动。"（李彬，2001）反映时代主流意识的话语总能在新闻报道中得到微妙的支持，1992 年以来的媒体浙商报道，反映了中国社会主义市场经济体制确立以来传统政治话语权力影响的逐步淡出和经济话语的勃兴，这从语言中最活跃的要素——词汇的变化可见端倪。英国社会主义思想家雷蒙·威廉斯（Raymond Henry Williams）聚焦于词汇的"关键词研究方法"，认为语言是一种持续的社会生产，是体现所有的变化和利益及支配关系的场所，语言的意义与社会变迁密切相关，并反映其总体状况（李紫娟，2012）。在第四章话语分析中，我们已经分析了媒体用关键词对浙商身份的书写，这里再以关键词为例分析经济场域和经济话语的形成。《杭州日报》于 1998 年曾推出"改革开放二十年十大流行语"评选，从 968 件来稿约万余条推荐流行语中首先遴选出推荐频率最高的 70 条流行语，至少有 20 条是与经济直接相关的，如"炒股""股份制""投资""下海""承包""市场竞争""经济特区""知识经济""大款""万元户""专业户""三资企业""乡镇企业""留职停薪"

"跳槽""炒鱿鱼""外来妹""小康""超市""快餐"等。在最终评选出的"十大流行语"中，"炒股""下海""打工"赫然在列。另据《文汇报》1998年12月18日的一次统计，改革开放20年来最流行的50个词汇中80%是与经济相关的，经济日渐成为社会的主导方向，"一直悬浮于政治真空中的人们终于开始了脚踏实地去面对自身的物质需求和衣食住行等现实生活问题"（彭焕萍，2008：112）。

如果说在21世纪之前经济话语的勃兴还是在政治话语规范下（笔者在第四章论述了浙商发展第一阶段的媒体叙事是政治话语规范下的"创富—贡献"叙事模式），随着21世纪在民营经济带动下浙江经济的腾飞，经济话语不仅从新闻生产的后台走向前台，而且直接主导新闻主题的选择、新闻框架的建构、新闻内容的组织以及新闻版面的编排，浸润在新闻生产链条的各个环节。当"经济利益成为重要的社会激励机制，经济能力成为社会成员社会地位定位的重要指标"（乐国安、陈玖平，1997），当社会语境从"政治拯救转向经济拯救"，当现时代的英雄人物从叱咤风云的政界人物转向富商巨贾的英雄传奇（彭焕萍，2008：114-115），浙商作为创富贡献社会、创新书写传奇、转型服务桑梓的当代儒商其新形象自然而然也就呈现了出来。

二、政治意识形态控制与浙商媒介形象呈现

传媒是具有强烈的意识形态属性的，这种属性令社会上最有权力和资源的机构——政府成为新闻最主要的定义者。从世界范围看，随着大众传媒对人类各种社会实践状态的深刻改变和"信息方式"（The mode of Information）取代马克思的"生产方式"（The mode of Production）①，政治从关注政党和国家的政治模式转向以大众传播文化为条件的政治模式，世界各国政府都空前重视媒体的作用。葛兰西认为，公民社会不是想象的独立于国家之外的存在，国家权力通过各种软性、间接、不易察觉的活动，向社会渗透自身的影响力。支配阶级在维持、捍卫与发展它的理论与意识

---

① "信息方式"是继"信息"概念出现以后，基于现代技术特别是信息和互联网技术发展提出的重要概念，由美国加州大学历史学教授M. 波斯特（M. poster）首先提出。国内学者在相关文献中常有引用，如胡春阳等（胡春阳. 传播的话语分析理论[D]. 上海：复旦大学博士学位论文. 2005.）。

形态时，最明显与最具行动力的部分就是出版，包括出版机构、政论报纸、各种期刊等，其中报纸又是最具有丰富能量的一部分（虽然不是唯一的）（Meenakshi Gigi Durhan & Dongias M. Kellner，2006）。而在法兰克福学派霍克海默（M. Max Horkheimer）、阿多诺（T.W.Adorno）、马尔库塞（Herbert Marcuse）、本杰明（Walter Benjamin）等人那里，现代大众传媒作为"文化工业"的一部分，从一开始就具有浓厚而隐蔽的意识形态控制力量，是一种使社会统治秩序变得更加坚固的"社会水泥"①。在此语境下，在影响媒介内容的因素结构等级中，以包括意识形态、经济体系和社会控制等方式在内的"社会制度的影响是最根本的影响"（陈力丹，2000）。

在中国，新闻舆论工作是中国共产党领导革命、建设、改革事业不断取得胜利的重要法宝，"党和政府的喉舌"是国家对传媒的首要定位。马克思主义新闻观作为中国新闻传播实践的总遵循，其基本观点是坚持政治家办报，其基本支点是党性、人民性和真实性，新闻必须践行国家政治要求及作为其代表形式的党性原则。党性原则要求新闻工作者作好党的政策主张的传播者、时代风云的记录者、社会进步的推动者、公平正义的守望者，要求报刊等大众传播媒介通过表达、传播、再生产"同意"，不断延续、巩固、再生产国家权威，从而强化国家统治的合法性。我国历届党和国家领导人高度重视国家舆论建设并亲自主导和参加新闻传播实践，毛泽东被称为"新华社最出色的记者"。邓小平作为中国社会主义改革开放的总设计师，把新闻宣传工作置于建设有中国特色社会主义的总体格局中进行把握，对新时期新闻事业的性质、任务、工作原则和办好党报党刊的方略等，提出了马克思主义者特有的观察和思考方法。江泽民提出新闻宣传工作要坚持为人民服务、为社会主义服务的方向，要坚持以正确的舆论引导人。胡锦涛提出要以科学发展观指导新闻工作，把贴近实际、贴近生活、贴近群众作为新闻工作的重要原则。习近平作为当代马克思主义理论家进一步发展了马克思主义新闻观，提出新形势下新闻舆论工作的地位作用、方向目标、重点任务和基本要求及遵循，提出"讲好中国故事，传播好中国声音"，提出新的时代条件下"高举旗帜、引领导向，围绕中心、服务大局，团结人

---

① 法兰克福学派阿多诺在批判西方资本主义文化工业时将之喻为"社会水泥"。阿多诺"文化工业"批判理论仍存在诸多问题，如遮蔽了工具理性的积极价值等。我们在借鉴利用时需加强批判与反思，以之为镜观照大众传媒的文化生产。

民、鼓舞士气，成风化人、凝心聚力，澄清谬误、明辨是非，联接中外、沟通世界"48 字职责使命，对我国新闻传播事业意识形态功能作出了明确要求和形象表述。

从经济新闻报道的实践看，中国传统的经济新闻报道模式是脱胎于党报宣传经验的，其特质主要有两点：第一是经济新闻报道主要是宣传，宣传报道的成绩，密切配合党和政府的中心工作；第二是突出报道和主要报道国家重点建设的成就。

经由第三章框架理论和第四章话语分析方法的透析，我们已经发现在经济基础之上呈现出来的浙商媒介形象实际上主要是传统媒体在政治意识形态主导下对浙商及其所代表的改革开放以来浙江经济社会现实进行的一种类型化处理。我们对浙商报道的话语实践进行透视，会发现政治权力和意识形态介入与干预浙商形象呈现的具体形式是既宏观又微观的。

在宏观上，政治意识形态是通过营造一种普遍的环境与条件主导浙商报道的。特别是以《浙江日报》为代表的浙江本地党政媒体，浙商报道充满了政治权力、社会关系和过程的证据，充分发挥了其作为政府指导全省经济工作宣传工具的功能，从而推进浙商及其经济行为按照预期的政府规划和社会目标协同行动。比如，浙商报道主要出现在政府主导的招商引资、政策宣传、会议活动和在政府主张下多方主体共同组织的各类荣誉评选中。此外，我们知道，浙商所代表的中国民营经济的发展并不是一帆风顺或是平铺直叙的，1992 年以来，浙商发展既经历了伴随改革开放的迅速崛起，也经历了摸着石头过河的"一波三折"；既总体保持稳走向好的发展势头，也经历了 2008 年的世界金融危机以及最近几年来中国经济步入新常态的考验。但中国的新闻传媒是在稳定压倒一切的意识形态环境下运作的，在这一环境下，媒体所呈现的浙商形象始终是正面的创富的代表，是有责任担当的商人的榜样，从总的样貌看，是以积极的态势向前发展的。我们在第三章中对媒体浙商报道立场和倾向已做过统计，在总体 500 份样本中，负面倾向的报道仅 22 份，占比只有 4.4%。

在微观上，政治意识形态通过媒体议程设置，直接融合语言与行动，主导浙商价值观和形象呈现，比如，在浙商发展第二阶段，政府为促进浙江民营经济发展采取了宽松的开放鼓励政策，媒体报道总体上呈现出经济话语主导的迹象，但政治话语在其中的弹性和调适性始终是存在的。以这一阶段"责商"形象的呈现为例，从媒介话语看，浙商社会责任形象主要是浙商自身的行动加上媒体的塑造，但事实上政治意识形态是其背后有力的推动力量，并在必要的时刻总是从幕后走到前台。在 2007 年浙商发出倡议承诺自觉承担社会责任以后，2008 年，浙江省人民政府专门出台《关于推动企业积极履行社会责任的若干意见》，成立浙江省企业社会责任建设联席会议办公室工作机构。同年 10 月，浙江省经信委联合浙江鼎尊商务咨询有限公司编制印发《浙江省企业社会责任指导守则（试行）》。该《守则》较为全面地概括了社会责任的各大议题，且选取了浙江吉利控股集团有限公司、万向集团、杭州娃哈哈集团有限公司、海亮集团有限公司、华立集团股份有限公司、浙江海正药业股份有限公司等 118 家公司作为社会责任试点单位。从"功利"向"公利"、从"浙商"向"责商"的转型形象由此建立起来。在浙商发展第三阶段，时任中共浙江省委副书记李强在 2012 年第 7 期《今日浙江》上发表领导要论《浙商发展要正确处理好五种关系》。要求浙商正确处理好"稳"与"进"的关系推进企业转型升级，正确处理好"虚"与"实"的关系重视实体经济发展和长远战略，正确处理好"内"与"外"的关系实现"闯天下"与"强浙江"的有机统一，正确处理好"义"与"利"的关系成为市场经济的"常青树"，正确处理好"高"与"低"的关系即高新技术产业、战略性新兴产业和传统产业的关系。对浙商新时期的转型发展战略和社会责任担当作了详尽阐发，这是意识形态积极、主动创造话语和塑造新浙商形象的重要表征。阅读文本我们可以发现，之后报纸围绕浙商回乡创业和拓展海外市场，发展高新产业和做大、做强、做优传统产业，做大财富蛋糕和富而思进、富而思报等方面，进行了大张旗鼓的宣传和报道。

　　浙商报道中政府议程转为媒体议程的最典型案例是"浙商回归"议程。在宏观经济面临下行压力的新常态下，"浙商回归"既是经济命题，更成为政治命题。"浙商回归"并非粗放型的回归，而是引进先进制造业、战略性新兴产业、高端服务业，推动产业结构调整的回归，政府企图通过"浙商回归"为浙江经济转型注入新的活力。为鼓励"浙商回归"，政府在设置"浙商回归"议程时强调了一个心系浙江、回报桑梓、反哺家乡的浙商形象，表现出突出的主观刻画意识，同时刻意渲染了政策的优惠和政府行政服务的强大，为"浙商回归"造势。在官方文件的号召下，"浙商回归"成为一种惯用的报道方式进而转化为媒介议程，并在现实的社会政治语境中发挥着"以言行事"的功能。这一功能不在于它到底指称了什么客观事实或客观条件，而在于它以"以言行事"的方式促使浙商对当前自身价值和形象的"理解"，促使他们迅速把那个曾经是以自我经营以及"走出去"为主导的自在意识纳入政府主导的意识中，让自己在"胸怀天下"的同时"心系家乡"，并在实践中采取"回归"的实际行动。这一时期具反哺家乡情怀的、以"科技新浙商""新锐浙商"等为表征的浙商形象就这样被呈现出来。

三、社会价值观念转型与浙商媒介形象呈现

"传媒时代，新闻报道隐藏着一个时代的精神密码。透过媒介对商人形象的建构，我们可以清晰地看到中国社会价值观念的转型和精神密码的转换"（彭焕萍，2008：116）。社会价值观念是我们共享的文化信码和精神密码，在不同的历史时刻，引导着人们用不同的方式区别和思考世界。在媒体浙商报道中，我们同样可以清晰地看到改革开放带来的社会价值观念的巨大转型及作为文化信码和精神密码对浙商媒介形象建构与呈现的推动。

第一，财富与消费观念的转型。在经历了十年"文化大革命"的动荡和 20 世纪 80 年代的集体反思之后，中国以"阶级斗争"为导向的传统价值观念和意识形态被打碎，经济作为一种"去政治化"的话语，财富作为人们摆脱长期物质贫困的现实追求获得了普遍认同。在政策的支持下，通过辛苦耕作和走家串户贩卖货物先富起来的农民"万元户"，从乡镇企业起家的"草根"企业家，成为社会各阶层学习的榜样；各种各样的财富榜单，成为经济地位和社会地位的重要标志。随着改革开放的深入，中国社会生产力不断发展，生产关系不断变更，社会发展模式继续发生着日新月异的变化，从政治精英、知识分子到广大人民群众和在他们当中产生的企业家、资本和财富拥有者，津津乐道于财富和市场、消费和理财，一种新的生活方式和价值观念深入人心。如前所述，"流行语"是社会敏感的神经，改革开放 20 年媒体所统计的"流行语"清晰地反映了市场力量对社会生活领域的"侵入"和价值观念的变化。"小老板""大款""暴发户"这样一些带有强烈价值评判含义，对谋利行为明显带有厌恶、鄙视之情的词汇逐渐消失于媒介话语和公众话语中。对一个普通公众来说，当他开始习惯于"下海""跳槽"这样的词汇时，当他身边的人都津津乐道于"股市""投资"时，当他驻足观看通过光芒四射的橱窗展示的华丽的商品景观时，当他出入于商场、影院、网吧等各种消费场所时，一种完全不同于以往的新的财富和消费观念已经成为社会的主流。这一观念的转型反映在媒体上，就是对"致

富光荣"的大张旗鼓的宣扬。我们节选两个文本为例：

文本一（每日商报/2006-10-12/ 第 03 版面/经济）：

浙商上榜最多达 106 位

昨日上午，2006 胡润百富榜在上海揭晓，玖龙纸业董事长、49 岁的张茵以 270 亿元财富登上榜首，她同时也成为中国第一位女首富。曾连续两年蝉联中国首富的黄光裕，今年以个人财富 200 亿元位居第二名。上榜富豪首次达到 500 位，最低门槛 8 亿元，而其中有 106 位是浙商，数量居各地之首。……

上榜企业家数量浙江最多

浙江是企业家的摇篮，有 106 位企业家出生在浙江。江苏和广东则紧随其后。在企业总部所在地的排名上，前五位依次是：浙江、广东、上海、北京和江苏。企业总部设在浙江的有 75 家。而浙江首富依然是鲁冠球，财富 90 亿元，他也是中国资历最深的民营企业家之一。……

文本二（钱江晚报/2009-05-30/ 第 A12 版面/杭州新闻·财富）：

财富的分量："2009 浙商社会责任榜"

2008 年的四川汶川大地震，激起了无数浙商的爱心。即使在金融危机的冲击下，依然新增就业岗位，为社会稳定促进和谐贡献自己的一份力量……这就是浙商的社会责任感。爱心、责任、使命，已经成为浙商新时尚，并成为评价浙商是否具有社会价值的新标准。

荣获 2009 浙商社会责任大奖的共有 10 家企业，去年，这 10 家企业共计向国家缴纳税款超过 135 亿元。患难见真情，逆势显气节，浙商——这个一度被认为"草根"的群体，以自己朴实而直白的方式，向整个社会彰显了沉甸甸的财富重量。

文本一以客观中立的语气报道了胡润财富榜单中浙商上榜人数高达 106 位的情况；文本二以褒扬、赞美的态度和语气报道浙商以创造的财富贡献社会，彰显财富的分量。从以上两个文本中，我们不难读出人们对财富的关注、消费方式的转变以及对创富意义的界定。金钱不再是带着"铜臭味"的"万恶之源"，文本一对浙商上榜的报道没有直接的赞美之词，但胡润财富榜作为追踪记录中国企业家群体变化的权威机构，已日益成为影响力巨大的榜单引发国人和世界的瞩目，这一机构从 2004 年起同时推出"胡润慈善榜"，每年发布企业家慈善募捐情况，对公众具有极强的吸引力。为此，浙商在胡润财富榜上的排名寓意着浙商在经济社会中地位的上升和对社会贡献度的增加，从而隐含着媒体对浙商形象的正向评价。随着创造财富和追求财富成为主流话语肯定的行为和现象，以正当财富为前提的现代消费方式和消费主义文化不仅成为社会生活的一种示范，而且"以现代化、经济繁荣、社会进步之名，成为个人进取和促进社会生产力发展的动力"（彭焕萍，2008：122）。财富观念和消费观念的变化和转型使浙商在形象上最终摆脱了旧式"不务正业""投机倒把"的"奸商"形象的纠缠。做强做大、创造财富既以当然的职业追求成为"当代儒商"的首要责任（这在浙商 2007 年发布的"社会责任倡议书"中充分得到体现），也以新增就业岗位、增加国家税收、促进社会稳定和谐的现实力量与"爱心、责任、使命"等"当代儒商"的象征性符号紧密联系起来，成为浙商形象的重要表征。

第二，伦理观念的变化。哈贝马斯在《公共领域的结构转型》（*The Structural Transformation of the Public Sphere*）中认为，18 世纪欧洲出现的咖啡馆、沙龙、文学刊物和自由报刊构成了公共领域，为公民提供了以平等的身份自由公开讨论问题、提倡和维护其商业利益、对抗封建等级和国家压迫的空间。因东西方文化和国情的不同，中国历史上并未出现如哈贝马斯所说的"公共领域"，但中国改革开放带来的一个变化是显在而深刻的，那就是以公民文化、民主文化、法治文化为核心的政治文化的形成及由此带来的伦理观念的变化，这是 20 世纪 90 年代以来中国"公众"抽象而具体的构成方式。特别是 1992 年以来，在市场经济推动下，以对公民个体的藐视及与之相联系的官本位思想、权威主义人格为表征的宗法社会关系被打破，臣民文化在理论层面上基本被抛弃，自由平等、独立自主、具有个性和公共人格的新型政治人和经济人开始形成，个体日渐发展为充满主体意识和权利意识的公民和公众。"现代意义上的公民文化是一种参与型文化，它体现为人们在宪法和法律的匡约下所形成的权利与义务并行不悖的理性自觉和行为取向"（李文冰，2004）。这种参与在政治上表现为积极的潜在的力量，"当民众直接面对政府权力运作时，它是民众对于这一权力公共性质的认可以及监督；当民众侧身面对公共领域时，它是对公共利益的自觉维护与积极参与。"（潘一禾，2002：196）民主是一个系统的价值体系，由政治、经济、文化、社会等多方面因素综合而成，民主文化蕴含主体意识、权利确认和理性规则，人们在"民主"一词作为政治话语出现时通常把它定义为人民的权力或人民的统治（启良，2001：137）。随着中国社会进入现代化，人们时时刻刻以民主主体的自我意识关注、监督、参与政府的决策和运行，力求通过多渠道、多方位、多层次地参与社会政治、经济、文化生活，表达和行使自己的民主权利和义务。市场经济又是崇尚法治的经济，法治是市场经济发展的内在要求，市场主体的确立，市场经济秩序、规则的形成和发展及宏观调控都离不开法治。于是，在市场经济发育成长的过程中，在公民文化、民主文化、法治文化日益成熟的社会语境下，以富强、民主、文明、和谐，自由、平等、公正、法治，爱国、敬业、诚信、友善为核心价值观的伦理观念形成并发展起来。传统政治话语的"集权"格局被打破，传统经济伦理单一的"义利观"被超越，话语形态日益开放和多元，社会主义新功利语境中的"功利"因其终极价值取向是"共同富裕"成为积极意义上的"利益"。追求和实现个人利益从而蕴含着社会公正，成为发展生产力和提高人民生活水平的必要条件和重要组成部分，"共同富裕""互利互惠""开拓进取""社会责任"等社会价值观和生产伦理、分配伦理、交换伦理、消费伦理等新经济伦理观，以及经济人、道德人、社会人价值同构的新阶层形象——浙商形象，也就在政治话语、经济话语、媒介话语、公众话语的共同建构中以多种色彩呈现出来。

第三，知识观念的变革。知识是人类的精神成果，知识观念是推动社会变革的精神动力，社会变迁从某种角度上看是知识变迁的过程。在人类6000年的文明史上，农业时代的亚洲领先于欧洲约1000年，经过工业革命，欧洲创造了新兴工业文明走到了世界前列。19世纪，从欧洲开始的蒸汽机的发明和使用是生产力的第一次革命，知识变迁带来物质利益的驱动，继而使竞争、效率、民主等先进的社会生活理念深入人心。而近代中国翻天覆地的社会变迁，则既是传统知识的近代化，又是西方知识的中国化的过程（傅荣贤，2015）。中华人民共和国成立后，百废待兴，知识观念适应社会主义建设的需要发生了新的变革，苏联高度集中的计划经济模式成为当时中国的主要知识资源。改革开放是对苏联模式的突破，社会主义市场经济体制的确立，对市场和价值规律作用的重视使当代中国的知识观念重新发生转换。为摆脱贫困达到"求富"的理想，改革开放头20年，知识的主体被限定在以现实技艺和自然科学为主要内容的"实用"层次上，通过经验和技艺创造财富的知识观念构成了当时的总体社会生态和知识图像。《浙江日报》1999 年一篇题为《"日光城"中访浙商》（浙江日报/1999-07-26/ 第 4 版面）的报道对有一技之长、不怕辛苦经商致富的浙商形象进行了生动的描绘，这是对这一时期以技艺为基础的知识主导经济领域创富的真实写照：

> 拉萨真不愧为"日光城"。都已过晚上 8 点了，太阳还明晃晃地悬在空中。在拉萨市宗角禄康公园内，龙王潭茶园的女老板叶美琴看着一屋子品茗的茶客说："这里的生意比内地好做。"
>
> 40 来岁的叶美琴来自温州乐清，她经营的这个茶店营业面积有 2000多平方米。她还雇了 24 名职工，与有关单位签订了 15 年合同。……
>
> 叶美琴的创业之路充满了艰辛。1986 年 7 月，她带着 3 万元的布料和缝纫机、拷边机等家当，来到西藏。这些年，她做过裁缝，在大昭寺旁开过服装店。由于前景看好，叶美琴的 4 个兄弟如今都在拉萨经商。

报道同时描写了 20 世纪 80 年代进藏闯荡的浙商特别是温州商人的群像，他们都是手工艺起家，从裁缝、补鞋到经营服装、电器和出售工艺品，是这一代浙商艰苦创业的知识基础。进入 21 世纪以来，随着市场经济的深入推进和现代化的发展，技艺经验型的知识体系已不能满足现代企业经营管理和经济转型升级的需要。资产投入的无形化、经营决策的知识化、生产营销的全球化成为现代企业的重要特征，知识创新已成为高质量经济增长的关键。更加值得注意的是，以移动互联和信息技术为主要标志的当代科学技术发展日新月异，社会知识总量成倍增长，高新知识和创新能力在经济发展和社会现代化中的作用越来越大，社会知识观念和知识结构进入到更高的层次。在新的知识观念主导下，浙商媒介形象经历了历史性的跨越，具有高学历和高新知识储备、有创新意识和能力的"科技浙商""新锐浙商"成为"当代儒商"的新代表。从文本统计看，2008 年以后，对以新知识储备和科技创新为特征的浙商的报道日益增多，此前我们已对以"新浙商""新锐浙商""科技浙商"等反映互联网经济、大数据经济等新经济形态、新商业模式的浙商称谓做过统计，共有 33 个文本，这些文本主要集中在科技新浙商的评选和介绍，新一代浙商创新故事以及政府、社会对新浙商形象的期待等方面。与此相呼应，以创新或新经济为议题的报道日渐成为浙商报道的主流，我们以 2014 年的几篇文本标题为例：

自贸区挂牌百日听浙商述说抢滩故事（钱江晚报/2014-01-07/ 第 A5 版面）

浙商热投桐乡"风光产业"（浙江日报/2014-06-19/ 第 02 版面）

浙企成功挂牌上海股交所（杭州日报/2014-10-17/ 第 A13 版面）

娱乐产业长满摇钱树 浙商拍马杀入动力十足（都市快报/2014-11-25/ 第 J01 版面）

爱触网，爱投资，浙商"少帅"爱拼不怕输（今日早报/2014-12-01/ 第 A17 版面）

浙商找准未来升级方向（杭州日报/2014-12-19/ 第 A10 版面）

单从这些文本的标题看，此时的浙商已与前文"日光城"中的浙商非同日而语，抢滩上海自贸区，投资"风光"产业（旅游休闲产业）、娱乐产业，以互联网思维模式做企业，以大数据与智能化实现企业的发展，成为新浙商的典型特征，突出反映了知识观念变化给浙商形象建构带来的影响和变迁。2014 年 11 月，以"互联互通、共享共治"为主题的首届世界互联网大会在浙江嘉兴乌镇召开。此后，由互联网技术和金融资本引领的创客经济、智能经济、互联网经济成为浙商经济发展的主流形态和新一轮发展的主动力，浙商挺立新经济潮头的弄潮儿形象得以呈现。

第二节　浙商媒介形象呈现的媒介推手

大众传媒在现代社会中的作用是不言而喻的。"大众传媒是一种权力资源，是可以有力地影响、操纵并变革社会的手段；是形塑社会生活意象形态的主要方式；是获取声望与地位，并对现实生活拥有的重要影响力的关键途径；它提供关键性、评价性的标准来帮助构建规范性的公共意义体系，并对偏离此体系的行为进行揭示、修正"（Mcquail, D., 1994：1）。中国改革开放发展的大众传媒及其生态的变迁，既是不同阶段浙商媒介形象呈现的动因又是结果；传统媒体对浙商形象的呈现伴随着传媒市场化的过程；传媒对浙商的新闻报道形成了传媒发展与浙商形象发展的互动与共构。

一、传媒生态变迁与浙商媒介形象呈现

大众传媒是人类社会发展到一定阶段的产物。在风云变幻的中国社会转型过程中，大众传媒自身也发生着错综复杂的生态变化。

"媒介生态"（Media Ecology）理论源于尼尔·波兹曼（Neil Postman）的研究，作者在《教育的终结》一文中提出："技术变革不是叠加性的，而是生态性的"（林文刚，2007：191）。西方学者对传媒生态的考察主要集中在媒介与人和社会的关系上，即重点探讨在人类传播的内容、性质、功能、效果方面，媒介发挥了什么样的作用；人类文明发展过程中，不同传播媒介形态对文明产生了怎样的影响；媒介究竟如何塑造人们的生活，它改变了什么；通过何种途径，等等。经过我国众多学者的研究，传媒生态理论生发出多视角的、丰富多彩的原发性理论，如媒介环境问题，重点考察传媒与环境（包括自然环境、信息环境、社会环境）之间的相互关联和相互塑形；传媒生态位理论，重点考察新媒体的兴起和扩散背景下传媒的市场竞争景象；媒介自身生存与发展问题，重点考察在市场经济条件下人—媒介—社会系统的和谐关系及实现媒介生态系统良性循环的策略。借鉴中西方对媒介生态的研究，从考察传媒与浙商媒介形象呈现的共生关系出发，本书狭义地把传媒生态放在传媒与环境（主要是指历史的和现实的社会文化环境）关系的视角来观照。在特定的传媒生态下，新闻传播就具有按特定的社会环境形态规范和塑造社会成员的功能，当这一功能用来建构特定的媒介形象时，就会使媒介形象呈现出鲜明的历史生态性。

从传媒与社会文化环境关系的角度出发，有学者把中国媒介生态变迁划分为政治化生态阶段、市场化生态阶段和数字化生态阶段三个阶段（黄仁忠、王勇，2013）。三个阶段的时间分野值得商榷（作者把三个阶段分别对应于 1949—1978 年、1978 年—20 世纪 90 年代末、20 世纪 90 年代末至今），因为 1978 年中国虽然开始实行改革开放政策，但从 1978 年到 20 世纪 90 年代初，中国社会的思想解放经历了各种势力的尖锐的较量过程，社会主义市场经济体制到 1992 年才明确建立起来。而数字化和网络化催生的新媒体对中国媒体生态的冲击在 20 世纪 90 年代末和 21 世纪初并未显现（这一阶段中国传统媒体还处在发展的"黄金时代"，虽然危机即将来临）。

根据强月新等人的研究，从产业竞争的角度看，从1999—2006年7年间，报纸、杂志、广播、电视和网络五大传媒产业对广告资源的竞争越来越激烈，但网络与四种传统媒体广告资源竞争的强度最弱（强月新、张明新，2009）。

但中国传媒生态变迁的三个阶段是存在的，如果结合中国经济新闻话语变迁来考察，20世纪90年代前，是中国传媒政治化生态阶段，20世纪80年代信息概念被引进，在理论界媒介以传播信息为主的功能得到确定。但在实践中，新闻媒介从数量到规模都仍然有限，虽然也不否认党报在信息传播方面的作用，但其作为传达、推广党的路线、方针、政策的单一宣传工具性功能并未得到实质性改变。主要表现在：传媒直接隶属于行政系统的核心组织与中心结构；政治属性是传媒唯一的属性；媒介使用工具化，报刊主要是"观点纸"而非"新闻纸"；媒介资源依赖各级政府；信息单向传播。若以英尼斯（Harold Innis）关于传播偏向的理论来解读，这一时期中国传媒生态偏向纵向的、经验的传播，媒介桥接了大众与党和国家、政府的关系，其主要作用是建立权威和维护权威，在这一生态下，中国经济新闻话语表现出种种"政治化"特征。刚刚从"草根"走出的浙商整体上并未被纳入权威的政治话语体系，浙商报道和浙商媒介形象只不过是中国改革开放开端偶尔的脚注，政策加典型、政策加例子的印证式报道成为为数不多的浙商报道的主导模板。

20世纪90年代以来，随着社会主义市场经济体制的确立和不断完善，传媒的市场属性得到认可和重视，中国传媒步入市场化生态阶段。1992年6月，中共中央国务院颁发《关于加快发展第三产业的决定》，报刊经营被归为"第三产业"。在官方"社会效益优先目标下社会效益和经济效益的有机统一"的口径许可下，传统媒体通过扩版扩容、广告经营、办大众化通俗报纸、自主发行、多元化经营等多种方式进行市场化经营，中国传媒大踏步迈进市场。在集团化改革方面，90年代中后期，以广州日报报业集团为开端的一系列报业集团的组建，标志着我国大众传媒市场化高潮的到来；在融资方面，1999年6月，成都商报社"借壳上市"成为中国报业第一股；在广告方面，上海《申江服务导报》推出风险承包"广告总代理制"（章炎辉，2001）。这一阶段一直持续到21世纪初，2002年，中国共产党第十六次代表大会首次将文化分为文化事业和文化产业，明确了文化体制改革的方向和目标。中国文化体制改革是由政府自上而下推动的，这是一种强制性的制度变迁，而且触及到中国大众传媒产业的核心制度——产权制度，传媒产业作为文化产业的一部分，开放力度越来越大。传媒制度的改革、市场化的推进，使报纸的运营、管理和编辑方针都发生了巨大的改变，密集的经济活动在传媒话语中开始占据举足轻重的地位，处于传媒市场生态位中的人、群体都与社会经济网络发生固定的关系，市场经济社会萌生的多元信息需要传播，与经济活动有关的消息见闻成为公众关心的重要新闻，《中国经营报》《经济观察报》《21世纪经济报道》等财经类报纸广受欢迎。与此相映照，在市场经济大潮中培育和成长起来的浙商群体，不仅成为浙江本地媒体青睐的主角，而且成为全国性媒体、财经类大报和各地方媒体关注的新星，浙商新闻报道明显地表现出"去政治化"的务实倾向，拥有财富、才能、道德的浙商形象被呈现出来。

中国传媒向数字化生态的转变是在我国媒介融合的推进和新媒体蓬勃发展的内挤外压下进行的。21世纪以来，文化体制改革的深入为媒介融合提供了新的体制驱动力，传媒及信息技术的快速发展丰富了媒介融合的样式、加速了媒介融合的进程，我国现代化进程推进导致的国民文化层次与知识结构的整体升级激发了媒介融合的潜在需求。为了在未来竞争中立于不败之地，传统媒体纷纷探索包括媒介业务融合、媒介技术性融合、媒介组织融合等多种形态在内的融合发展之路。但媒介融合并非一蹴而就，它在宏观层面涉及政策限制、行业壁垒的破解和利益固化格局的打破，在中观和微观层面涉及内部技术的创新与融合、产品内容与形式的融合、生产方式的融合、市场体系的融合和组织管理体系的融合，实际推进并不容易。与此同时，随着互联网的发展和移动互联技术的迭代运用，新媒体发展迅猛，一直以主流话语代表自居的传统媒体在传播地位和市场上遭遇前所未有的冲击。在政治、资本、技术三重结构性因素的制约下，传统媒体面临转型的困惑和生存的危机，一批传统媒体人的离职是这一危机的一种镜像。有学者对2009—2015年包括中央电视台王利芬、马东、王凯等在内的52名知名媒体人离职情况作了分析，发现其中的大多数去了新媒体就职（陈敏、张晓纯，2016）。传统媒体向数字化整体转型成为新一轮改革势在必行的突破口。传播技术和媒介变迁会给社会文化以及人的思维、语言、行动带来深刻变化，新闻媒介报道的方式、体裁、形式也面临新的考量，在传媒数字化的图景下，浙商媒介形象也面临信息、故事和意义的重新解读，丰富多样的浙商媒介形象在传统媒体严肃规范的报道模式和新媒体活泼多样的报道模式交替中建构和呈现出来。

二、媒介场域控制与浙商媒介形象呈现

从场域理论出发，布尔迪厄专门研究了媒介场域，提出了"新闻场"（The Journalistic Field）的概念。布尔迪厄的"新闻场"主要是通过研究电视得出的，主要体现在他的著作《关于电视》（Sur La Télévision）中。他认为电视是一种文化消费，电视由于它的政治经济角色从而具有象征（或符号）暴力。布尔迪厄从媒介内部揭露了媒介体制鲜为人知的那一面，揭露了幕后预先的审查、筛选及电视图像、电视话语的炮制工艺；同时揭示出电视是怎样控制传媒自身又同时受收视率的牵制，它的社会功用又是如何受到经济效益的异化，致使批判性沦丧而助长了"象征"的暴力。作者探寻了电视通俗化的三个原因：电视强大的传播能力及其所带来的受众的广泛性使电视趋于通俗化、非政治化；记者垄断信息生产和大规模的传播工具，藉此控制普通公众的"公共空间"；商业因素使记者放弃文化品位。布尔迪厄认为，在电视中，"新闻场"比其他的文化生产场更容易受外部力量的制约，比如，它受需求的支配是直接的，这也许比政治场等其他场还更加受公众、市场的控制。在"新闻场"中，商业化一极的力量特别强大，媒体人一方面代表社会公义揭露了某些社会的不公，另一方面又在为自身获取象征资本和名望。这样，一个不断受制于商业逻辑的"新闻场"，在越来越有力地支配和制约着其他天地。布尔迪厄对媒介场域机制的剖析有着特定的社会历史条件，他揭示的是电视在资本主义世界里的两个主要功能，一是反民主的符号暴力功能，二是在商业逻辑制约下的他律性（皮埃尔·布尔迪厄，2011）。

布尔迪厄媒介场域理论的现实意义就在于，它为我们提供了一个深刻而犀利的理论分析工具，让我们立足于本土文化对以新面孔展现的当代大众媒介符号进行解魅。布尔迪厄的分析工具也适用于报纸，我们把这一分析工具运用到中国传媒市场化阶段的浙商媒介形象呈现中，同样可以发现传媒的政治经济角色之谜。媒介场域同其他场域一样，是一个永恒竞争的所在，而带动竞争的逻辑主要就是资本的逻辑。资本既是目标又是手段，首先，媒体维护并规范着市场资本的有序运行。一个有序健康的现代型市场经济体制和制度的形成，需要媒体起到一种制衡的作用，这一制衡作用在财经

类媒体中体现尤为明显。对于受众来说，20 世纪 90 年代以来市场化媒体的浙商报道起到了启蒙受众的"市场意识"的作用；对于市场主体——浙商来说，媒体的报道又起到规范市场秩序、形塑浙商形象的作用。

其次，传媒的市场化又使其不可避免地受到经济资本的浸润和钳制。具有产业属性的传媒本身也是一个市场主体，按照经济组织逻辑运行，"直接创造财富（经济效益）已经明确地成为大众传播媒体应该承担的社会责任，媒体产业逐年增加的总产值和上缴税收令人瞩目。"（叶乐阳，2003）在市场逻辑下，广告收入成为报业经济的支柱，报纸的广告经营额逐年攀升，1992—2006 年，全国报纸广告经营额从 16.18 亿元攀升到 312.60 亿元（见图 5-1）。专业类报纸与日报争夺大众市场，目标受众锁定为"强力人群"，如《经济观察报》读者定位为"有财富、有权力、有理想、有未来"，《21世纪经济报道》的核心目标人群是管理者、机构投资者、政府决策者，《中国经营报》读者六成以上为企业界人士。这些定位给报纸带来丰厚的广告利润，2001 年《中国经营报》收入为 1.36 亿元，比 2000 年增长 42.76%（林晖，2003）。企业资本显在地影响了媒体对商人形象的塑造，导致媒体报道立场和倾向的倾斜，我们前面已统计过有关浙商的负面报道只占媒体报道的 4.4%，95.6% 为正面和中立报道。而在正面和中立的报道中，"品牌宣传、企业公关、商业广告"的报道占了 8.6%。因为样本剔除了纯报纸广告，这些文本是以消息、通讯、专稿的面目出现的，类似于视听媒体中的植入式广告（Product Placement），可以起到一种潜移默化的作用。我们以《常州日报》的一篇报道：《久盛地板倡导和谐消费 弘扬浙商诚信精神》（常州日报/2008-03-05/ 第 D10 版面）为例，这篇报道并非以广告的面目出现，却起到了对"久盛地板"广而告之的作用。文本选择"3·15"这一天报道"久盛地板"的品质和服务，文本一开始如数家珍地介绍了浙江诸多老字号，如"胡庆余堂""张小泉""楼外楼"等，彰显浙商的信义精神。报道称："人们对这些'老字号'，有说不出的亲切，仿佛是老朋友般的商客情谊，其和谐之道莫过于重真情、重品行、重信义。"之后站在受众的角度，描写了消费者因对消费品认知的不足产生的对商业诚信的期待，文本第三段和第四段，用了 519 字，悉心描写久盛地板的选材、着色、工艺、品质。比如，"所有产品选材均精选百年原木的精华部分，并按纹理、色调的一致性重重片检"，"地板品质不仅远远超过国家标准、达到国际水准，同时彰显实木地板返璞归真的自然色调、通透立体的纹理效果，原生态风格独树一帜",赞扬其"风格领先、品质卓越、服务周到"①。从文本的话语逻辑看,文本首先将"久盛地板"与"胡庆余堂""张小泉""楼外楼"等浙商"金字招牌"等同起来,继而与浙商诚信精神等同起来,成功又不露声色地塑造了"久盛地板"的形象,这种类型化、模式化的处理在其他文本中同样可见。换句话说,媒体对资本的追逐使新闻报道者的职业眼光和内部循环从形式到内容都被类型化、模式化了,报纸不过是提供了一种关于浙商形象的预先形成的想法。在 20 世纪 90 年代到 21 世纪初将近 20 年的报业的黄金时代,报纸作为传统主流媒体地位的权威性,使其在新闻场中、在话语和经济符号表达上都占据有利位置,媒介场域进而对其他场域构成一种话语权力和控制,浙商形象就在这样一种话语权力和控制中呈现出来。

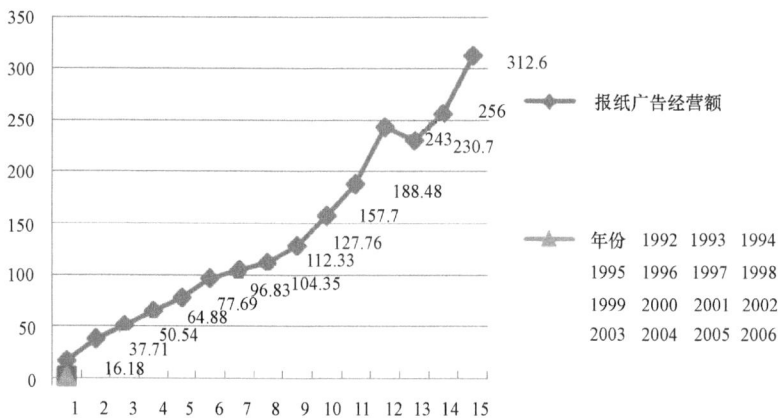

图 5-1　1992—2006 年报纸广告经营额（亿元）

数据来源:《中国广告年鉴》1992—2007

注:横坐标是一种简略的标注,代表年份,分别为:1=1992、2=1993、3=1994、4=1995、5=1996、6=1997、7=1998、8=1999、9=2000、10=2001、11=2002、12=2003、13=2004、14=2005、15=2006。

三、传媒与浙商对浙商媒介形象的同构与互动

如前所述,传媒自 20 世纪 80 年代起对浙商开始关注,主要是通过对企业家典型的报道为改革开放政策作宣传,但当时在称谓上并未出现"浙商"一词。通过对"方正 Apabi 报纸资源数据库"搜索发现,"浙商"一词最早出现在《浙江日报》1993 年 4 月 11 日的第 6 版经济专刊"经济广场"

① 久盛地板倡导和谐消费 弘扬浙商诚信精神[N]. 常州日报. 2008-03-05（D10）.

中，标题是《浙商扎寨黄山》。此前和此后几年，以"浙商"作为标题和内容的报道没有在媒体中出现，与浙商最为相关的称谓主要是"农民企业家"，如对"农民企业家"鲁冠球的报道，从 1984 年到 1994 年，浙江本地媒体共有 30 篇文本进行了报道。一般认为，"浙商"作为一个专用名词，是由《经济生活报》在 1999 年首先推出的，《经济生活报》是由浙江日报报业集团主办的综合性省级晨报，1980 年 10 月创刊，2000 年 10 月更名为《今日早报》，在 2015 年 12 月 31 日停刊前，是复合阅读率增幅长期高居浙江报业市场榜首的都市类报纸。1999 年，《经济生活报》由时任部主任的财经记者杨轶清创建，该报推出专栏文章"浙商名流系列访谈"，这一专栏每周刊出一期、每期一个整版，这组报道推出后收到广泛反响；2000 年，以这组报道为基础，作者出版了《财富与未来——走近浙商》一书，这是第一本"浙商"概念的专著。在以浙江日报报业集团的系列报纸——《浙江日报》《经济生活报》（《今日早报》《钱江晚报》）为主的省内外媒体和全国性媒体的关注下，"浙商"逐渐成为一个响亮的品牌。与财经类专业性报纸伴随经济报道共生共长一样，浙江日报报业集团也伴着浙商报道一起成长，经济报道从专栏变成专版，媒体的经济效益和影响力不断提升，传媒与浙商以浙商报道为中介成为互为资源、同构共生的利益共同体。

传媒对浙商形象的呈现在操作层面上主要通过两种方式加以实现，一是新闻报道，二是策划各种浙商人物评选活动。在新闻报道方面，如前所述，以标题"浙商"或"浙企"对"方正 Apabi 报纸资源数据库"进行搜索，从 1992 年到 2014 年，媒体对浙商的报道高达 10036 篇。这些报道主要是靠浙江本地媒体推动的，从本书研究所抽取的 500 份样本看，浙江本地媒体的浙商报道占比高达 66%，在本地媒体的大力宣传下，"浙商"这一概念从浙江走向全国、走向世界。样本中全国性报纸以"浙商"为专用称谓的报道最早出现在 2005 年 6 月 6 日的《第一财经日报》第 A5 版"黄金中国"上，标题是《上海新浙商领衔'反哺'浙江》。这一文本以中性语言叙述的信息模式，主要报道了 5 位在上海创业或曾在上海创业的浙江籍商人荣获浙江省"回乡投资模范浙商"称号的情况，5 位浙商包括上海浙江商会会长、上海复星高科技（集团）有限公司董事长郭广昌，李书福胞弟、上海杰士达汽车有限公司原董事长、浙江巨科集团有限公司董事长李书通等知名浙商。报道称本次评选是浙江官方首次对"反哺"这一经济一体化良性循环现象作出肯定。媒体的报道记录了浙商成长的轨迹，隐喻着不同时期政府、社会和公众对浙商形象的应然期待，也产生了巨大的新闻生产力。这里所说的新闻生产力，是指传媒新闻报道能对浙商的知名度、认可度、美誉度产生深远的影响，从而提升浙商发展能力，产生生产力价值。有研究者认为，传媒浙商报道的生产力价值表现为为浙商发展提供舆论阵地、创造舆论环境、提供舆论关怀的舆论价值，提高浙商知名度和经济软实力的经济价值，提炼和发展浙商精神的文化价值三个方面（徐秀雯，2012）。在活动策划方面，1992—2014 年传媒策划的各类浙商评选活动可谓层出不穷，不断推陈出新。2003 年起由浙江广电集团主办，浙江经视、钱江晚报（2004 年起《浙商》杂志参与）等共同承办，开展了《风云浙商》年度主题宣传评选；2007 年起，浙江省民营企业发展联合会、浙江省区域经济合作企业发展促进会和浙江省市场协会联合《市场导报》社发起了"浙商女杰"评选；2008 年起，由浙江省青年企业家协会联合《浙商》杂志社、《青年时报》社等媒体单位，发起了关注浙江青年企业家创业创新的"新锐浙商"年度评选；2009 年起，由省科技记协、《钱江晚报》《今日科技》《科技金融时报》等主办，发起了以发掘、宣传从事战略性新兴产业、科技创新成果显著的科技型企业家为目的的"科技新浙商"评选；2014 年起，浙报传媒集团以"诚信、道义、使命感"为价值标准，发起了首届"光荣浙商"评选。一届又一届的年度评选活动由浙江本地媒体发起，经《人民日报》、《经济日报》、中央电视台、新华网等多种形态的国家级媒体广为报道，扩大了浙商知名度，提升了浙商形象，浙商成为融财富和智慧于一身、义利并举、有梦想、有责任的"当代儒商"的代表和象征。一批原本不太知名的浙商走进公众视野，原本已经知名的浙商则获得了更高的荣誉和品牌形象，媒体的评选和报道给浙商带来了不可估量的无形资产。

　　与此同时，传媒也在对浙商媒介形象的呈现中加快了自身发展的步伐。影响力日升的浙商既是宣传浙江的主要题材，也是传媒报道的优质资源。浙商报道对传媒的反作用直接体现为产业的发展壮大，以浙江日报报业集团报系为例，1984 年 12 月起，《浙江日报》开辟《经济服务》栏目，其后在发展中几经扩版，其中经济类版面是新增和扩大的主要版面之一。2012 年 3 月起，除新闻版、经济版对浙商及浙企进行报道外，《浙江日报》又推出"经济新浙商"专版，主要报道浙江经济转型升级的典型案例和各地市产业企业发展状况。经济类报道的增加使政府经济管理决策者、企业经营投资者以及公务员、知识分子等市场中高档消费者成为《浙江日报》的主要受众群体，《浙江日报》影响力和产业发展能力日益提升，发行量和广告收入名列全国省级党报第二位。浙报集团因为多年与浙商打交道，也从浙商那里汲取汇聚了产业经营的营养和资源，开创了新的媒体运营模式，从而获得了新的经济增长点。例如，2004 年浙报集团依托庞大的浙商群体，联合浙江广电集团、浙江省民营企业家协会，成立浙商传媒，创办《浙商》杂志，经过十年发展，已构建了以《浙商杂志》为媒体平台，以浙商大会等重大活动为活动平台，以浙商手机财报为新媒体渠道，以浙商培训、投资服务等为增值产业的全新商业形态和运营模式。2009 年，浙报集团又与阿里巴巴集团联合创办《淘宝天下》杂志，开创了传统媒体与互联网融合发展的盈利新模式。2014 年以后，凭借日渐积累的经济实力，浙江日报报业集团瞄准媒体融合的新趋势，以报纸传播为重要依托，深入互联网传播新领域，通过不断推进组织重构、流程再造、机制创新，建立起内容生产一体化的"中央厨房"，实现传统媒体与新兴媒体优势互补的新态势，新闻生产能力、传播能力显著提升。传媒与浙商以浙商媒介形象呈现为中介，形成了互惠共赢、互动同构的发展态势。

第三节　浙商自塑与浙商媒介形象呈现

在一个大众媒体盛行的时代，浙商既是经济群体，又是传媒的消费者和参与者。在自身形象的塑造过程中，浙商对大众传播的重要性充分知情。为此，在自身发展的每一个重要节点，浙商都设法利用和调度了一系列文化资源和技术资源，通过策划媒介事件、参与民主政治建设和公共领域活动、开展企业形象传播等，在自塑的努力中共同完成媒介形象的呈现。

一、浙商媒介事件与形象呈现

媒介事件（Media Event）是对一种大众传播现象的概念化表述，这一概念源于 20 世纪 60 年代美国历史学家丹尼尔·波尔斯丁（Daniel J.Boorstin）在其著作《形象》（*The Images*）中提出的"伪事件"（Pseduo Events），即有意安排的、非自然的人为事件。丹尼尔·戴扬（D. Dayan）、伊莱休·卡茨（E. Katz）则把媒介事件定义在电视的节日性收看上，即那些令公众屏息驻足的电视直播的历史事件，是大众传播的盛大节日（丹尼尔·戴扬、伊莱休·卡茨，2000）。此后，不同学者从各自研究的视角出发，对媒介事件这一大众传播现象进行了阐释和解读。简单地说，媒介事件是指传媒自身或与外界合作，通过策划、安排等方式，产生非自然发生的事件；或者介入正在发展的客观事件中，影响该事件的原有进程与方向（陈奕，2009）。媒介事件经大众传播媒介记录并传达，往往具有仪式的意味，容易成为公众乐于消费的文化景观，并能建构出意想不到的新受众群体。20世纪后期以来，中国大众媒体的急速增长导致了媒体炒作前所未有的影响力。这里所说的浙商媒介事件，是指浙商借助政治资源和文化资源，策划能引起受众广泛关注和热烈围观的公共事件，从而获得公众传播。浙商通过策划具有仪式感的媒介事件和议程，诉诸媒体传播放大影响，以期获得大规模共识，最终达到建构与呈现形象的效果。浙商就整体来说，主要出身于草根，历经千辛万苦、走遍千山万水、想出千方百计、道尽千言万语方取得不俗成就，历史刻在商人身上的负面烙印是他们急于改变的形象。浙商的进一步发展也需要摆脱初创期因为部分商人财富积累不够正当给公众留下的素质低下的刻板印象。在这种情境下，浙商注意到了制造媒介事件、调度媒介资源争取民意和自塑形象的重要性，并在当地政府的支持下，充分展示了其驾驭媒体的能力和影响力。我们以两个典型的案例加以阐述。

（一）杭州"三把火"与"诚信浙商"形象的呈现

浙商的诚信观念经历了曲折的变迁过程。改革开放初期，市场规范尚未建立，市场准入的技术门槛低，浙商迅速崛起的同时也出现了一些假冒伪劣、坑蒙拐骗的乱象。温州鞋业就是典型的案例。

20世纪80年代，温州商人是浙商的主要群体，以家庭工业和专业化市场的方式发展起来的温州模式成为国人热谈和各地学习的榜样，温州人群体作为浙商代表和中国民营经济发展的缩影，率先由媒体推向公众视野。但与此同时，假冒伪劣、无序竞争接踵而至，制鞋业尤为严重。温州皮鞋曾经在物质短缺的年代以价廉物美赢得市场，并逐渐走向全国，1987年产量达到2400万双，占全国市场的10%（温信，2000）。但不法商贩浑水摸鱼，以次充好的劣质皮鞋开始充斥市场，1985年，南京一消费者写信给《经济日报》，称其所购的高跟鞋穿了一天就掉了跟，仔细一看，原来跟是用浆糊粘起来的（叶建亮，2006：531）。1987年，一对东北小夫妻在结婚宴席上，新郎刚买的温州皮鞋开了帮，里面塞的全是马粪纸，新人把破鞋寄给温州市市长质问：温州人拿这种劣质皮鞋坑人，当市长的脸红不红（吴焰，2004）？自此，"纸板鞋""天窗鞋""晨昏鞋"成了温州皮鞋的代名词。1990年秋季，轻工业部对北京市场上销售温州等地生产的旅游鞋、胶粘皮鞋进行抽样检测，旅游鞋不合格率达 67%，粘胶皮鞋不合格率达 55%（叶建亮，2006：531）。

　　温州皮鞋质量的低劣激怒了广大消费者，终于遭到了消费者的集体惩罚。1987 年 8 月 8 日，杭州市有关部门在杭州标志性场所武林广场点燃一把熊熊烈火，把 5000 多双温州劣质皮鞋烧成灰烬。这一轰动性的事件随着改革开放后大众传媒的发展产生了史无前例的影响力，人们通过传阅报纸、观看电视、阅读公共场所的布告栏知晓了这场大火，区域性事件迅速转变为广为流传的媒介事件并在全国范围内激起城市及社群公众的连锁反应。在南京，愤怒的消费者捣毁"温州皮鞋"专柜，针对温州皮鞋的持续大火像传染病一样在南京、武汉、长沙、哈尔滨、石家庄、株洲等十多个城市继续燃烧，温州皮鞋成了人人喊打的"过街老鼠"，全国不少商场被温州烧得元气大伤，媒体和消费者在认识上已习以为常地把假冒伪劣皮鞋包括其他劣质产品贴上"温州货"的标签。1990 年 9 月，新华社记者陈芸在新华社通讯上发表一篇报道《商业部长买鞋上当记》，报道时任商业部长胡平在湖北考察时买了双皮鞋，穿上脚不到 24 小时，后跟就掉了一块。这件事在商业部机关大楼里广为流传，尽管后来的追查表明此鞋与温州无关，但当时看过新闻的人几乎一致判断：这一定是温州货。以至于为表明货物销售质量，很多商场纷纷打出"本店不售温州货"的口号，温州商人声名狼藉。

　　大火和羞辱深深灼痛了温州人的神经，警醒了温州人的质量和信用意识。由温州现代鞋业鼻祖余阿寿发起，与全市 370 多名鞋厂老板联名向温州市制鞋企业发出倡议，号召大家携起手来，"提高质量，重塑温州皮鞋形象"，温州市委市政府高度重视这一媒介事件，以"质量立市"为口号，重新部署"二次创业"。耻辱让温州鞋业卧薪尝胆，通过开展技术创新、管理创新、营销创新，温州鞋业重振雄风，开始上档次、打品牌、上规模。1999 年 8 月 8 日，温州市政府与《经济日报》社合作，在北京人民大会堂举办"'康奈之路'与中国鞋业发展战略研讨会"。1999 年 10 月 8 日，与《中国经济时报》合作，在温州举办"树立温州'中国鞋都'形象高级研讨会"。

1999 年 12 月 15 日，在温州市政府等政治资源和《浙江日报》等文化资源的支持下，奥康集团总裁王振滔在杭州市郊中心点燃了奥康发展史上的第一把火——雪耻之火，一举烧毁了 2000 多双冒充温州名牌的假冒伪劣皮鞋和 2 万只鞋盒，为温州正名。时任温州市市长评价说："这把火应该被写入温州的历史。"（见图 5-2），这是温州商人这一年成功策划的系列媒介事件中最具标志性的一件，原本以负面形象出现在公众视野中的温州皮鞋以焕然一新的面目成为社会关注的焦点。《浙江日报》以"温州皮鞋点燃'雪耻'头把火"为题进行了大篇幅报道，媒体前王振滔踏实稳健的形象，与奥康集团"产品体现人品、人品决定产品"的质量观念融为一体，使奥康皮鞋以"名牌"的姿态泰然自若地走进公众视野中。2001 年 3 月，王振滔在素有"中华第一街"之称的南京路上开出了温州鞋业的第一家连锁专卖店，在上海引起了极大轰动。温州商人的"品牌"形象，也在这把"火"所带来的媒体效应中重新确立。

图 5-2　奥康第一把火——雪耻之火

杭州武林广场的耻辱之火烧在 1987 年 8 月 8 日，因此，温州市政府把每年的 8 月 8 日定为"诚信日"。为纪念这一温州人永生难忘的特殊日子，经过此前的策划、宣布和广告宣传，以王振滔、余进华等为代表的"温

图 5-3　奥康第二把火——诚信之火

州鞋王"在杭州武林广场点燃第二把火，这一把火点燃在"诚信宝鼎"上，象征着"诚信之火"（见图 5-3），鼎在中国古代是立国重器，《史记·平原君列传》："毛先生一至楚而使赵重于九鼎大吕。毛先生以三寸之舌，强于百万之师。胜不敢复相士。"奥康这把火，寓意一言九鼎、一诺千金，这把火以传播的仪式感成为人们共同集聚的神圣典礼，"诚信宝鼎"之火的影响力不仅仅局限于现场热烈围观市民的狭小社群，其影响范围和传播速度迅速扩大和提升，转变为广为流传的传闻并在全国范围内激起城市市民及远郊社群公众对奥康皮鞋的关注（之后，奥康借"火"之势继续制造的媒介事件发生在 2016 年 7 月 17 日，奥康在贵州点燃其发展史上第三把火——良知之火，号召企业将良知扩充到事事物物，知行合一，为社会进步而努力，为民族复兴而奋斗。这里不再述及）。奥康同时对外发出一封《诚信宣告书》和一封《品牌强市倡议书》，质量、品牌、诚信成为这次媒介事件响应中国市场经济和社会消费共同指向的普遍主题，浙商驾驭媒体的能力再一次显现，在有策略的、煽情的媒体事件中，"诚信"浙商的形象被建构和呈现出来。

（二）"社会责任倡议书"与"责任浙商"形象的呈现

2007 年 5 月 31 日，数以万计的浙商齐聚美丽杭州，召开一年一度的浙商大会，这届大会以"科学发展与浙商责任"为主题，参会的3000多名海内外浙商签署首份"浙商社会责任倡议书，吉利集团董事长李书福也在倡议书上签了字。"（见图5-4）。这份倡议书由包括网易首席架构师丁磊、奥康集团董事长王振滔、吉利控股董事长李书福、飞跃集团董事长邱继宝、奥克斯集团董事长郑坚江、华立集团董事局主席汪力成、娃哈哈集团董事长宗庆后、正泰集团董事长南存辉、传化集团董事长徐冠巨等在内的16位知名浙商发起。作出5项郑重承诺：改革创新，做强做大；关爱员工，诚信守法；保护环境，节约资源；扶贫济困，热心慈善；修身立业，传承文明。倡议书发出后，除《浙江日报》《今日早报》《钱江晚报》等本地媒体争相报道外，新华社、《每日商报》、《解放日报》、《中国交通报》等全国性媒体和《天津日报》《重庆时报》等地方性媒体也广为报道，浙商向全社会展示了从"功利"浙商迈向"公利"浙商、从"浙商"走向"责商"的全新形象。这一媒介事件是"当事人"——浙商与社会组织、媒体及政府共同策划推动设置媒介议程的典型案例，因为浙商大会的召开，本身就是在政府主导下多方力量共同介入的结果。这一媒介事件以高度符号化的仪式性，体现浙商共同信仰和集体想象的创造、表征与庆典，唤起公众对浙商以社会责任立身的儒商形象的广泛关注。换言之，依赖媒介事件本身所具有的公众性、公开性、公益性、重大性的特点，广大受众通过现场、报纸新闻、电视转播等大众媒介经验式地传播，被"邀请"参加和观看了这场盛大的仪式。这一媒介事件的意义不仅仅在于通过传播在地理上扩大了受众的范围，更在于广大公众通过仪式性的观看确立起共同的期待并形成社会主流意识，继而确立起对浙商形象和价值的普遍认同。媒介策划展现了浙商惊人的公关智慧和利用媒介的能力，此后，发起和签署"倡议书"成为浙商塑造自身形象的必要环节和行之有效的做法。例如，2009年浙商大会发起《转型升级 逆势超越》倡议书，展现逆境下的浙商进取形象；2011年浙商在"天下浙商家乡行"活动上发起《天下浙商反哺家乡》倡议书，展现浙商以财富回归造福桑梓、惠及民生的形象；2014年知名浙商南存辉在"风云浙商"颁奖典礼上发出"合力治水"倡议书，展现浙商热心公益、回报家乡形象；2017年浙商发出"浙商工匠精神倡议书"，倡导打造匠心产品，打造质量、品质浙商形象等。有记者评论："《南方周末》每年的'新年献词'已经成为新闻界的经典文本，而浙商大会上历年的倡议书也必将成为商界的经典文本。"（王文正，2009）

图 5-4　吉利集团董事长李书福在"浙商社会责任倡议书"上签字

二、浙商政治参与与形象呈现

政治参与指公民通过各种合法渠道、途径和方式参与国家政治生活，藉此影响政治体系的结构、制度的形成及政策过程的自主行为。浙商作为中国民营经济的代表，大多数出身草根，白手起家，没有什么显赫的背景。总的来说，浙商对国家有比较强烈的认同感和自豪感，希望有稳定的政治和社会环境，浙商的不同文化程度、不同行业、不同地区、不同企业规模和业绩对其政治认知和政治参与有不同的影响，但随着浙江经济的繁荣和浙商的发展壮大，越来越多的浙商开始活跃在社会各个领域，积极投身到政治生活中，表现出极大的政治参与热情。有学者研究认为企业主政治参与有各种动机，如经济利益说、满足需要说等（姚丽霞，2013），从媒介形象呈现的角度看，浙商日益活跃的政治参与重要的动机是获得社会认可，争取话语权，提升社会地位和形象。从实际情况看，浙商政治参与主要有制度性参与和非制度性参与两种形式。制度性参与是一种安排性的参与，即通过组织推荐（通常是党政部门），经依法规定的政治渠道而获得的政治参与，如一些知名浙商在人大、政协或工商联组织中任职，加入中共组织、参加民主党派等。在第十一届全国人大代表中，就有娃哈哈集团的宗庆后、万向集团的鲁冠球、雅戈尔集团的李如成等 12 位民营企业家代表；在温州，2000 年温州市有 1 名全国人大代表、10 名省级人大代表是民营企业家，市级以上人大代表中共有 130 人是民营业主；政协委员中的民营企业家也占有很大份额：全国政协委员 1 名，省政协委员 7 名，市以上政协委员共 73 名（姚丽霞，2013）。民营企业家成为全国党代会代表始于 2002 年的中国共产党第十六次全国代表大会，到党的十八大，全国有 34 位民营企业家代表，浙江海亮集团有限公司董事长、党委书记冯亚丽是其中之一。更多的浙商积极在所在的地、市和县参政议政。制度性政治参与彰显了执政党和政府对民营企业开放和接纳的态度。非制度性参与指非安排性参与，如参与或建立"浙商财富俱乐部""浙商才智女人会""企业家联合会"等各种社团或行业协会等，泛在意义上的非制度性参与还包括与政府领导以及各种组织的接触，参加各类政府举办的活动、会议等。制度性参与毕竟只有少数浙商能够实现，因此，非制度性参与是浙商政治参与的主要形式。《四川国防时报》2009 年一篇题为《美媒：懂政治讲政治是浙商成功的关键》（四川国防时报/2009-07-22/ 第 06 版面）的报道称：美国《侨报》认为"浙商很懂政治"，表现在浙商积极随国家领导人出访，关注政策走向，依靠国家进行商业公关，收看《新闻联播》排第一位，等等。浙商积极的政治参与至少在三个层次上呈现了自身的媒介形象。

一是彰显了浙商金钱之外的价值追求，呈现了浙商追求公民理性、法治精神、全球视野以及义利兼顾、关注公益的良好形象。创业初期的浙商政治参与较少，给公众的刻板印象主要是"有钱的老板"。随着浙商群体渡过初创期，更多的浙商通过各种政治参与呈现了其金钱追求之外的多维立体形象。比如，《中国保险报》2007 年有一篇评论《浙商正以法治告别"官商"身份》（中国保险报/2007-01-10/ 第 2 版面），当时，浙商通过浙江省工业经济联合会、浙江省企业联合会、浙江省企业家协会，拟就"关于请求尽快把维护企业和企业家合法权益列入地方立法的建议"，递交浙江省人大，针对 1 月 8 日《今日早报》的报道，《中国保险报》评论说：

商人们认识到只有"影响立法"才能真正捍卫自己的利益，这是一种非常值得赞赏的公民理性。

　　公益慈善形象是浙商呈现较多的自我形象和媒介形象。众多企业家通过加入地方慈善总会担任职务等政治参与，塑造和呈现公益慈善形象，如在嘉兴市南湖区慈善总会，多名副会长由当地民营企业家担任，浙江中法投资股份有限公司董事长、总经理赵其法就是其中一位。军人出身的赵其法个子高挑，性格豪爽，办公室里常年挂着服役时获得的军功章，这是他积极乐观、坚韧不服输的个性的写照。经过多年励精图治，他把一个投资5000元的小企业发展壮大为现在年营业额数亿元的新型工业化大企业。他同时是嘉兴市多届人大代表和嘉兴市南湖区第六届人大常委会委员，办好企业的同时，他十分注重利用参政议政的途径关注民生和社会事业。2007年起，南湖区设立"冠名慈善救助基金"，他带头设立1000万元作为中法慈善救助基金，之后每年以冠名慈善的方式为南湖区的慈善事业作表率。

　　基于全球视野的强烈的使命感和责任感，也是浙商通过政治参与呈现出的重要形象。比如，杉杉集团创始人郑永刚，他受聘担任多个高校客座教授，担任上海市人民政府决策咨询研究专家，为人既不谦卑、也不骄慢、只有自信，他的自我评价是："我没什么本事，我最大的优点是敢于不断地否定自己"（项宁一，2002：232）。他在世界经济论坛等各种活动中发表演讲以及接受媒体采访时传递的各种信号，都是强调企业的创新精神、捕捉市场信息的敏锐性和强烈的责任感、使命感，如他在出席"99《财富》全球论坛上海年会"期间跟杨轶清曾有这样一段采访对话（项宁一，2002：235-237）：

　　杨轶清：您刚接手杉杉时就打出了"创中国西服第一名牌"的横幅，这在当时是目标还是幻想？

　　郑永刚：都有吧，人要有一点幻想，企业家更需要想象力，梦想和目标不是一回事。

　　杨轶清：杉杉的人才结构很有意思，高规格人才数量很大，您是如何吸引并用好这些人才的？

　　郑永刚：能领导将军的，必须是元帅，用好这一大批人才也是对我的考验。

　　杨轶清：杉杉在成为国际化企业上所作的努力给人印象深刻，您为什么如此重视企业的国际化战略？

郑永刚：那是形势使然，因为中国的服装市场事实上已经是国际化的市场，不那样做就会被动。

杨轶清：杉杉予人的印象是非常现代而时尚，您本人属于哪一类？

郑永刚：我喜欢现代，不喜欢古典，我对新潮的事物比较敏感。

郑永刚接受采访所展现的，是走向国际市场的浙商勇于超越的企业家梦想、责任心和创新精神。

二是彰显了浙商稳健可靠的政治立场，呈现了浙商服务地方、实业惠民、创富惠民的良好形象。以《京江晚报》2008 年一篇报道《浙商代表吐露心声》（京江晚报/2008-01-12/ 第 A2 版面）为例：

在本次人代会上，一位儒雅的浙商代表比较特别，引起了大家注意，他就是镇江浙江商会会长周文。他对记者说，开放包容的镇江接纳了我这个"外来户"，镇江就是我的"第二故乡"。

周文来自浙江天台，在镇江打拼了 10 多年，成为在镇江创业经营的 3 万多名浙商中的佼佼者。他非常热爱"第二故乡"镇江，对所在地的热爱包含了其朴素的政治情感和务实的价值观，报道称：

他说最近还有一件喜事，让自己感到自豪，这就是他光荣地成为新一届人大代表，并光荣地参加了新一届人大一次会议。

"我已是一名新镇江人了。"周文说，"我们在镇江经商，已经在为镇江的商业繁荣、区域经济的发展、劳动力就业等方面发挥了一定作用。我们这些浙江籍的'新市民'已经融入了镇江，特别是我，从在镇江经商的 3 万多浙商中脱颖而出，成为凤毛麟角的新一届人大代表。在我任职的一届中，我将广泛联系其他浙商和群众，为镇江地方经济发展和实业惠民作奉献。"

报道中担任镇江人大代表的浙商周文，其政治参与的主要目的就是"广泛联系其他浙商和群众，为镇江地方经济发展和实业惠民作奉献"。报道介绍了大会召开前夕周文在广大浙商中进行广泛调查研究的情况，称其将"在大会期间反映政府为浙商解决投资环境和后顾之忧的问题及镇江商业网点布局方面的内容"，主要塑造的是浙商作为"当代儒商"创富贡献、实业惠民的首要形象和朴素的政治情感。

三是彰显了浙商较强的政治任职能力，呈现了浙商关心社会、注重整体利益的良好形象。例如，在 2014 年召开的全国两会上，正泰集团董事长、第九届、十届、十一届全国人大代表、政协常委、浙江省工商联主席南存辉提出"建设浙江省两交两直特高压电网""尽快出台财政法和地方财政法""在浙江设立国家电子商务自由贸易区""设立农民工子女义务教育基金""推进药品流通体制改革　整顿药价虚高"等多个议案，内容涉及企业发展以外的重大国计民生问题；马云在多种政治参与场合面对媒体时表示，企业跨过了创业阶段，其作出重大决定时首先考虑的就是道德、价值观和责任的担当，企业家是为了创造更多的社会资源，把社会搞得更好。2012 年，在浙江企业家代表共话十八大时，海亮集团董事长冯亚丽表示，民营企业家政治地位在提升，党的十八大为浙商坚定了信念、明确了目标、激发了动力，企业将按照加强社会主义核心价值体系建设的要求、贯彻实施创新驱动发展战略的要求，以推动社会主义和谐社会建设为指向，为社会作更大贡献（王西雷，2012）。这些浙商的政治亮相体现了浙商在政治上的成熟与自信、清醒与坚定，有效的政治参与展现了浙江民营经济蓬勃发展的力量，塑造了浙商关心社会、注重整体利益的社会责任形象。

三、浙商企业形象传播与形象呈现

企业形象传播在企业发展中占有重要地位，浙商因企业而知名，企业因浙商而发展，公众对浙商企业的信赖程度、情感倾向，决定了浙商通过舆论所获得的社会认同和媒介形象，因此，在很大程度上，浙商与浙商企业的形象是融为一体的。在大众传播技术赋权日益凸显、市场竞争日益激烈的当代，浙商深刻认识到企业形象传播对企业发展和自身形象建构与呈现的重要性，特别是那些在商海中已经取得巨大成功的知名浙商，如娃哈哈集团宗庆后、阿里巴巴马云、万向集团鲁冠球、正泰集团南存辉、德力西集团胡成中、吉利控股李书福、青春宝集团冯根生、海量集团冯亚丽、盾安控股姚新义、雅戈尔集团李如成，等等，都十分注重开展有组织、有秩序、有策划、有目的的企业形象传播活动。浙商企业形象传播的主要模式包括企业形象策划、产品广告宣传和品牌营销、企业文化建设、媒体公关、危机公关等，不一而足。

企业形象包括企业的直观形象和深层形象两方面。前者指企业外在表现形式，如企业的物质性形貌、技术设备、产品形象、企业名称、企业徽标、员工构成等；后者指企业内在文化和素质，如企业发展目标、企业风格、企业精神、员工素养、企业信誉和质量、企业发展态势以及由企业形貌所展示的企业气质等。总体上看，1992—2014 年，特别是近几年来，浙商企业形象传播是丰富多彩的，传播形式、手段不断推陈出新，在传播内容上，则特别突出地呈现为社会责任形象，这与浙商形象呈现形成了正相关的关系。

浙商普遍重视企业文化建设。比如，打开新光集团网页，首先映入眼帘的是八个渐近渐远的动画文字："上善若水·竞合天下"；点开主页，我们看到的是"使命愿景"，其中企业愿景是"让生活更美好"，企业使命是"创造行业典范"，企业价值观是"敬天爱人、诚信负责、创新共享"。典雅大气的企业文化氛围透露着新光女主人周晓光的卓然别致。

再如吉利集团，有李书福自己作词的《吉利之歌》、吉利进行曲、吉利圆舞曲等，映照吉利汽车企业文化及团结奋斗的精神。其中由李书福谱写的《为了一个美丽的追求》写道：

勤劳友善的好朋友
我们来自五湖四海齐聚首
为了那个约定的誓言，我们昂首阔步
雄赳赳向前走，雄赳赳向前走

勤劳友善的好朋友
酸甜苦辣美丽总在风雨后
为了一个共同的使命
我们不止一次争执不休
只是为了一个
美丽的追求

美丽的追求
美丽的追求

坚强自信的好朋友
我们信念只有自己来守候
你有烦恼向我倾诉
我们向着世界
挥挥手向前走挥挥手向前走

团结合作的好朋友
顽强清廉才能拼搏不停留
兄弟姐妹虽经历不同
我们不怕风雨困难抛脑后
只是为了一个
美丽的追求
美丽的追求
美丽的追求

为了一个美丽的追求
心连心手拉手一起走
为了一个美丽的追求
向前走不回头闯全球
……

　　这些豪迈和充满激情的歌曲,在李书福身体力行下广为传唱并经媒体传播,成为李书福带领吉利集团从创业到腾飞的真实写照,吉利集团以欣欣向荣、走向全球、不断创造价值的现代企业形象展现出来,一个有耐力和实力、有坚强意志品质和干劲十足的企业家形象同时跃然纸上。
　　企业社会责任形象是多维的,前文已有较多表述。以宗庆后和他的娃哈哈集团为例,娃哈哈作为中国饮料企业的领头羊和浙商创业的典范,十分注重企业形象传播,其突出的一个特点是在传播中融入情感元素。娃哈哈的产业链是食品饮料的开发、生产和销售，包括生产娃哈哈瓶装水、含乳饮料、碳酸饮料、果汁饮料、茶饮料、休闲食品、罐头食品以及医药保健品等多元化产品。在品牌形象上，娃哈哈一直以亲切、平实为包装理念，很多娃哈哈产品，像乳饮品采用儿童笑脸为标志，但每个系列产品又匠心独具，平实而不失个性，简单而不失品质。在文化理念上，娃哈哈建构了"家"与"亲情"的主题，倡导的企业精神是"励精图治、艰苦奋斗、勇于开拓、自强不息"。在公共宣传上，娃哈哈热心公益事业，积极投身三峡援助建设，驰援汶川地震灾区、雅安地震灾区、云南鲁甸灾区，牵手中央音乐学院、校企合作推动高雅艺术进校园。在员工激励上，娃哈哈重视员工收入的提高，实行全员持股和每年分红，员工的薪酬水平与企业发展水平相捆绑，既是经营管理的手段，又体现了对员工的关爱。从媒体报道看，娃哈哈的企业形象传播与宗庆后务实、开明、创新、履行社会责任的个人形象定位高度吻合，我们从样本中 2008 年 10 月 15 日《中国企业报》11 版一篇报道的标题便可管窥全豹。这篇报道的主标题是"宗庆后：沧海横流显本色"，副标题是"娃哈哈在二十多年发展历程中时刻不忘承担社会责任"，在这里，宗庆后"责任浙商"的形象通过娃哈哈企业形象的传播呈现了出来。

小　　结

本章主要探讨了多元力量和权力因素对浙商媒介形象的共构与呈现。总的来说，当代中国正处在政治经济转型发展、传媒生态急剧变迁、价值观念深刻变化、多种权力交织共舞的阶段，改革开放以来经济场域的生成为呈现浙商媒介形象的丰富图景奠定了基础，政治意识形态的操控使浙商媒介形象始终被规制在主流话语的框架内，而社会价值观念的转型、公共话语的兴起，则使浙商媒介形象呈现经历了一个现代化的变迁历程。在浙商媒介形象呈现过程中，除政治、经济、文化等社会动因外，媒介技术力量的崛起及其产业化，使传媒组织的生产和传播活动与浙商媒介形象呈现形成了互动，而浙商自身也是媒介形象建构和媒介驾驭的高手，始终在政治、经济、媒介的多种场域中寻找话语机会和表达方式，浙商形象就在多种力量和权力的角逐与争利中呈现出来。

第六章　浙商媒介形象呈现的批判与反思

在第三、第四章，我们从研究"方正 Apabi 报纸资源数据库"新闻文本出发，通过对浙商报道中称谓、角色、主体、议题、身份、叙事进行内容分析和话语分析，获得了 1992—2014 年以"当代儒商"形象为主线，从"创富浙商"到"人文浙商"，从"传统浙商"到"智慧浙商"的浙商媒介形象变迁的基本证据，勾勒了媒体力图呈现的融财富、才能、责任、学养于一体的当代浙商媒介形象呈现的基本框架。在第五章，我们找寻了影响传统主流媒体浙商形象呈现的权力空间体系及各力量之间的博弈。那么，介于浙商媒介形象与公众消费、价值观念及政治经济文化社会的互动与同构关系，我们有必要审视：处在多种场域关系中的大众传媒，在呈现浙商形象时，是否存在缺陷？刻意张扬了什么？又遮蔽了什么？从媒介批判的视角出发，我们对传统媒体浙商媒介形象呈现进行批判与反思，是十分有必要的。

报纸媒体在呈现浙商形象时，需要遵循宣传舆论导向这一极其重要的党报动机，从而体现了以断言式言语行为为特征、肯定式新闻为主的浙商宣传报道的权威性、一贯性与一致性，这一呈现模式对浙商正面形象的呈现与传播具有不容忽视的推导意义。从总体上看，随着改革开放以来意识形态环境的变化和市场经济体制的确立，政治话语、经济话语和新闻专业主义话语在不断地角逐和博弈中获得了相对的平衡，媒介话语逐步实现了向自身的"归位"。浙商媒介形象在这一过程中摆脱了历史的窠臼，"当代儒商"的整体形象日渐形成。但在由宣传动机所设置的议程框架内，传媒更多地充当了渠道和推手，浙商正面形象因话语的张扬被理想化，而众多中小浙商群体形象被遮蔽了，浙商形象的丰富性和多样性被遮蔽了。同时我们还看到，处在拟态环境中的新闻话语本身存在很大的建构空间，传统报纸媒体从自身固有的传播逻辑和范式出发，不可避免地也存在着传播偏向。反映在浙商媒介形象呈现上，"方正 Apabi 报纸资源数据库"呈现的浙商，整体上存在"人"的迷失，表现出框架化、模式化、脸谱化等问题和人物形象个性化、多元化、生活化的不足。具体地说，媒体浙商报道在以学科化、标签化、类型化为表现形式的模式化操作下，只见企业，不见浙商；只见群体，不见个体；只见个体，不见个性。导致浙商媒介形象呈现的模糊不清、形而上性和刻板印象的生成，存在明显不足和缺陷。这在大众传媒充分发展、媒介生态深刻变迁、数字化媒体蓬勃兴起的当今时代不能说不是一种缺失和遗憾。相形之下，网络新媒体和新闻形态之外的各种浙商题材电视剧对浙商形象建构与呈现的不遗余力和畅所欲言能给传统报纸媒体带来诸多启示。

第一节　断言和肯定式新闻中的浙商媒介形象话语遮蔽与理想化

从第三章、第四章对浙商媒介形象的内容分析和话语分析来看，1992—2014 年"方正 Apabi 报纸资源数据库"以断言和肯定式新闻为主的浙商媒介形象呈现，很多时候是对改革开放以来以追求经济效益为首要目标不断深入推进的经济体制改革的回应，它暗合了媒体对当代中国以追求和创造财富为特征的合乎逻辑的总体性描述，浙商及其与经济相关的一切活动由此被视为符合社会发展规律的深刻行为，得以规范在以宣传为主导动机的传统媒体框架内。但恰恰是这种肯定式的呈现，浙商经济形象得到夸大和突显，而浙商作为社会人的社会形象，包括社会公共形象、政治形象、生活形象等，最终淡化和残缺不全了，浙商媒介形象的丰富性和多样性被遮蔽了。与此同时，在肯定式新闻的宣传框架内，构成浙商主体的大量中小企业家群体被遮蔽了，伴之而来的对以浙商为代表的民营企业及企业家发展忧思的不足和负面形象呈现的淡化是对商人这一群体媒介形象的理想化。

一、肯定式新闻与浙商群体形象丰富性的遮蔽

我们在对浙商报道进行话语分析时分析了其典型的言语行为——断言，这一言语行为表现出的新闻形式主要是肯定式新闻。从全球范围来看，肯定式新闻主要出现于 20 世纪 80 年代和 90 年代美国新型商业政党媒体，这类新闻形式的产生是处在商业环境中的政党兼顾政治目的和商业利益的结果。肯定式新闻是一种通过议程设置、主要是通过内容和环节设置刻意挑选事实，肯定受众先入之见以获得受众的信任与忠诚的新闻产品。肯定

式新闻集新闻、观点、采访于一体，具有强烈的意识形态性，给人一种合理有序和便于理解的印象，是一种"答案文化"（Answer Culture），在一开始就给出答案，更接近于宣传、说服和操纵（比尔·科瓦奇、汤姆·罗森斯蒂尔，2014：47-49）。肯定式新闻出现在浙商报道中，反映了当代中国以经济发展为主轴的社会意识形态特征，它提供了改革开放以来媒体背后的权威部门及其所代表的政治力量对民间经济行为和商人形象的普适性定义和答案。这种肯定式新闻的成功之处在于，它迅速呈现了当代浙商因创造巨大财富而建立起来的社会地位和经济形象，从而给人以井然有序、一切理应如此的感觉。但它的问题在于，这种先入为主的肯定式恰恰掩盖了另一方面的事实真相，浙商群体形象的丰富性和多样性被遮蔽了。

　　从"方正 Apabi 报纸资源数据库"的文本看，对浙商的报道，大多数站在经济社会发展的宏观和中观角度，选择媒体认为符合当代价值取向的经济信息，进行带有普遍适用性的描绘，从而使浙商形象呈现为一种有序的、显在的、容易理解的社会意象，陷入"资本""发展""投资"和"创富"的迷思中，并在浙商报道中形成正面和负面两极，投射并进一步形成人们的自我意识和价值观念。比如，在 20 世纪 80 年代对温州商人的报道中，刚刚兴起的市场经济使人们对"资本"这一话题既爱又恨，率先进行市场改革的温州人创造了生机勃勃的"温州模式"，勤劳勇敢、敢为人先、特别能创业的温州人是浙商的主流。当然这一时期由于市场准入门槛过低也出现了一些不法商贩投机经营的情况，但这一时期媒体在对温州商人的报道上，明显存在资源配置、内容选择、形象塑造上的偏差，少数浙商不讲诚信、没有文化、投机取巧的劣根性在报道中被放大了，并形成一定的报道规模引起受众"围观"。1999 年底王振滔在杭州武林广场点燃的"雪耻之火"重塑了温州鞋业的形象，但对温州商人的争议并未由此平息。2000 年之后，温州早期凭借小商品、大市场发展起来的"温州模式"逐步被以资本投资为主导的"新温州模式"所取代，"温州炒房团"声名鹊起，市场上的追本逐利行为本无可厚非，"温州炒房团"只不过是善抓商机的温州人发现了市场机会，但媒体对"温州炒房团"给予极大关注时，显然棒喝和讨伐之声多于理性。受众对温州商人极端注重经济追求的"刻板印象"就形成了。这种单一的"经济人"形象一直延伸至今，甚至延伸为所有温州人的媒介形象，人们一谈起温州人，首先就想到"有钱""会赚钱"。如果对 21 世纪以来《浙江日报》有关温州人的新闻报道进行考察，可以发现媒体肯定式新闻议题的关注点仍存在片面化，主要关注温州人的经济管理行为、投融资活动、自主创业活动等，所呈现的温州人群体身份主要是温州商人。固然大多站在正面的立场反映了温州人在改革开放的时代背景下敢为人先、积极创业、不断创新的精神风貌，但由于对温州人社会责任、文化活动、个人品质等非经济领域关注的不足，"只注重经济追求""学历不高""以财富论英雄"潜藏在温州人形象呈现中，加深了受众对温州人群体的"功利性""务实性"的固定成见。

浙商群体形象丰富性和多样性的遮蔽不仅仅发生在温州商人身上，也普遍体现在浙商的其他代表性区域商人身上。我们在第三章已做过统计，媒体浙商报道以"浙商与经济建设"为主要议题，在样本中占 52.2%；占 30.8% 的"浙商与政府支持"议题，是关于政府为支持浙商创业创新出台的政策、开展的服务和活动等方面的报道，事实上也是经济议题；"浙商与社会发展"议题只占 17%。第三章分析时所述，从"浙商与社会发展"议题的年份分布看，媒体从未停止过对浙商社会责任和社会形象的关注，但由于总体上经济话语的刻意强调和反复呈现，这些关注被淡化和稀释了，浙商的社会形象只零星地呈现出抗震救灾、捐资助学、关爱老人、回报家乡等狭隘的一面。按照李普曼在《公众舆论》中关于成见、兴趣、公意形成的观点，公众不可能看到关于某一事实的全部报道和案件新闻，但是他们按照基于在脑海中重构"事实"而作出判断，媒体关于浙商大量单一的经济报道，正是公众脑海中关于浙商形象的"事实"。事实上，浙商的形象是丰富多彩的，随着浙商的做强做大，浙商对社会的影响也是多方面的，远远超出企业家的范畴，浙商中的很多人，赚钱已不是目的，他们更加关心为社会创造财富和价值，更加关心社会公共领域的进步，更加关心年轻人的成长和社会未来的发展。他们不仅始终影响着当代中国的经济形态，在一定意义上，他们甚至改变了人们的生活方式、价值追求和世界观。吉利控股集团董事长李书福创办吉利大学，他在接受《中国教育报》采访时表示："走进校园的目的，是为了更好地走向社会。"（翟帆、李丹，2011）他在接受凤凰网采访时有类似的表态："我办教育不是为了赚钱""吉利教育为中国的社会进步，为中国高等教育的改革，一定能够作出很大贡献"①。阿里巴巴集团

---

① 李书福：我办教育不是为了赚钱. 凤凰网财经：http://finance.ifeng.com/news/special/zczxlsf/20111229/5368108.shtml.

董事局主席马云在接受《新京报》专访时有类似的表达："今天我做互联网企业，不是为了挣钱，而是从商业的角度完善社会，这样才有乐趣，才能坚持，如果只是为了挣钱，谁还这么拼呢，我退休十次都可以了。"①但浙商的这种气魄和胸襟、形象与气质，如上所示，主要体现在大众化媒体中，而在主流报纸媒体的报道中并不多见，浙商鲜活的社会形象在媒体对其经济形象的刻意彰显中变得若有若无和模糊不清了。

媒体浙商形象呈现的张扬和遮蔽，使浙商形象在自我认同和受众认同上发生了较大程度的偏差。2007 年，有学者曾经做过以"走出浙江看浙商"为题的浙商省外形象随机调查，调查对象为企业职员、商人、公务员、学生，共发放问卷 600 份，有效问卷 490 份。调查显示，在"你认为浙商是些什么人？他们的形象定位如何？"这一问题上，59%的调查对象认为"浙商就是精明的小老板"；在对浙商精神的选择上，比例最大的依次是"敢作敢为，胆识过人""审时度势，灵活机动""艰苦创业，四海为家"，而选择"热情诚信，兼容并蓄"的比例最低（周雪梅，2007）。尽管这份调查在取样等方面存在有失严谨的地方，但在某种程度上反映了受众对浙商的印象，这也与浙商的自我评价、自我追求和自我认同形成鲜明对比。2007 年浙商大会上，浙商发出的倡议和承诺是"改革创新，做强做大""关爱员工，诚信守法""保护环境，节约资源""扶贫济困，热心慈善""修身立业，传承文明"，这一具有丰富性和多样性的形象并未在报纸媒体中充分呈现出来，在很大程度上成了浙商群体的自我想象。

二、明星浙商的卡里斯玛光环与中小浙商群体再现的偏差

卡里斯玛（Charistmas）是马克斯·韦伯从早期基督教观念中引入政治社会学的一个概念，原意为"神圣的天赋"。韦伯的权力理论提出了政治社会中的三种权力模式：传统型权威、法理型权威和超凡个人魅力型权威（马克斯·韦伯，2010），在这三种权威类型中，超凡个人魅力型的权威是基于领导者个人的独特品质而引致其他人的崇拜形成的，人们屈从于非凡的人物，形成了对超凡魅力的信仰，韦伯把这种个人魅力称之为卡里斯玛。我们将其迁移到经济社会中，可以看到，在中国的市场经济中同样存在经媒体建构的卡里斯玛——在有中国特色社会主义市场经济号召下，经济话语的勃兴使经济行为和成功的商人在当代中国焕发着特有的、神秘的魅力。

① 马云：我做企业不是为了挣钱 否则谁还这么拼. 新京报：http://ln.qq.com/a/20151116/015019.htm.

这种魅力，包括企业家本人以自信、激情、抱负为基本特征的人格和非凡的经营管理能力、勇于开拓创新的能力，企业给社会创造的巨大的财富和价值，获得民众羡慕、崇拜及由此激发的民众创业的想象与意愿。这种魅力主要体现在获得巨大成功的杰出企业家身上，他们处在经济舞台和政治舞台的中心，他们的创业历程和人生故事在媒体的描绘中总是有几处具有代表性意义的"光环"或"传奇"，从而成为大众创业尤其是年轻一代创业者所膜拜的英雄。

在当代中国，浙商无疑是人数最多、分布最广、实力最强的投资经营群体，是典型的"个众"型民商群体①。据不完全统计，在浙江省外经商办企业的浙商约 600 万，省外浙商在全国的投资总规模超过 3 万亿元，向当地缴纳税收每年超过 1200 亿元，近 1140 万人的就业得到解决，还有 150 多万浙商在欧洲、美洲、澳洲、非洲等世界各地创业发展（袁亚平，2013：28-29）。在浙江省内，每一个地市和县区都形成了有区域特色的浙商企业群体。例如，温州市以电器、服饰、鞋业、化妆品为特色的产业群和一大批既独立发展又有着密切利害关系的"个众"企业家；义乌市以织造、服饰、饰品、数码等小商品生产和外贸经济为特色的外贸型企业和一大批具有全球视野的企业家；嘉兴市以创新驱动引领企业转型升级，集聚了一批科创型企业和企业家，嘉兴市科技城建立以来，就催生了通信电子、物联网、生物医药、新能源、集成电路等一批战略性新兴产业，至今已集聚了闻泰通讯、德景电子、斯达半导体等 400 多家创新型企业和年轻的创业者、企业家。这些创业者可能起步时企业规模并不大，但他们敢于梦想、勇于创新，既是组成"新浙商"的重要群体，响应国家"大众创业、万众创新"的号召，又具有励志传承的重要意义，比如，在 2009 年浙江省"风云浙商"评审时还坐在观众席上默默无闻的年轻创业者——珀莱雅集团创始人之一的方玉友，经过几年的拼搏，他让珀莱雅这家温州的小企业发展壮大成国内最大的本土化妆品品牌之一（陈欣，2016）。可见，除了我们耳熟能详的马云、李书福、冯根生、沈国军、郭广昌、丁磊、徐冠巨、南存辉、汪力成、宗庆后等一批实力雄厚的知名浙商外，大批的中小企业家才是浙商的真正主体。但在媒体呈现中，只有马云等取得巨大成功的明星浙商被赋予

---

① 吕福新认为，浙商具有典型的"个众"特征，表现在：一方面浙商具有个人的独立自主，另一方面又有众人的自发自主；由个人依据地缘乡缘带动众人发展，从而形成了既具有"个众"自主性又具有包括契约相关性、伦理相关性、地缘相关性和亲缘相关性等在内的"个众"相关性的庞大的社会主体。详见：吕福新. 论浙商的"个众"特性——具有中国意义的主体性分析[J]. 中州学刊. 2007（1）：41-44.

了卡里斯玛权威的象征意义，在各种官方、半官方权力机构和高规格的会议（如全国人民代表大会、中国人民政治协商会议、浙商大会等）、论坛、荣誉评选、媒介活动、财富排行榜中出场，他们神采奕奕、自信满满、能力超群、风光无限；而大量的中小浙商群体的形象在媒体报道中是不充分甚至是被遮蔽的。根据统计，以规下企业、个体工商户为报道主体的文本在样本中出现 49 篇，这些文本以参加有组织的展会、投资考察等消息类报道最多，中小浙商群体只是以模糊不清的集体面貌匆匆亮个相。比如，《黑龙江日报》2011 年 4 月 2 日的一篇 680 字的消息《浙商青睐"寒地黑土"》（黑龙江日报/2011-04-02/ 第 06 版面），报道了浙江省举行现代农业"相亲大会"，会上 20 多家投资公司、企业与黑龙江省寒地黑土农业物产协会、黑龙江省寒地黑土农业物产集团就双方合作进行对话的情况。报道称，双方"进行了广泛而深入的对话，宾主双方都十分期待着能够找到合作的节点"。报道引用了黑龙江寒地黑土农业物产集团总经理刘振国对该集团的介绍，称"我们集团非常重视维护品牌形象、企业信誉、农民利益和消费者权益，一直在致力于为消费者提供安全、健康、品质卓越的农副产品，一直坚定不移地从源头做起，深化可追溯体系，强有力地保证了产品质量"。而对于作为主人一方的 20 多家浙江企业和浙商，除了"浙江又是中国民营经济的发祥地，人们的市场意识强，民间资本充裕，各种跨区域的农业合作和农业投资活动十分活跃"这样的一般性描述外，既没有只言片语的介绍，也没有人物的出场。又如，《贵阳日报》2011 年 4 月 20 日的一篇报道《浙商组团来筑考察》（贵阳日报/2011-04-20/ 第 A01 版面），记者报道了浙商项目投资考察团考察贵阳，受到时任市委副书记、市长李再勇会见的情况，在这篇报道中，除了带队的浙江省区域经济合作企业发展促进会会长黄保苗有其名，考察团的其他成员——浙商中小企业群体的代表只被描述为"40余家浙江企业老总"，这一群体借领导之口被定性为"信誉良好、实力雄厚"，除此之外，我们看不到这一群体的任何别的信息。这已成为媒体对浙商中小企业群体呈现的主要方式。在另一篇评论性文本，2011 年 7 月 17 日《企业家日报》的报道《港湾思危浙商》（企业家日报/2011-07-17/ 第 01 版面）中，作者主要对走到转型升级十字路口的浙商，如何摈弃"小富即安""满足现状"，在新时期"做大做强"、争做"产业领袖"作出断言式评论。在文本中，作者本是站在善意"思危"的角度描述、评价浙商中小企业群体，希望浙商及其企业在新时期居安思危、做强做大，但着意刻画的群体形象明显带有"刻板印象"，作者所描绘的浙商，是"50%的企业主来自草根，缺少文化，心志欠远""小富即安，观念陈旧，思想不进取""头脑发热，盲目扩张""不懂外语，缺少国际经商经验"，以偏概全，打击一大片。这一偏差体现了媒体经济报道的普遍模式，学者彭焕萍在研究《经济日报》建构商人形象的过程中发现了同样的情况，媒体"不着痕迹地抹杀了小商人们的存在而代之以对具有英雄性、传奇性、神秘化、道德化的商界英雄和圣人形象的塑造和追逐"，当商人们均以强者面目出现时，"小商小贩们要么被有意遗漏了，要么只作为英雄们的陪衬偶尔出现一下。即便是有限的出场还往往带有不是特别光彩的因素在里面"（彭焕萍，2008：173）。总的来说，媒体所再现给受众的，是明星般的浙江民营企业和企业家搭乘着中国经济的动车，一路前行，取得了长足进步；而中小浙商群体只有极小的展示空间，这一再现的偏差使中小浙商群体的诉求在对大企业家的集体追捧中被淹没了。

三、宣传导向与浙商媒介形象呈现的理想化

中华人民共和国成立以来，我国新闻媒体实行的是党报体制①，党报成为我国为数最多的主要品种报纸，由各级党委和政府行政主管部门这只"有形之手"从政策、规章、制度和干部任命上直接实施行政控制，有着特定的使命、方向和明确的宣传纪律。改革开放后，党报逐步从事业型转向产业型，从公益型转向经营型，但"党管媒体"的基本制度不会变，在思想意识形态领域，报纸作为"党媒"发挥着强大的指导和宣传作用。

新闻报道的意识形态性和宣传导向，决定了传统媒体对特定人物和特定群体形象再现时存在选择性和倾向性。按照福柯的说法，话语建构话题，定义并生产构成人类知识和认识的各种对象，并且操控某个话题能被设置和讨论的方法（M. Foucault，1972：116）。改革开放以来，以党报为主的传统媒体因应有中国特色社会主义建设的要求，在民营经济宣传报道上，坚持积极、辩证、实事求是的宣传口径，以积极、正面宣传为主，目的在于正确引导民营企业，帮助树立发展信心。以《人民日报》为代表的国家级大报是其中的典范。有学者抽样研究 2013 年 6 月的《人民日报》发现，在 30 篇关于民营经济的新闻报道中，除中性报道的篇幅外，积极宣传民营

---

① 有学者指出，进入 21 世纪以来，我国党报体制空前扩展，由报刊、广播电视、通讯社发展到互联网和庞大的移动终端，党报体制已经被党媒体制所代替。详见：刘建明. 习近平对党媒体制及其理论的重大创新[J]. 新闻爱好者. 2017（7）：7-13.

企业发展经验的有 4 篇，反思教训的有 3 篇，反映企业发展问题希望引起企业重视的有 6 篇（和曼、白树亮，2015）；正面、积极报道占 70%，负面、批评报道占 30%。相比之下，地方党报则更多偏向正面、积极报道，即使在民营经济处于下行期，地方党报报道也以正面宣传和鼓劲打气为主，媒体的浙商形象呈现充分体现了这一点。比如，2011 年上半年，浙江中小企业处于"倒闭潮"的风口浪尖，对此《台州日报》及时发布浙江省工商局"全省民营企业景气指数二季度报告"，指出浙江民营企业仍处于健康高位运行区间，树立浙商和浙江企业稳健发展形象（和曼、白树亮，2015）。本书通过样本分析与该项研究具有类似的发现，即尽管如前所述，浙商在某一特定时期内的不规范的市场行为曾经成为留给公众的"刻板印象"，但以浙江本地媒体为主的浙商报道，在呈现浙商媒介形象时选择了以经济类话题为主要话题，兼顾政治类、社会类话题的做法，并把对浙商正面、褒扬的价值评价作为大多数话题设置和讨论的方法和基调。根据统计，样本用于描述浙商负面品质变量的"浙商品质二类"一项，只有 22 频次报道浙商"投机暴富""假冒伪劣""因循守旧""重利轻义"等不良品质；同样，在"报道立场与倾向"一项中，只有 22 频次"对浙商表现出批评、谴责的态度和语气"，在样本中都只占 4.4%，而且主要出现在浙商发展的第一、第二阶段。"由于话语'采纳'了某些特定方式谈论一个话题，它也'排除'、限定和约束了其他言谈方式"（单波，2010：204），宣传导向奠定了浙商媒介形象呈现的总体基调，报纸媒体围绕社会不同时期的经济价值观和浙商的经济行为不断制造出令人愉快的正向话题，浙商取得的新成就新发展被不断地谈论，而浙商发展中遇到的困惑与困难、矛盾和问题，或者披露不多，或者被有意无意地回避了。到了浙商发展的第三阶段，在经济下行压力不断加大的"新常态"下，政府和媒体形成了新的默契，浙商群体的报道更加少见负面报道，肯定式新闻直接体现为对浙商进行肯定倾向的报道，浙商资本成为经济发展的典范得到大力宣扬。在浙商形象呈现的议题中，"投资""创富""新经济"话语被不断重复强调，并以"风云浙商""科技新浙商""光荣浙商"等大张旗鼓的荣誉评选方式得到仪式化的肯定，读者们所看到的，是一路凯歌的理想化的浙商形象。然而，浙江民营经济的发展并不是一帆风顺的，尤其是在经济转型升级中多数中小企业一直伴随着风雨前行，在此情况下，媒体不仅仅需要站在核心价值观宣传的制高点，把好宣传基调，大力宣传党和国家有关扶持和鼓励浙商发展的方针政策及服务举措，更应通过专家观点、深度聚焦、个案剖析等多种形式、不同声音对浙商发展进行把脉、诊断，在宣传成就的同时直面现实、直面困难，这才能真正为浙商发展营造良好的舆论氛围。在样本中，对浙商发展进行把脉的报道有几篇，如《企业家日报》2011 年 1 月 30 日的一篇报道《新世纪下浙商新挑战》（企业家日报/2011-01-30/ 第 02 版面），刊登了浙江省中科商学研究院副院长吴晓波对新世纪浙商发展的解读。吴晓波中肯地指出浙商早期前店后厂"贸工技"的发展模式烙下的烙印给浙商新世纪发展带来了困境①，一是全球金融危机造成的欧美市场的崩塌意味着浙江经济发展外向型逻辑的终结，二是技术放在末位的发展模式意味着浙江省的产业结构调整与其他省份比起来是最落后的，三是第二代企业家里面还没有出现一批领军性的人物，企业接班人青黄不接。最后指出了困境下的出路，即浙商的未来是建立在人的优势、产业的优势、金融的优势等传统优势上的制度创新，包括"与新经济、新技术、互联网经济的嫁接""电子商务+专业公司+小制造"的新发展模式以及"扶持和培养一千个隐形冠军比培养一个世界五百强更重要、更现实"。但这一类型的报道在文本中少之又少，在媒体的现实呈现中，浙商发展的忧思在大量的浙商经济话语的神话和理想化中被消解了。

第二节　浙商媒介形象呈现的"模式化"与"人"的缺失

改革开放以来，在浙江独特的社会文化土壤中，浙商秉承优秀文化传统，在建设有中国特色社会主义的实践中励精图治，孕育、形成了特有的"浙商精神"，如善于抓住机遇、乐于互助合作、勇于走出家门闯荡天下等。在浙商研究中，学者们从研究浙江民营经济出发，关注浙商的专业市场、产业集群、企业制度、商业模式及政治参与和社会责任等内容，已总结、提炼、概括出很多"浙商特征"和"浙商精神"，如创业期的"四千精神"（走遍千山万水、历经千辛万苦、道尽千言万语、想出千方百计），守业开拓期勤奋务实的敬业精神、灵活创新的变通精神、抱团合作的团队精神、恪守承诺的诚信精神，新世纪新阶段的开拓创新、诚信守义、情怀家国、

---

① 贸工技发展模式指浙商由贸易起家，贸易赚了钱后开始买机器做制造业，制造业发展后开发一些技术。这一模式的突出特点是以贸易为龙头和核心，作为本源意义上的"商人"特征明显。

四海为业的精神等（林吕建、唐玉，2011）。学者们的这些研究符合当代中国社会主导意识形态对浙商形象的期待，与媒体的浙商报道形象相互呼应、相互补充、相互影响，确立了浙商作为当代中国第一商人群体的总体媒介形象。但反观我们所研究样本的浙商报道，不难看出报纸媒体自觉或不自觉地陷入学者们设定好的关于浙商形象的"模式化"的路径中，这一路径往往自觉或不自觉地陷入米尔斯（Charles Wright Mills）所批判的"宏大理论"中，它赋予了叙事一种未经批判的形而上的霸权，假设了叙述者和阅读者关于浙商媒介形象的一般化的思考。在这样的情况下，它带来的一个问题是：它依靠经济概念和数字来堆砌文本，依靠"普遍主义——成就"的价值模型来呈现浙商形象，把浙商发展的丰富内涵框定在这样一个框架体系中，而没有充分落实到对浙商日常的经验性的观察上。浙江特有的地理环境、人文环境、个体特质及其相互联系在浙商这一主体身上交织后形成的主观属性和个性特征，浙商个体发展的差异性和多元性，魔术般地消失在一般化的描述中了。受众从报纸媒体中读到的浙商，只见经济发展指标和数字，不见"人"；只见严肃的、呆板的、千人一面的浙商群体，不见"个体"；特质不明显，形象不丰满，不见"个性"。这在大众传媒充分发展、媒介生态深刻变迁、数字化媒体蓬勃兴起的当今时代不能不说是一种缺失和遗憾。

一、"模式化"呈现与"人"的缺失

"如果宏大理论家们现实地探讨问题，他们是根据在宏大理论中发现不了的东西进行探讨，而且这些东西往往与宏大理论相对立。"（赖特·米尔斯，2001：45）媒介在对浙商现实发展问题进行探讨时，往往有意无意地陷入模式化的框架中，对"在宏大理论中发现不了的东西"进行探讨。这种模式化的探讨在技术上又是通过"学科化"和"标签化"两条途径来完成的。

首先是"学科化"。美国经济学家詹姆斯·布坎南（James Buchanan）认为，政治经济某种意义上是一种利益的冲突与协调的过程，但人们却将其与天文、物理、生物等科学等同，认为其含有明显的规律（詹姆斯·布坎南，1989：54）。福柯则认为，学科、谈论和作者三要素组成了"科学"的话语构成，换句话说，这三要素的组合构成了关于"科学"的"真理"。

"浙商"报道属于经济类新闻,经济新闻本质上是一种具有经济形态的讯息,在浙商媒介形象呈现中,"模式化"首先是通过经济新闻报道"学科化"的"真理"来实现的,这一"科学"的"真理"是由政府、媒体和记者共同谈论而成的资本控制的话语。

为全面分析浙商媒介形象,我们在选择样本时把以"浙企"为标题的样本也纳入了考察范围,这些样本加上虽以"浙商"为标题、但报道主体是浙企的文本共有 113 篇,占 22.6%。细读这些文本可以发现,媒体对浙企的报道主要限于企业发展本身的"学科化"内容,如"商机""展览""投资""重组""上市""外贸""反倾销"等之类的专业性话语,在这些报道中,几乎找不到"浙商"的身影,"人"在经济"科学"的模式化呈现中消失了。而在以"浙商"为报道主体的 387 篇文本中,"学科化"报道模式同样存在。主要表现为:新闻报道只见数据不见事件,只见工作不见主题,只见术语不见故事,只见物不见人,只见经济不见生活,议题重复、主题雷同、形式老套呆板、语言生涩严肃,这样的情况成为较普遍的现象。这在浙商发展三个阶段的框架呈现中都不同程度地存在。在报道视角和形式上,出于经济宣传的需要,过去"重经济单项发展报道,轻经济社会全面发展的报道;重 GDP 指标的报道,轻环境、效益其他指标的报道;重对大企业的报道,轻对中小企业的报道……重基建项目等硬件的报道,轻经济背景深度解析"等问题依然存在(龙燕宁,2009)。经济主体人的活动在具"学科化"特征的"模式化"报道中缺失了,人本取向被枯燥乏味的数字和术语所取代,"浙商"与这些数字和术语一样不过是概念化的词汇,真正的"人"在报道中缺失了。我们以浙商发展第三阶段"转型——回归"发展阶段为例,2011 年,浙江省开始启动"浙商回归"工程,2012 年,浙江省政府把"浙商回归"作为"头号工程",此后,"浙商回归"成为浙江经济转型发展的口号,被层层落实到对各级政府执政能力的考量中,也被媒体迁移到对浙商形象的呈现中。我们在此前已经做过统计,2012—2014 年,样本中直接以"回归"为标题的文本共计 68 篇,在这些以"浙商回归"为主题的叙事中,"回归"已经成为经济发展和浙商谋求自身发展的新的"学科化"语言。与"回归"相呼应的,是一些标准化的经济术语,如"创业创新""到位资金"等。在众多关于"浙商回归"的报道文本中,除"创业创新""浙商回归"等反复出现外，"引进项目""回乡投资""搭建平台""盘活要素"等学科化语言成为回归浙商形象呈现的关键词。除此之外，醒目的就是一串串数字，这一新闻模板成为各大媒体"浙商回归"新闻生产的主要模板，而"浙商"形象本身，在这一模板中却被忽略了，新闻话语所描绘的浙商，通常是"一群浙商"，模糊到没有姓名，也没有企业名称。

　　"模式化"呈现的第二条途径，是浙商形象的标签化。"浙商"报道框架建构的学科化进一步带来浙商形象的标签化。20 世纪 50 年代，美国社会学家莱默特（Edwin M. Lement）和贝克尔（Howard Becker）将标签概念引入社会学，提出了后来被广泛应用的"标签理论"。到了戈夫曼那里，标签理论更多用于探讨标签的负面控制功能，主要研究"受损的身份"即"污名"一类的社会歧视标签（欧文·戈夫曼，2009）。我们这里所说的浙商形象的"标签化"，主要探讨以"浙商回归"标签为主要内容的赞成性、激励性的正面标签。在浙商发展第三阶段，媒体反复强调的"回归"是在转型时期为达成特定目标对经济价值观念的集体美化，对一种以浙商和浙江本土互惠性的经济关系为基础的秩序的美化，浙商"回归"并不天然地具有回报桑梓、反哺家乡的含义，"跳出浙江，发展浙江"也曾经是浙商发展响亮的口号，而且在新时期依然是浙商发展的重要方面。但在此时此刻，"回归"被有意识地赋予了抽象的道德教化功能，被赋予了浙商根基难忘、回报家乡的拳拳之心，从而成为浙商发展的新标签，这从一些报纸版面的编排上也可以明确地读出。诚然，"回归"作为浙商发展和浙商形象的新标签在当代经济话语中是具有积极正面或中性意义的，但是，"回归"标签抽象性描述的结果是媒体自身的思维惰性，貌似专业的数据和热情讴歌的呈现成为媒体最省力的模式化选择，"人"在这种"回归"的标签化中显得微不足道，而且其他方面的形象被忽略了。

　　我们来看样本中两组典型的"浙商回归"报道。

　　文本一：《在外浙商踊跃回乡再创业》（新民晚报/2012-07-31/ 第 B01版面）。这一文本把"回归"作为标签移植到新闻报道中作为标题（标题用的"回乡再创业"与"浙商回归"同义）和文本的关键词，主要描述了在外浙商在政府号召下强势回归、反哺家乡再创业的盛况，从而赋予浙商爱国爱家、不忘乡土的正向价值和表征意义。报道称：

> 以"打拼天下"闻名的浙商如今正强势回归反哺家乡。本月 26 日，浙江省召开支持浙商创业创新促进浙江发展成果新闻发布会，今年 1 至 6 月浙商回归引进项目到位资金已达到 708 亿元，比去年同期增长 78%，其中 500 强重大项目超过六成。……
>
> 去年 10 月，浙江省召开首届世界浙商大会，号召在外闯荡的 750 万浙商回乡投资。12 月，《关于支持浙商创业创新促进浙江发展的若干意见》出台，"浙江人经济"与"浙江经济"开始深度融合，在外浙商回乡投资热情不断上涨。上海浙江商会提出实施"在沪浙商回归发展五年千亿投资计划"，并成立了"回乡投资委员会"，计划今年投资超过 200 亿元。河北浙江企业联合会则联合华北、东北等地的浙江商会，拟投资 500 亿元在杭州建设一个集商贸、旅游、服务业于一体的城市生活综合体。
>
> ……

之后，报道以安吉为例，介绍了浙商回归带来优质项目落地、优秀人才集聚等情况。

文本二：《回归浙商要在海宁新建一座城》（都市快报/2012-05-30/ 第 C01 版面）。这一文本报道了吉林浙江商会、湖南浙江商会、福建浙江商会、山东浙江商会牵头与海宁市政府共同打造"浙商回归创业创新示范区"项目的情况。文中浓墨重彩描绘了吉林浙江商会会长、浙商缪明伟热爱家乡，反哺家乡，投入大量精力在浙江省嘉兴市海宁市筹备重大浙商回归项目——海宁总部经济基地项目的新闻事件。文中以"浙商抱团共同打造总部经济"为小标题，引用浙商缪明伟的话表达浙商对家乡的款款深情和当代浙商的儒商素养：

> 去年 11 月，浙商回归创业创新示范区项目正式签约。缪明伟说，目前，以省级商会为主体组建的项目运作公司——浙江观潮股份有限公司已注册成立，目前国内外专家正在进行总体规划方案设计。
>
> "其实，我最早在 2009 年就有了回归投资总部经济项目的想法。"缪明伟说，"浙商是浙江的儿子，回乡投资义不容辞，为家乡多做事，带来实实

在在的效益，才算真正的衣锦还乡。我在东北、重庆、湖南很多地方做过投资，当地政府当然也会很欢迎，但回老家投资，那种亲近感是完全不一样的。"

文中又以"新建一座城，核心是浙商精神"为小标题，报道了浙商对所投资项目的建设理念和文化内核的设想与设计：

"浙商过去是靠白天当老板、晚上睡地板的精神走出去的，浙商有很多优点，但也不应该把自己的不足包起来。缺乏自己独立的思考，短视的投资行为，近些年来也让很多浙商感到了困惑和迷茫。所以，未来浙商的回归，应该更突出文化素养，成为讲哲学的哲商、重责任的责商，这样才能使浙商精神传承百年。"缪明伟说。因此，园区内将会兴建浙商总部大讲堂、浙商博物馆、浙商名人堂等。

此外，文中还详细介绍了当地政府为引进浙商回归项目和支持项目落地出台的优惠扶持政策。

从两个文本的报道，我们能够看出"回归"已经成为新时期浙商形象的定义和标定，媒体在"浙商回归"的群体标签报道上已经建立起一个以政府号召和政策、"回归"意义和成效为主要内容的标准模式，第一个文本记者作为政府的代言人，站在政府的视角看"回归"建立的模式如下：

"浙商回归"反哺家乡——各级政府营造优质环境提供优惠政策大力支持"浙商回归"——"浙商回归"成效显著——"浙商回归"是优质回归，促进经济转型升级，贡献社会（见图6-1）。

第二个文本，记者站在浙商的视角看"回归"，"回归"自觉成为这一时期浙商自我形象呈现的主要符码，建立的模式是：

浙商回乡投资义不容辞——政府优惠政策商机无限——在外浙商踊跃回归投资——"浙商回归"突显浙商形象和新浙商精神（见图6-2）。

这两个模式具有异曲同工之妙，媒体在进行"浙商回归"报道时，自觉或不自觉地都会依附到这种框架和模式中，"回归"也由此成为浙商形象和身份的类化命名，"人"就在这种框架和模式中变得模糊不清了。

```
┌─────────────────────────────┐
│      "浙商回归"反哺家乡         │
└─────────────────────────────┘
              ⇓
┌─────────────────────────────┐
│      政府支持"浙商回归"         │
└─────────────────────────────┘
              ⇓
┌─────────────────────────────┐
│      "浙商回归"成效显著         │
└─────────────────────────────┘
              ⇓
┌─────────────────────────────┐
│      "浙商回归"贡献社会         │
└─────────────────────────────┘
```

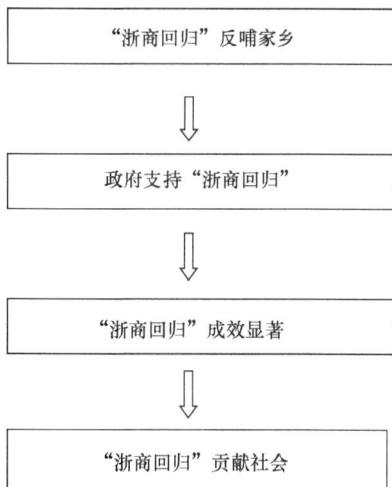

图 6-1　"浙商回归"报道模式 1——政府视角

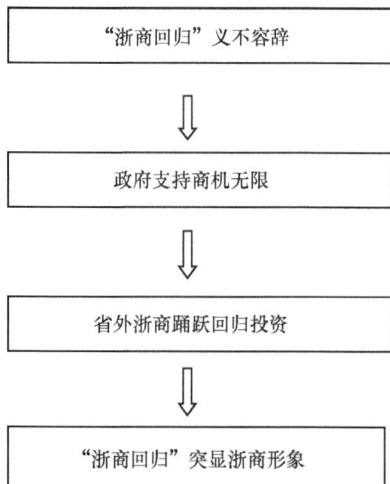

```
┌─────────────────────────────┐
│      "浙商回归"义不容辞         │
└─────────────────────────────┘
              ⇓
┌─────────────────────────────┐
│        政府支持商机无限         │
└─────────────────────────────┘
              ⇓
┌─────────────────────────────┐
│      省外浙商踊跃回归投资        │
└─────────────────────────────┘
              ⇓
┌─────────────────────────────┐
│    "浙商回归"突显浙商形象        │
└─────────────────────────────┘
```

图 6-2　"浙商回归"报道模式 2——浙商视角

二、"模式化"呈现与"个体"形象的缺失

"模式化"呈现带来的另一个问题，是浙商"个体"形象的缺失。在第三章中，我们已经做过统计，在"方正 Apabi 报纸资源数据库"浙商报道的 500 篇样本中，对浙商个体的报道共 168 篇，占 33.6%。在浙商报道 10036 条总量中分别以知名浙商"马云""李书福""宗庆后""鲁冠球""南存辉"

进行内容搜索，得到包含"马云"的报道 326 条，只占 3.25%；包含"李书福"的报道 139 条，占 1.39%；包含"宗庆后"的报道 219 条，占 2.18%；包含"鲁冠球"的报道 109 条，占 1.09%；包含"南存辉"的报道 146 条，占 1.45%，可见，浙商个体形象呈现在浙商媒介形象呈现中并不占据主要位置。再者，并非一个文本呈现一位浙商，而是往往多人同时出现在一个样本中，所涉及的人物呈现出分散、混杂、不具有典型性等特点。其三，对浙商报道类型的统计显示，500 份样本中主要以消息、专题性报道等为多，在这些报道中，浙商个体往往只在某个会议、论坛、活动、获奖现场出场，个体形象并不突出；168 篇样本中，通讯、特写的报道仅 26 篇，比例偏少；即使是人物通讯，浓墨重彩刻画浙商个体创业创新发展史的不多，以报道某一类型浙商小群体的组合像为多，主要反映创业的艰辛，较少涉及浙商在经济活动以外的形象。26 篇中纯粹报道某一位浙商的人物通讯只有 10 篇，标题分别是：

《素描浙商》（常州日报/2009-09-02/ 第 D1 版面）；

《孜孜浙商心　悠悠沈阳情》（华商晨报/2009-10-12/ 第 T7 版面）；

《最倔强浙商：邱继宝》（今日早报/2009-12-30/ 第 A17 版面）；

《破译浙商财富密码》（长春晚报/2010-08-26/ 第 24 版面）；

《一位浙商的精彩闯荡》（镇江日报/2010-10-18/ 第 12 版面）；

《浙商颜海波》（经济参考报/2010-11-05/ 第 A22 版面）；

《富民强省开新局·浙商扬帆十二五　楼仲平：吸管王触网记》（浙江日报/2011-05-04/ 第 9 版面）；

《细描浙商新肖像》（浙江日报/2011-10-25/ 第 13 版面）；

《一位浙商的创业情怀》（中国检验检疫报/2012-02-28/ 第 48 版面）；

《陈文兴：打造衡阳浙商之"家"》（衡阳晚报/2013-10-10/ 第 A22 版面）。

这些通讯笔触细腻，记者多采用公开身份的叙述方式，与采访对象浙商共同构成叙述主体，通讯中或出现记者的采访行踪，或直接与被采访的浙商对话，不仅提示信息的真实可靠，也拉近读者与浙商的距离，浙商个体形象跃然纸上。但这样的人物通讯仅占样本量的 2%，除这些通讯外，其他 16 篇兼纪实通讯与人物通讯于一体，偏重工作报道和纪实，较少对浙商人物的特写、专访、侧记。出现在报道中的浙商人物也为多人，虽也离不开对浙商人物的言行、个性、关系的叙述与分析，但人本身并不是记者观察的焦点，只不过是记者呈现经济政治报道模式时选取的一个角度。在这些通讯中，记者大多以缺席叙述的方式进行报道，即记者只像机器一样客观记录"观察"到的现象，语言色彩以中性为主，很少有以细腻的笔触报道浙商个体创业的艰辛、企业成长的曲折和企业家不为人知的故事，难以表现浙商个体的品质、性格、精神风貌。这一特点反映了媒体把浙商作为正面群像呈现的基本策略和基本模式，在这种策略和模式中，如梵·迪克所说的，媒体和记者按照预先制定的意识形态，在不同历史阶段，围绕所要反映的特定主题，如创业富民、转型升级、回报桑梓等主流意志所框定的目标和利益，借助删除、化约、普遍化与重组的手段，让浙商群体的身份、活动、价值观、立场围绕吃苦耐劳、善于经营、积极投资、开拓创新等普遍性的叙事结构得以浮现，而浙商个体形象在模式化的报道中被消解于无形。

三、"模式化"呈现与"个性"形象的缺失

在第五章中，我们已经寻找了浙商媒介形象呈现的社会动因，分析了经济场域和政治意识形态给浙商媒介形象呈现带来的控制和影响，指出浙商媒介形象实际上主要是报纸媒体在政治意识形态主导下对浙商及其所代表的改革开放以来浙江经济社会现实进行的一种类型化处理。在这种类型化处理中，媒体事实上扮演了社会经济文化再生产的角色，在这种文化再生产中，媒体"部分地具有自主性，部分地依赖和受更具包容性的社会结构和意识形态的监控"，并在"新闻报道约定俗成的结构模式中体现了这些结构和意识形态"。因此，新闻报道作为公共话语的重要形式，不一定规定读者的具体观点，也不仅仅设置了公众谈论的话题和讨论的议程，相反，它们提供的是普遍性的知识信念和态度模式，体现的是"关于社会事件的社会、政治、文化和经济认知模式的大致框架"以及"证明这些框架正确有理的无处不在而又占据主导地位的知识和态度结构"（托伊恩·A. 梵·迪克，2003：186-187）。受控于意识形态的类型化模式化处理，使区域性特质明显的浙商在媒体报道中却没有呈现出应有的"特质"，性格迥异、企业文化不同、发展路径千差万别的不同浙商个体也没有呈现出应有的"个性"。

（一）与其他区域性商人无差别的浙商"特质"

受特定的地理环境和区域文化的影响，不同地区的商人群体有着区别于其他地域的特殊气质与品质。比如，徽商历史上被称为"绩溪牛""徽骆驼"，这些称谓形容的是古徽商艰苦创业、百折不挠的精神，在传承历史的基础上，诚实守信、务实进取成为新徽商的符号形象；粤商身处改革开放最前沿，开放兼容、智思敏行是其优秀品质；浙商做贸易起家，体现着强烈的"千方百计、千辛万苦、千山万水、千言万语"的"四千"精神和"自强不息、坚韧不拔、勇于创新、讲求实效"的浙江精神，靠着不辞辛劳的闯荡和开拓精神在全国赢得很大尊敬、获得很多财富。

但报纸媒体在进行商人形象呈现时，并未把这些特质充分展现出来。报纸媒体在报道浙商时，既从宣传导向的意识形态出发，又试图站在中立的角度，通过肯定式新闻的形式加以呈现。肯定式新闻"与其说是记者收集新闻的方法，还不如说是新闻制造者表现自我和传递讯息的方式"，它"不通过开放式的调查来筛选信息，而是一种在说服中进行论证的武器和工具"（比尔·科瓦奇、汤姆·罗森斯蒂尔，2014：134-135），从而呈现出"创富—贡献""创新—传奇""转型—回归"三个发展阶段的当代儒商形象。所有的报道围绕政府工作精心挑选和编排，描述准确周正、不容置疑且程序化强，读者从中读出的是统一的解释框架和商人的共同形象。以报道量比较多的有关各地招商引资和浙商投资的报道为例，我们来看《杭州日报》的一篇报道《江苏宝应向浙商再抛投资"绣球"》（杭州日报/2006-08-23/第17版面）：

浙江雄厚的民间资本历来都是全国各地引资的目标之一。近日，继去年年底成功引资26亿元后，江苏宝应又再度向浙商抛出了投资"绣球"。浙商对于江苏宝应已经不再陌生了。去年，"中国·宝应商机说明会暨项目签约仪式"在慈溪举行，除了吸引160多位浙江客商外，还一举签下意向总投资额超过了26亿元的50多个项目。

……这次，为了吸引浙江商人去宝应投资，宝应县有关部门推出了一系列优惠政策，确保企业获得丰富的发展回报。除此之外，宝应这次还重点推出了两个招商项目，其一是位于宝应开发新城的大上海国际公寓。该项目为新概念的智能化商业市场，规划建有商业公建配套及住宅等，总建筑面积 78 万平方米，其中商业建筑面积 12 万平方米，商铺起价仅 4960 元/平方米，预计 2008 年上半年交付。另外一个则是亿丰国际商贸城，是由上海亿丰集团投资兴建的宝应首个大型综合性贸易市场，主要从事建材、家具等产品的批发零售业务。

据介绍，目前，浙商在宝应投资并已经投入生产的项目累计达到 43 个，总投资近 20 亿元，占县外客商投资总额的近 30%。

这类主题报道的预设性答案是：资本实力雄厚的浙商是各地招商引资的重要对象，受到各地青睐。在这类主题的报道中，新闻媒体几乎无一例外与《杭州日报》的此篇报道一样，其作为媒体协调和话语选择的结果，是向人们展示"浙商民间资本实力雄厚""浙商受到各地的欢迎""浙商踊跃在各地投资"。这类报道与其说是具有观点式的笔墨，不如说是一种仪式，文中的"浙商"，除了仪式上的名称，缺乏有血有肉的故事，不能为我们理解报道提供更多的真实感。试想若把文中的"浙商"换成资本实力同样雄厚的"粤商"或别的商人群体，报道同样成立，而完全有理由进入公众视野的特有的浙商气质，也就在这种千篇一律的模式化的呈现中消失了。

（二）"千人一面"的浙商"个性"

对浙商个体的呈现在媒体浙商报道中占三分之一，但如前所述，除人物通讯外，这些报道中的浙商个体大多只是在经济主题报道中附带"亮个相"，很少涉及人物对话、人物关系、人物故事，较少有人物个性特征和情感心理的描述，很难读到浙商的创业传奇、生存情状、主体意识及在经商行商过程中的伦理道德和人性追求，即使有"只言片语"，也是在主流意识形态匡约下的标准化语言，千人一面，只见"个人"不见"个性"。比如，在浙商发展第一阶段，吃苦耐劳的"小商小贩"形象几乎成为浙商个体的唯一形象，"白天当老板，晚上睡地板"成为很长一段时间大多数浙商的统一脸谱。即使对一些知名浙商形象的描述，报纸媒体总体上也习惯于严肃苍白、千人一面，缺少活脱脱的个性与形象。即使是对企业家的采访，也是字正腔圆的对白，放之四海而兼准；或是毫无例外地披上光鲜的"优秀企业家"的英雄外衣，没有发展历史和背景，没有奋斗历程的酸甜苦辣，缺少日常的经验性的观察。

　　以对马云形象的呈现为例，马云和阿里巴巴集团作为从中国浙江本土走向世界的企业家和企业，是浙江当地的一张"金名片"，马云以其独具个性和魅力的成功企业家形象得到公众特别是数百万有雄心壮志的年轻人的崇拜和喜爱，马云和阿里巴巴也成为吸引媒体争相报道的对象。但值得注意的是，马云个性形象的确立主要不是靠以《浙江日报》为代表的浙江本土媒体和全国性报纸媒体完成的，在"方正 Apabi 报纸资源数据库"中，以"马云"为标题搜索得出 326 条报道量，仅占 3.2%。而在抽样出的 500 篇样本中，以马云为主角以及提及马云的报道则只剩下寥寥数篇了。在大众媒体盛行的当今时代，相比于"方正 Apabi 报纸资源数据库"浙商报道中有关马云的报道量，书籍、杂志、广播、电视、网络对马云的采访、报道可谓铺天盖地。早在 2000 年，马云就成为第一个登上《福布斯》全球版封面的中国企业家，《福布斯》杂志对马云的描写可谓栩栩如生、入木三分：

　　　　深凹的颧骨，扭曲的头发，淘气的露齿笑，一个 5 英尺高、100 磅重的顽童模样。这个长相怪异的人有拿破仑一般的身材，同时也有拿破仑一样的伟大志向。

　　阿里巴巴的公关团队对马云形象的塑造功不可没，马云娴熟的媒体公关和调度能力更是令人刮目相看，在企业发展的每一个关键节点，马云都设法调度了一系列文化资源和技术资源。阿里巴巴举办中型活动，邀请的媒体一般上百家，举办网商大会等大型活动，邀请的媒体规模有时高达 300 家，马云在各种媒体场合穿着各色抢眼的衣服发表各种慷慨激昂的演讲，在接受记者采访时发表充满个性和感情的讲话，这些使得马云作为成功企业家独具个性的鲜明形象得以突显。而多数报纸媒体有关马云的报道则严肃、沉闷得多，仅有的两篇标题中出现马云的报道，"焦点王子"马云也是蜻蜓点水，只见其名不见其行。比如，《青年时报》2005 年 5 月 16 日的一篇报道《多位浙商参加论坛 马云将作主题演讲》(青年时报/2005-05-16/ 第 1 版面)，作为报道主角的马云，在文中出现只说了一句话：

　　　　马云告诉记者，他受邀将在论坛 18 日上午的"企业家精神"这一分会场演讲。"演讲的内容还没有完全成型，基本上会在明后两天和大家交流之后才会最终定下。"

在其他提及马云的报道中，马云更多的是与吉利的李书福、网易的丁磊、盛大的陈天桥等浙商大佬一道，以敢为天下先、追赶国际化、开创高新商业形态、逐利资本市场的新浙商的代表获得肯定式的报道，就像二维平面的卡通形象，浙商鲜活的个性在媒体模式化呈现的偏好中缺失了。

第三节　多媒体形态下报纸媒体浙商
形象呈现的不足与反思

一、浙商媒介形象呈现的立体化图景

在大众媒体急剧增长的当今时代，对浙商的新闻报道并不局限于报纸。如前所述，2004年7月，以"引领中国民营商业力量"为办刊宗旨的《浙商》创刊，至2014年12月，《浙商》已发刊209期。这份开设投资、创业、项目、生活、特写、特别策划、论坛、浙商全国理事会、专栏等多种栏目，以每期报道一位封面人物为特色，以叙事体为报道风格的财经类期刊，已成为全景式宣传浙商、形塑浙商的浙江本土又一主要媒体。这份杂志发行量突破20万，有"中国经济的晴雨表"之誉。

除报章杂志外，关于浙商的宣传报道还频频见于浙江卫视"经视新闻""财经新周刊"等。浙江经视从2004年起推出周播财经访谈节目——《风云浙商面对面》，专访海内外知名浙商企业家，关注经济热点，报道浙商对推动区域经济和全球经济发展作出的贡献，讲述浙商创业创新故事，十多年来已采访了600多位浙商（陈欣，2016）。央视《对话》等全国性广播电视媒体的栏目、节目上也经常出现浙商的身影。电视节目借助画面、声音、造型、镜头等多种语言和现场感强等优势，塑造了一个个性格鲜活、个性鲜明的浙商形象。例如，正泰集团董事长南存辉多次做客央视，2002年7月，南存辉和德力西董事局主席胡成中走进中央电视台二套《对话》栏目，以"致富思源，富而思进"为题，进行了对话，回顾了他们从裁衣修鞋开始到跑供销办厂的创业历程和产业报国的梦想，形象真实，人物亲切，有感染力。2013年11月，中央电视台二套制作的大型高清纪录片《大国重器》播出，南存辉因正泰成为我国工业电气和新能源的领军企业走进纪录片。2013 年 12 月，南存辉又一次走进《对话》栏目，与另两位企业家一起探讨中国装备制造从无到有、到赶超世界先进水平的艰难历程，南存辉作为浙江民营企业家代表的产业报国雄心和智慧形象得到充分的呈现。

在节目形态上，除新闻类节目外，以现当代浙商为题材的纪录片、电视剧如雨后春笋般在各电视台播放。我们在第一章中已做统计，从 1992 年到 2014 年，以当代浙商创业为题材的电视剧有十余部。2012 年，反映温州商人草根创业史的电视剧《温州一家人》在央视一套热播，这部电视剧围绕"家"来书写，涵盖了对小家、大家、家国概念的不断迁移，展示了小家和大国对个体的意义，真实地浓缩了特别能吃苦、特别想创业、特别能创业的温州人精神，塑造了具有独立意志、高尚品格和美善灵魂的浙商形象（王泺泉，2013）。2014 年以后，浙商题材影视剧继续受到商界和媒体的热捧；2015 年，再一次以温州商人为题材的现实剧《温州两家人》在央视一套首播，展现了温州商人在金融危机下的诚信形象。2017 年，电视连续剧《鸡毛飞上天》在浙江卫视和江苏卫视热播，不仅让观众看到了义乌中国小商品城发展历史所体现的浙商创业精神，也让人们看到了电视剧结合新媒体联动推广宣传的新方式。该剧在播出前，各新媒体平台主动设置议题预热；播出后，结合剧情内容，开展融媒体互动，展开剧情的后续讨论，义乌商人形象伴随电视剧的播出影响逐渐扩大。同时，电视剧选择在全国两会期间播出，和新媒体平台的联动，还掀起了全国观众讨论的热潮，成为了两会代表、委员关于文化精品创作和创业创新话题的来源，取得了良好的传播效果。

诚然，不同媒体形态有着各自的语言特色和传播规律，杂志的文字容量、多图文结合和音视频节目生动的声画叙事能赋予人物更大的张力，但这些传播形态对人物形象的聚焦与刻画，能给报纸媒体浙商新闻叙事的不足提出反思和借鉴；电视剧借助融媒体的宣传推广模式和传播节点，对传统媒体呈现浙商形象同样具有启发意义。

二、比较视野下的浙商媒介形象呈现

改革开放以来，浙商凭借天时地利人和取得了举世瞩目的经济成就。其中涌现出的如阿里巴巴、吉利等著名集团，马云、李书福等知名商人，不仅在国内家喻户晓，更是渐渐为世界所熟知。浙商在海外并非以独立的群体形象呈现,有关浙商的报道只是海外媒体关于中国经济报道的一部分。随着中国经济的飞速发展,并在 2010 年超越日本成为世界第二大经济体之后,海外媒体均给予中国高度的关注,其关于马云、李书福等浙商的报道展现了中国经济发展的海外镜像。美国媒体的中国报道是以中美利益关系为前提的,隐含着明显的意识形态色彩,中美两国作为当今世界体系内具有重要影响力的国际行为体,一个是最大的发展中国家,一个是最大的发达国家,双方有许多利益融汇点。根据对《纽约时报》《华尔街日报》等美国主流媒体关于中国经济报道的梳理和观察,21 世纪以来,美国媒体对中国经济形象和企业家形象的塑造选择了较为客观中立的框架,吉利收购沃尔沃、阿里巴巴在纽约证券交易所上市等大事件都使浙商形象在海外得到了良好的呈现与传播。海外媒体关于浙商形象呈现的主题倾向、谋篇布局、遣词造句、报道形式,同样值得中国传统纸媒关注和借鉴。

以对马云形象的呈现为例。随着阿里巴巴电子商务新兴科技在全球不断取得不俗成绩,海外也掀起了一波又一波对马云的追捧热潮。马云不断接受《纽约时报》、哥伦比亚广播公司、达沃斯论坛、财经媒体 Bloomberg 等各类媒体的访谈和报道,在 2014 年 9 月 15 日至 9 月 21 日阿里上市当周,《纽约时报》关于阿里上市和马云的新闻报道达 21 篇(共 18427 字)(李霁阳、王晓彤,2015)。这些报道对阿里上市和马云形象采取了立体化的建构方式,表现为信源采用多样平衡、数据采用专业严谨,同时不乏对阿里巴巴创业史的关注,对马云和其他高管轶事、语录的采信和无恶意的调侃,拉近了传奇企业家与普通人之间的距离,给读者留下了深刻的印象。《浙江日报》等国内传统纸媒关于阿里上市也有可圈可点的形象建构,但相比之下,由于受报道模式的局限,我国传统纸媒在呈现浙商形象时,在信源上,还存在对触手可及、稳定可靠的信源过于依赖,信源采用不够平衡的问题;在表达方式上,还存在过于注重客观新闻陈述,缺乏有丰富见解的观点的问题;在表现形式上,还存在过于关注人物与经济活动本身有关的形象,缺乏对人物立体形象的关注的问题。

三、多媒体时代报纸媒体浙商媒介形象呈现的反思

进入 21 世纪以后,媒介环境发生了巨大变化,除传统的报纸、杂志等印刷媒体和广播电视电子媒体外,网络新媒体对浙商形象的呈现与传播不遗余力。新的"拟态环境"已经来临,立体化的新闻传播形态已然形成,

主要表现为三个重要特征：一是传播渠道多元化。传统媒体主导人类信息交流的时代一去不复返，以自媒体平台应用和移动媒体终端为代表的新媒体后来者居上，大众获取新闻使用最多的媒介渠道由传统的报纸、广播和电视转变为手机、iPad、PC，新媒体通过文字、声音、影像、动画、网页等多种媒体表现手段走进人们的资讯生活。二是传播主体全民化。新闻生产发生重大变局，人们既搜索、选择、阅读新闻，又参与互动、发表评论、主动传播，"所有人对所有人传播"的全民传播格局已经形成。三是传播载体个人化、社交化、普及化。新平台、应用、载体不断出现，此消彼长，动态发展，人人都可以拥有个性化的传播平台，传统主流媒体介质资源的垄断性被打破，媒介格局面临颠覆性重构。面对传媒生态的深刻变局，新闻实践的主阵地从传统媒体向网络新媒体延伸和转移。在这一背景下，浙商新闻报道呈海量发展的趋势，浙商媒介形象呈现出更加庞杂也更加丰富多彩的形态。在百度搜索中输入"马云"，得到信息 7330 万条；输入"浙商马云"，得到相关结果 130 万条。那些子承父业的第二代浙商，在报纸媒体中并不是报道的主要对象，在样本中共 80 条，占 16%，但在百度搜索中输入"万向鲁伟鼎"，得到信息 9.3 万条；输入"娃哈哈宗馥莉"，得到相关结果 15.9 万条。与报纸的信息环境相比，除可借鉴传统的核心叙述、标题、边栏特写或分析、照片、图表、背景资料框、引语等表现手段外，网络信息环境的表现手段更加多样，数据更加密集、广泛和深入。比尔·科瓦奇（Bill Kovach）和汤姆·罗森斯蒂尔（Tom Rosenstiel）列举了 50 种新闻事件网络报道工具，包括可以使用原始数据，主要新闻人物的学业经历、个人履历，相关报道的背景资料、档案资料、关键词链接、完整的采访记录、音频或视频，提供简易信息聚合以及海量的公众跟帖、留言和评论等（比尔·科瓦奇、汤姆·罗森斯蒂尔，2014：212），从而使新闻人物形象呈现达到印刷媒体所难以比拟的优势。

在新媒体咄咄逼人的发展态势下，尽管"报纸媒体是否告别'黄金时代'即将成为集体记忆"在业界和学界争论不休，但事实上，人们并没有抛弃传统媒体的价值和它们的品牌，传统媒体在网络信息流量中仍然占据统治地位。据统计，在 2010 年美国排名前 200 名的新闻网站里，近 80%是与印刷媒体和电视有关系的传统媒体或者是传统媒体的聚合者（比尔·科瓦奇、汤姆·罗森斯蒂尔，2014：180）。就中国的受众而言，广大公众更愿意从新媒体获得消息，然后到传统主流媒体中去得到权威的认证。关键在于在新媒体环境下，传统媒体如何赋权，如何做出"更出色的新闻"。报纸媒体的新闻赋权，需要媒体及时确立起新思维，对新闻生产、新闻制作、新闻传播、新闻管理、新闻市场乃至整个传媒生态进行重新审视和思考。特别是要把公众看作是新闻生产的一个组成部分，而不仅仅是受众，因为手机、网络作为传播的新介质，意味着受众不再是被动的信息接受者，而是个性化参与信息传播的用户。在浙商媒介形象的未来呈现上，报纸媒体只有把用户的参与度、认可度、满意度作为新闻传播的关键因素，才能避免"行外人看不懂、内行人不屑看"的自说自话、自言自语的尴尬境地。另外，在如何做"更出色的新闻"上，报纸应借助传统媒体的新媒体化，如通过二维码链接新闻等，赋予新闻报道更加完整的语境，让浙商媒介形象的呈现更清晰、更丰满。

小　　结

本章探讨了传统报纸媒体在意识形态和自身固有传播逻辑限制下的传播偏向和不足。反映在浙商媒介形象呈现上，"方正 Apabi 报纸资源数据库"呈现的浙商，整体上存在群体形象丰富性的遮蔽、中小浙商群体再现的偏差以及媒介形象呈现的理想化等问题；同时存在"人"的迷失，主要表现为人物、个体、个性的缺失；反观广播电视、网络新媒体和新闻形态之外的各种浙商题材电视剧以及国外媒体对浙商形象的呈现，中国传统报纸浙商媒介形象呈现存在样式、形态的不足与缺陷，从而提出在媒介生态环境深刻变迁下传统报纸媒体浙商形象呈现的反思。

结 论

　　浙商是改革开放大潮中形成和兴起的浙江中小企业家群体，作为中国民营企业家的优秀代表，浙商不仅仅是浙江的一张名片，走出国门的浙商同时又是中国制造、中国形象的重要代表，浙商形象在一定意义上是中国软实力的重要组成部分。浙商形象的变迁是自身发展的映照，是社会历史发展的使然，也留下了媒介呈现的痕迹，浙商媒介形象呈现与传播在当下经济社会转型升级的中国具有特定的政治经济意涵。本书通过对"方正Apabi 报纸资源数据库"1992—2014 年浙商报道文本在抽样的基础上进行的量化和质化分析及统计，得出的结论是：改革开放以来在报纸媒体的新闻报道中，浙商通过艰苦创业、自强不息，不断获得意识形态的合法性并日益走向中国经济社会舞台的中心。在经历改革开放初期的粗放型发展后，从 1992—2014 年，浙商经历了三个发展阶段。1992—2001 年是浙商发展的第一阶段，在这一阶段，浙商基本完成了从扎根乡土的以"低、小、散"为特征的"草根商人"向肯吃苦、善经营的"闯天下"创富群体形象的转变。2002—2007 年是浙商发展的第二阶段，浙商走过了财富原始积累的创业之路，着力从"财富"浙商向"责任"浙商、从"功利"浙商向"公利"浙商转型。2008 年以来，与世界经济转型发展同步，浙商发展进入从传统创业向变革和创新转变的第三阶段，转型升级、着力发展新经济形态和商业领域以及创新回归成为浙商发展新的主题曲。契合浙商发展的三个阶段，通过命名、断言和文本叙事，报纸媒体遵循"创富—贡献""创新—传奇""转型—回归"的发展线索和逻辑轨迹，先后完成浙商个体户（商贩）—老板（大款、富豪）—企业家（创办人、掌门人、董事长、总经理、总裁）—新浙商（新锐浙商、科技浙商、浙商名家）的身份书写，最终完成了浙商从古代"贱商"、"奸商"、近代新式商帮到集"财富、才能、道德"于一身的"当代第一儒商"形象的呈现。

　　可以说，浙商形象的发展变迁、大众传播媒介的发展变迁及社会历史变迁三者之间是具有客观历史关联的。一方面，浙商的发展见证并推动着我国政治、经济、文化的现代化进程；另一方面，媒介框架是宏观社会政治、经济和文化共同塑造和生产的产物（李莉，2010），浙商媒介形象是多元力量共同建构和呈现的结果，标示着当代中国社会发展的语境。"媒体从本质上说就不是一种中立的、懂常识的或者理性的社会事件协调者，而是帮助重构预先制定的意识形态"（托伊恩·A.梵·迪克，2003：13），媒体的浙商形象呈现无法逃脱政治、经济、社会和文化场域的控制。改革开放以来，经济场域的生成为建构与呈现浙商形象的丰富图景奠定了基础，政治意识形态的操控使浙商形象始终被规制在主流话语的框架内，而社会价值观念的转型、公共话语的兴起，则使浙商媒介形象呈现经历了一个现代化的变迁历程。具体而言，1992—2014年报纸媒体在呈现浙商形象时隐含的意识形态的表达和暗示，反映的是中国社会主义市场经济体制建立和完善以来传统政治话语权力影响的逐步淡出和经济话语的勃兴，传媒与政治、经济、文化、社会的积极互动，以及在此过程中中国向现代化的迈进。在此过程中，浙商积极参与了媒体对自身形象的共构与呈现。但由于中国报纸媒体作为党和人民喉舌的基本属性（都市化报纸也不例外），即使在经济话语勃兴和新闻专业主义得到重视的媒体发展新时期，包括舆论导向、经济体系和社会控制等方式在内的意识形态的监控和影响始终是根本的，这使浙商报道在规定议题、规范框架、引导公众等话语实践中呈现出鲜明的政府主导痕迹，主导性的或强或弱，与政府不同时期的民营经济发展政策相呼应。

浙江省各级政府在浙商发展历程中，总体上为经济发展创造了宽松的环境，但在不同阶段所采取的政策是不同的。改革开放初期，中央对民营经济的态度尚处于"摸着石头过河"的不明朗状态，在此情况下，浙江省级政府对民营经济的态度也不明朗，而各个地方政府则采取了呵护和默认的态度，浙江民营经济和浙商由此起步。1992年以后，国家大环境的开放给浙江民营经济带来了强劲的春风，浙江省各级政府对民营经济采取"松绑、放任、鼓励"的态度，在管理上解决原有体制对民营经济的种种束缚，浙江民营经济得到蓬勃发展，浙商迅速崛起为中国瞩目的商人群体。进入21世纪以来，浙商成为浙江一张"名片"的同时，全国乃至全球经济形势的变化既给浙商发展带来了契机，也带来了新的挑战，浙江省政府开始把民营经济发展上升到发展战略的高度，采取了"强力扶持"的政策，尤其是 2011 年以后浙江为促进经济转型升级推出了"浙商回归"工程，更是这一"强力扶持"的体现。总的来说，改革开放以来浙江各级政府对浙商发展的政策经历了从不自觉到自觉、从无为到有为、从被动到主动、从单一到配套、从低层次到高层次的演进过程。这一政策的演进路径无疑作为意识形态体现在媒体报道中，比如，"浙商回归"在 2011 年以后的实践中表现为一种观念，在报道中反复出现，本质上是浙商正常投资和逐利行为的"浙商回归"与回报桑梓价值观充分联系起来，跃升为对以特定的、互惠性的社会和经济关系为基础的秩序的美化，"回乡投资—回报社会"的新儒商形象就被成功呈现出来。浙江省政府由此成为浙商媒介形象呈现和传播的主要官方推手，这是中国特定媒介语境不容忽视的媒介形象塑造力量。与此同时，浙商群体和浙商企业不仅具有强烈的媒介传播意识，而且掌握了娴熟的媒介传播策略，这样，来自政治、经济、文化的各种主体和浙商自身从各自愿望出发，共同组成浙商媒介形象呈现的重要力量，浙商日益丰富和生动的新时代儒商形象就在这样一个发生巨大变革的媒介环境和时代背景中延展开来。

　　报纸媒体在呈现浙商形象时的意识形态性和中国改革开放与现代化建设的社会语境，保证了浙商新闻报道的权威性、一贯性与一致性，对浙商正面形象的呈现与传播具有不容忽视的积极意义，浙商报道由此成为中国媒体经济报道的重要组成部分。一方面，从总体上看，随着改革开放以来意识形态环境的变化和市场经济体制的确立，政治话语、经济话语和新闻专业主义话语在不断地角逐和博弈中获得了相对的平衡，媒介话语逐步实现了向自身的"归位"。浙商形象在这一过程中摆脱了历史的窠臼，"当代儒商"的整体形象日渐形成。但另一方面，与权力、意识形态紧密联系的报纸媒体从自身固有的传播逻辑和范式出发，不可避免地存在传播偏向和形象呈现的偏差。反映在浙商媒介形象呈现上，"方正 Apabi 报纸资源数据库"浙商新闻报道整体上存在群体形象丰富性的遮蔽、中小浙商群体再现的偏差、媒介形象呈现的理想化以及"人"的迷失。主流媒体对浙商形象呈现的不足，使我们有必要在多媒体图景和新媒体生态下对浙商形象呈现提出再认识。独立新媒体和各类自媒体平台不像党报党刊那样承担"喉舌"职责，在形象呈现和传播中表现出的交互呈现、扩散式传播等多重态势和平民化、生活化等特点值得传统媒体学习，以马云的媒体报道为例，浙商多元丰满的媒介形象借媒体融合之力已经得到广泛传播并得到公众体认。浙商媒介形象的多元建构和呈现还有赖于影视剧演播等更广泛意义上的媒介图景，通过不同媒介和海内外媒体浙商呈现的参照，有利于我们更好地揭示传统媒体在浙商形象塑造中的内在逻辑和规律，从而为浙商媒介形象的再现提供有益借鉴。

参 考 文 献

阿多诺 T.W. 等. 1998. 社会水泥：阿多诺、马尔库塞、本杰明论大众文化. 陈学明等编译. 昆明：云南人民出版社.

阿里巴巴网络技术有限公司. 2015. 马云内部讲话：相信明天. 北京：红旗出版社.

比尔·科瓦奇，汤姆·罗森斯蒂尔. 2014. 真相. 陆佳怡，孙志刚译. 北京：中国人民大学出版社.

陈关允. 2013-11-17. 新浙商的素质特征，浙江日报，11.

陈力丹. 1999. 舆论学——舆论导向研究. 北京：中国广播电视出版社.

陈力丹. 2000. 美国传播学者休梅克女士谈影响传播内容的诸因素. 国际新闻界，(5)：77.

陈立旭. 2000. 文化传统与浙江经济体制演进路径. 中共浙江省委党校学报，(6)：47-53.

陈立旭. 2005. 区域工商文化传统与当代经济发展——对传统浙商晋商徽商的一种比较分析. 浙江社会科学，(3)：3-12.

陈立旭. 2007. 从传统到现代——浙江模式的文化学社会学阐述. 北京：中国社会科学出版社.

陈敏，张晓纯. 2016. 告别"黄金时代"：——对 52 位传统媒体人离职告白的内容分析. 新闻记者，(2)：16-28.

陈纳新. 2011-12-06. 第三届"科技新浙商"候选人简介. 浙江日报，23.

陈伟. 2015. 这就是马云. 杭州：浙江人民出版社.

陈欣. 2016. 讲好浙商励志故事 助力区域经济发展. 视听纵横，(5)：29-31.

陈学文. 1987. 明清时期的龙游商人. 太原国际明史学术会议.

陈奕. 2009. "媒介事件"研究. 武汉：华中科技大学博士学位论文.

陈泽环. 2004. 德国企业先驱的伦理观——兼论浙江企业家和西方新教伦理精神. 中共宁波市委党校学报，(5)：36-39.

崔保国. 2015. 传媒蓝皮书：中国传媒产业发展报告(2015). 北京：社会科学文献出版社.

崔砺金，王向阳. 2009. 为浙商"过冬"营造温暖的舆论环境——市场导报"转型升级"主题报道凸显人文关怀. 传媒，(4)：39-40.

戴维·克劳利，保罗·海尔. 2011. 传播的历史：技术、文化和社会(第五版). 董璐，何道宽，王树国译. 北京：北京大学出版社.

戴维·斯沃茨. 2006. 文化与权力：布尔迪厄的社会学. 陶东风译. 上海：上海译文出版社.

邓小平. 1993. 邓小平文选(第三卷). 北京：人民出版社.

丹尼尔·戴扬，伊莱休·卡茨. 2000. 媒介事件：历史的现场直播. 麻争旗译. 北京：北京广播学院出版社.

丹尼斯·麦奎尔. 2010. 麦奎尔大众传播理论(第五版). 崔保国，李琨译. 北京：清华大学出版社.

董明. 2010. 新兴商人群体兴起与社会的转型. 上海：上海大学博士学位论文.

杜中杰. 2000. 动荡中的嬗变——试论改革开放以来《人民日报》农村致富形象的变迁. 新闻与传播研究，(3)：62-75.

傅荣贤. 2015. 中国近代知识观念和知识结构的演进. 哈尔滨：黑龙江大学博士学位论文.

傅衣凌. 1958. 明清时代徽州婺商资料类辑. 安徽史学，(2)：61-66.

盖伊·塔奇曼. 2008. 做新闻. 麻争旗，刘笑盈，徐扬译. 北京：华夏出版社.

葛思羽，胡蕾，钭利珍. 2013. 浙商人生价值观现状调查及其价值引领对策研究——基于浙江省 904 份问卷的实证调查. 中国集体经济，(11)：94-96.

何大安. 2008. 浙商行为的制度安排分析. 商业经济与管理，(4)：3-9.

和曼，白树亮. 2015. 党报做好民营经济宣传报道的策略探索. 产业与科技论坛，(3)：187-188.

胡春阳. 2005. 传播的话语分析理论. 上海：复旦大学博士学位论文.

胡西伟. 2013. 当代中国大学形象的媒介呈现与重建. 武汉：武汉大学博士论文.

胡易容，赵毅衡. 2014. 符号学传媒学辞典. 台北：新锐文创.

胡祖光等. 2010. 浙商模式创新经典案例. 杭州：浙江人民出版社.

宦晓渝. 2010. 议程设置理论研究综述. 新闻与传播研究，(8)：38-40.

黄旦. 2005. 传者图像：新闻专业主义的建构与消解. 上海：复旦大学出版社.

黄旦. 2008. 导读：新闻与社会现实//盖伊·塔奇曼. 做新闻. 麻争旗，刘笑盈，徐扬译. 北京：华夏出版社：2-3.

黄晶晶. 2012-01-31. 新一代浙商：创新更有底气. 浙江日报，b3.

黄伦生. 1995. 话语转型：尴尬的选择. 南方文坛，(5)：9-11、33.

黄仁忠，王勇. 2013. 论我国媒介生态变迁的三个阶段. 今传媒，(1)：22-25.

黄晓钟，杨效宏，冯钢. 2005. 传播学关键术语释读. 成都：四川大学出版社.

金涛. 2005-03-01. 2004 年度风云浙商揭晓. 浙江日报，1.

赖特·米尔斯. 2001. 社会学的想象力. 陈强，张永强译. 北京：三联书店.

赖特·米尔斯. 2010. 社会学的想象力. 陈强，张永强译. 上海：生活·读书·新知三联书店.

劳伦斯·纽曼. 2007. 社会研究方法：定性和定量的取向(第 5 版). 郝大海译. 北京：中国人民大学出版社.

乐国安，陈玖平. 1997. 中国社会变迁进程与社会稳定. 社会科学研究，(5)：84-90.

李彬. 2001. 巴赫金的话语理论及其对批判学派的贡献. 国际新闻界，(6)：64-70.

李昉. 1961a. 太平广记·独异志·王元宝，卷二三六. 北京：中华书局.

李昉. 1961b. 太平广记·杂录三·邹凤炽，卷四九五. 北京：中华书局.

李红涛. 2016. "点燃理想的日子"——新闻界怀旧中的"黄金时代"神话. 国际新闻界，(5)：6-30.

李霁阳，王晓彤. 2015. 中美传统媒体和新媒体对阿里巴巴上市报道的比较研究——以《中国日报》和《纽约时报》，微博和推特为例. 新闻研究导刊，(15)：169-170.

李凯. 2005. 全球性媒介事件与国家形象的建构和传播——奥运的视角. 上海：复旦大学博士学位论文.

李莉. 2010. 近代中国的媒介镜像：《纽约时报》驻华首席记者哈雷特. 阿班中国报道研究(1927—1940). 上海：上海大学博士学位论文.

李良荣. 1998. 中国新闻改革：20 年的三次跨越. 新闻界，(6)：11-12.

李良荣. 2001. 新闻学概论. 上海：复旦大学出版社.

李良荣. 2009. 艰难的转身：从宣传本位到新闻本位——共和国 60 年新闻媒体. 国际新闻界，(9)：6-12.

李普曼. 1989. 舆论学. 林珊译. 北京：华夏出版社.

李爽. 2010. 娃哈哈教父宗庆后. 武汉：华中科技大学出版社.

李文冰. 2004. 中国传统政治文化现代化的目标定位. 浙江学报刊，(6)：187-189.

李文冰. 2005. 论中国传统政治文化的基本特征及其两重性. 浙江传媒学院学报，(1)：70-73.

李紫娟. 2012. 作为文化研究方法的"关键词"——读雷蒙·威廉斯的《关键词：文化与社会的词汇》. 中国文化产业评论，(15)：309-322.

廖毅. 2014. 南存辉讲故事. 北京：红旗出版社.

林晖. 2003. 当代中国新闻媒介的整合与改革. 上海：复旦大学博士学位论文.

林吕建，唐玉. 2011. 论当代浙商精神的科学内涵. 浙江社会科学，(8)：61-67.

林文刚. 2007. 媒介环境学思想沿革与多维视野. 何道宽译. 北京：北京大学出版社.

林岩. 2012. 全球化中的他者——后冷战时期西方媒体中的中国人形象研究. 上海：上海外国语大学大学博士学位论文.

林郁沁. 2011. 施剑翘复仇案. 陈湘静译. 南京：江苏人民出版社.

刘华蓉. 2001. 大众传媒与政治. 北京：北京大学出版社.

刘建明. 2017. 习近平对党媒体制及其理论的重大创新. 新闻爱好者，(7)：7-13.

刘文辉. 2009. 传媒叙事的政治意识形态语态——20 世纪 90 年代以前作为意识形态的传媒考察. 中共福建省委党校学报，(9)：82-86.

龙燕宁. 2009. 浅论经济新闻报道中存在的问题及改进思路. 攀登，(4)：122-124.

陆立军等. 2003. 市场义乌——从鸡毛换糖到国际贸易. 杭州：浙江人民出版社.

吕福新. 2002. 企业家角色人格：对企业家的哲理思考. 北京：经济科学出版社.

吕福新. 2003. 企业家领导理念——茅氏父子如何经营方太公司. 北京：经济管理出版社.

吕福新. 2004. 再创浙商新优势：制度和管理创新. 管理世界，(10)：131-133.

吕福新. 2006. 浙商转型研究. 北京：中国发展出版社.

吕福新.2007. 论浙商的"个众"特性——具有中国意义的主体性分析. 中州学刊,(1).

吕福新.2008a. 浙商人文精神. 北京：中国发展出版社.

吕福新.2008b. 浙商创新——从模仿到自主. 北京：中国发展出版社.

吕福新.2009. 浙商论：当今世界之中国第一民商. 北京：中国发展出版社.

吕福新.2010. 浙商崛起与危机应对. 杭州：浙江工商大学出版社.

吕福新.2011. 浙商研究(2010). 杭州：浙江工商大学出版社.

吕福新.2012. 浙商研究(2011). 杭州：浙江工商大学出版社.

吕福新等.2009. 浙商的崛起与挑战——改革开放30年. 北京：中国发展出版社.

罗建幸.2008. 宗庆后与娃哈哈. 北京：机械工业出版社.

马克斯·韦伯.2010. 经济与社会. 阎克文译. 上海：上海人民出版社.

马立诚，凌志军.1998. 交锋·当代中国三次思想解放实录. 北京：今日中国出版社.

马沙.2014. 新时期以来中国电影中的国家形象研究. 上海：上海大学博士学位论文.

迈克尔·辛格尔特里.2000. 大众传播研究——现代方法与应用. 刘燕南等译. 北京：华夏出版社.

麦克斯韦尔·麦库姆斯.2008. 议程设置：大众媒介与舆论. 郭镇之译. 北京：北京大学出版社.

毛祖棠.2012. 百年浙商. 贵阳：贵州人民出版社.

蒙象飞.2014. 中国国家形象建构中文化符号的运用与传播. 上海：上海外国语大学博士学位论文.

诺曼·费尔克拉夫.2003. 话语与社会变迁. 殷晓蓉译. 北京：华夏出版社.

欧文·戈夫曼.2009. 污名—受损身份管理札记. 宋立宏译. 北京：商务印书馆.

潘大明.2014-11-03. 中国商人阶层为何如此缺乏力量——读谢园平新作《押宝蒋介石：江浙财团的血色投资》. 文汇报,W05.

潘一禾.2002. 观念与体制——政治文化的比较研究. 上海：学林出版社.

彭焕萍.2008. 媒介与商人——1983—2005《经济日报》商人形象话语研究. 北京：华夏出版社.

皮埃尔·布尔迪厄，华康德.1998. 实践与反思：反思社会学导引. 李猛，李康译. 北京：中央编译出版社.

皮埃尔·布尔迪厄.2011. 关于电视. 许钧译. 南京：南京大学出版社.

祁茗田，陈立旭.2001. 文化与浙江区域经济发展. 杭州：浙江人民出版社.

启良.2001. 东方文明畅想录. 广州：花城出版社.

强月新，张明新.2009. 中国传媒产业间的广告资源竞争：基于生态位理论的实证分析. 新闻与传播研究,(5)：79-87.

任先行，周林彬.2000. 比较商法导论. 北京：北京大学出版社.

单波.2010. 跨文化传播的问题与可能性. 武汉：武汉大学出版社.

邵梦梦，葛思羽，胡蕾等.2014. 浙商对社会主义核心价值体系认知的调查思考——基于问卷调查的实证分析. 浙江科技学院学报，(4)：275-283.

邵毅平. 2006. 中国文学中的商人世界. 上海：复旦大学出版社.

沈谢芸，翁亚军. 2013-10-27. 73 位浙商获奖创新活题成论坛焦点. 青年时报，A4.

石忆邵. 1997. 明清时期中国商帮崛起的动力机制及地域分异特征. 同济大学学报(人文·社会科学版)，(2)：59-66.

史晋川. 2004. 温州模式的历史制度分析. 浙江社会科学，(2)：16-20.

史晋川. 2006. 中国民营经济发展报告(上下册). 北京：经济科学出版社.

史晋川等. 2004. 民营经济与制度创新：台州现象研究. 杭州：浙江大学出版社.

史玉柱等. 2014. 近观马云. 北京：北京时代华文书局.

舒咏平，熊文军，杨敏丽等. 2016. 国外消费者的中国品牌形象认知——基于对义乌市场外商的问卷调查. 新闻大学，(2)：76-85.

司马迁. 2003a. 平淮书第八//李炳海校评. 《史记》校勘评点本. 第二卷，卷三十. 长春：吉林文史出版社：202.

司马迁. 2003b. 秦始皇本纪第六//李炳海校评. 《史记》校勘评点本. 第一卷，卷六. 长春：吉林文史出版社：48.

隋岩，张丽萍. 2013. 企业形象的符号建构规则与传播策略. 新闻与传播研究，(5)：60-69.

孙劲松，王从波. 2010. 浙商媒体形象的建构实证研究——以经济日报、21 世纪经济报道、钱江晚报为例. 新闻实践，(3)：52-54.

谈凤梁. 1991. 历代文言小说鉴赏辞典. 南京：江苏文艺出版社.

汤姆·斯丹迪奇. 2015. 从莎草纸到互联网社交媒体 2000 年. 林华译. 北京：中信出版社.

陶水木. 2001a. 论近代浙商精神. 商业经济与管理，(1)：60-63.

陶水木. 2001b. 浙江商人与上海经济近代化. 浙江社会科学，(4)：64-69.

童兵，潘荣海. 2012. "他者"的媒介镜像——试论新闻报道与"他者"制造. 新闻大学，(2)：72-79.

托伊恩·A. 梵·迪克. 1993. 话语·心理·社会. 施旭等编译. 北京：中华书局.

托伊恩·A. 梵·迪克. 2003. 作为话语的新闻. 曾庆香译. 北京：华夏出版社.

汪素芹. 2005. 江浙沪开放型经济发展模式比较. 世界经济研究，(12)：21-25.

汪岩桥，吴伟强. 2009. 浙商之魂——浙江企业家精神研究. 北京：中国社会科学出版社.

汪岩桥. 2005. "文化人"假设与企业家精神. 北京：中国经济出版社.

王存昕，李友学. 2002. 传统文化与现代儒商. 贵阳：贵州民族出版社.

王广新. 1994. 突出人在经济报道中的主体地位. 新闻战线，(8)：18-20.

王泺泉. 2013. 由"家"的观念谈《温州一家人》. 中国电视，(4)：41-42.

王朋进. 2008. 组织的媒介形象：认知规律和影响因素分析的理论框架. 北京：中国人民大学博士学位论文.

王朋进. 2010. "媒介形象"研究的理论背景、历史脉络和发展趋势. 国际新闻界，(6)：

123-128.

王文正. 2009. 浙商倡议：通过三个敢于完成三大转变. 长三角, (7)：60-61.

王西雷. 2012. 浙江企业家代表共话十八大. 企业家, (12)：44-48.

王秀丽, 韩纲. 2010. "中国制造"与国家形象传播——美国主流媒体报道30年内容分析. 国际新闻界, (9)：49-55.

王岳川. 2001. 中国镜像：90年代文化研究. 北京：中央编译出版社.

王祖强. 2008. 转型与提升：浙江专业市场发展新动向. 现代商业, (24)：13-16.

韦尔伯·施拉姆. 1990. 大众传播媒介与社会发展. 金燕宁等译. 北京：华夏出版社.

温信. 2000. 涅槃的凤凰——温州鞋业的昨天、今天和明天. 中外鞋业, (1)：92-93.

吴焰. 2004-02-16. 两度烧鞋温州人"为荣誉而战". 国际金融报, (13).

夏倩芳, 张明新. 2007. 社会冲突性议题之党政形象建构分析：以《人民日报》之"三农"常规报道为例. 新闻学研究, (4).

项国鹏. 2010. 制度变迁中的浙商转型：从战术企业家到战略企业家. 浙江社会科学, (3)：38-53.

项宁一. 2000. 财富与未来——走进浙商. 杭州：浙江人民出版社.

谢静, 赖婧. 2011. 论中国财经新闻中的富人形象. 国际新闻界, (3)：34-40.

辛普森. 2017. 胁迫之术：心理战与美国传播研究的兴起. 王维佳等译. 上海：华东师范大学出版社.

徐金发. 2003-11-17. 对"新浙商现象"的总体评估. 浙江日报, 11.

徐溥. 1991. 故封奉直大夫刑部员外郎钱公神道碑铭//谦斋文录(卷四), 四库全书. 上海：上海古籍出版社.

徐秀雯. 2012. 新闻报道是浙商发展的重要生产力. 新闻实践, (10)：59-60.

徐玉婴. 2003. 对话浙商. 杭州：浙江西泠出版社.

薛瑾, 张桂萍. 2008. 宋词对《史记》中"范蠡"形象的接受. 西南农业大学学报, (5)：116-120.

闫隽, 石静远. 2010. 中国制造的西方媒介形象——对2007年、2008年《华尔街日报》的内容分析. 河南社会科学, (1)：183-186.

严亚. 2015. 新媒体时代大学生媒介形象自我建构研究. 重庆：西南大学博士学位论文.

严亚, 董小玉. 2015. 青年"符号游戏者"媒介形象的自我建构. 新闻传播学, (12)：90-97.

杨轶清. 2003. 浙商制造——草根版MBA. 杭州：浙江人民出版社.

姚季鑫. 2014-12-07. 它蕴含浙商的发展哲学. 钱江晚报, b2.

姚丽霞. 2013. 浙商政治心理研究. 杭州：浙江大学博士学位论文.

叶建亮. 2006. "次品市场"是如何恢复为"正品"市场的——温州皮鞋业从制假售假到创保品牌的案例研究//张曙光主编. 中国制度变迁的案例研究. 浙江卷, 第五集. 北京：中国财政经济出版社：19-29.

叶乐阳. 2003. 我国大众传媒属性之辨. 桂海论丛, (3)：94-96.

叶柳，杨击. 2012. "胡润百富榜"媒介报道内容分析. 新闻大学，(4)：34-38.

于海根. 1994. 试析明清徽州盐商独特的文化人格现象. 学术月刊，(5)：90-95.

余英时. 2004. 儒家伦理与商人精神. 桂林：广西师范大学出版社.

袁亚平. 2013. 行走天下——浙商新形态. 杭州：浙江文艺出版社.

约书亚·梅罗维茨. 2002. 消失的地域：电子媒介对社会行为的影响. 肖志军译. 北京：清华大学出版社.

翟帆，李丹. 2011-05-26. 职业教育为吉利汽车"提速". 中国教育报，(2).

詹姆斯·布坎南. 1989. 自由、市场与国家. 平新乔，莫扶民译. 北京：三联书店.

詹姆斯·凯瑞. 2005. 作为文化的传播："媒介与社会"论文集. 丁未译. 北京：华夏出版社.

张国良. 2001. 新闻媒介与社会. 上海：上海人民出版社.

张静雅. 2010. 从"风云浙商"探析电视年度人物评选活动的建构策略. 杭州：浙江大学硕士学位论文.

张昆. 2013. 当前中国国家形象建构的误区与问题. 中州学刊，(7)：168-171.

张民安，刘兴桂. 2002. 商事法学. 广州：中山大学出版社.

张明龙. 2002. 区域经济发展模式的比较与思考. 求实，(9)：3-6.

张仁寿，李红. 1990. 温州模式研究. 北京：中国社会科学出版社.

张世敏. 2013. 明中期文人别集中商人传记文献研究. 武汉：华中师范大学博士论文.

张守广. 1994. 从传统商帮到江浙财团的支柱——宁波商帮研究. 南京：南京大学博士学位论文.

张咏华. 1998. 大众传播社会学. 上海：上海外语教育出版社.

张泽萱. 1999. 宽广的时空跨越 多层面的内含揭示——经济新闻深度报道剖析. 中南财经大学学报，(3).

章炎辉. 2001. 中国报业要坚持走创新发展之路——中国报业(经营管理)创新奖、优秀论文奖揭晓. 中国报业，(9)：5-8.

浙江省统计局课题组. 2002. 浙江省统计局课题组报告. 浙江社会科学，(6).

中共浙江省委党史研究室、当代浙江研究所. 2000. 当代浙江简史 1949—1998. 北京：当代中国出版社.

中华人民共和国农业部. 2009. 中国乡镇企业及农产品加工业年鉴 2009. 北京：农业出版社.

钟新，陆佳怡，彭大伟. 2012. 微博外交视野下的大使形象研究. 国际新闻界，(10)：37-43.

周俊敏. 2000. 论儒商的内涵及其发展. 湖南商学院学报，(5)：4-5.

周生春，杨缨. 2010. 历史上的儒商与儒商精神. 中国经济史研究，(4)：152-158.

周翔. 2014. 传播学内容分析研究与应用. 重庆：重庆大学出版社.

周雪梅. 2007. 浙商=精明的小老板？浙商省外形象最新调查解读. 浙商，(15)：34-35.

朱仁华，莫云. 2005.《对话浙商——厉宁有约》——品牌来自独特. 新闻实践，(5)：22-23.

Al-Kahtani, A. 2002. *The Post September 11 portrayal of Arabs, Islam and Muslims in the Washington Post and The New York Times: A Comparative Content Analysis Study*(Unpublished doctoral dissertation). Howard University, Washington.

Bowen, H. E. 2002. *Images of Women in Tourism Magazines Advertising: A Content Analysis of Advertising in Travel&Leisure Magazine from 1969 to 1999*(Unpublished doctoral dissertation). Texas A & M University, Laredo.

Carroll, C & McCombs, M . 2003. Agenda setting effects of business news on the public's images and opinions about major corporations. *Corporate Reputation Review*, (6).

Chen, Y. & Wang. X. 2015. Geely automotive's acauisition of volvo. *Asian Case Research Journal*, (19): 183-202.

Cunkel, D. J. 2010. The real problem: avatars, metaphysics and online social interaction. *New Media & Society,* (12).

Davison, W. P. 1963. Political communication as an instrument of foreign policy. *Public Opinion Quarterly*, (27)(Spring): 28-36.

Entman, R. M. 1993. Framing: Toward clarification of a fractured paradigm. *Journal of Communication*, (4).

Foucault, M. 1972. *The Archaeology of Knowledge.* New York: Pantheon Books.

Habermas, J. 1989. *The Structural Trans formation of the Public Sphere: An Inquiry into a Category of Bourgeois Society.* Cambridge: The MIT Press.

Hamilton, J. 2004. *All the News That's Fit to Sell: How the Market Transforms Information into News .* Princeton, New Jersey: Princeton University Press.

Innis, H. 1950. *Empire and Communication.* Oxford: Clarendon Press.

Lee, Gunho. 2005. *Agenda Setting Effects in the Digital Age: Uses and Effects of Online Media*(Unpublished doctoral dissertation). University of Texas at Austin, Austin.

Lee, Haiyan. 2001. All feelings that are fit to print: the community of sentiment and the literary public sphere in China, 1900 -1918. *Modern China* 27, (3): 291-327.

Lin, Yutang. 1968. *A History of the Press and Public Opinion in China.* New York: Greenwood Press.

Marion, J. & Crigler, A. 2000. Leadership image-building: After clinton and watergate. *Political Psychology*, 21(1).

Maxwell, M. 2005. *The Agenda-Setting Function of the Press.* Oxford: Oxford University Press.

Mcquail, D. 1994. *Mass Communication Theory.* California: SAGE Publications.

Meenakshi, G. D. & Douglas, M. K. 2006. *Media and Cultural Studies: KeyWorks(Revised Edition).* New Jersey: Blackwell Publishers.

Mittler, B. 2004. *A Newspaper for China? Power, Identity and Change in Shanghai's News*

Media(*1872-1912*). Cambridge, MA: Harvard University Press.

Rankin, M. 1986 . *Elite Activism and Political Transformation in China: Zhejiang Province, 1865-1911*. Stanford: Stanford University Press.

Scheufele, D. A. & Tewksbury, D. 2007. Framing, agenda setting, and priming: The evolution of three media effects models. *Journal of Communication,* (57): 11.

Ting, Lee-hsia Hsu. 1974. *Government Control of the Press in Modern* China *1900-1949.* Cambridge, MA: Harvard University Press.

Xekalakis, E. 1999. *Newspapers Through the Times: Foreign Reports from the 18th to the 20th Centuries*(Unpublished doctoral dissertation). University of Zurich, Zurich.

附录 "方正 Apabi 报纸资源数据库" 浙商报道样本

编号	发表日期	标题	来源
A001	2000/06/27	西部机遇多多 等待浙企把握	杭州日报
A002	2002/11/19	浙商拍卖低价拍品槌声迭起	浙江日报
A003	2003/08/25	欧尚欲与"浙商"牵手	浙江日报
A004	2003/11/17	新浙商的素质特征	浙江日报
A005	2004/03/04	走出去，浙企要过知识产权门槛	浙江日报
A006	2004/06/04	"泛珠三角"，给浙企带来滚滚商机	浙江日报
A007	2004/08/17	我驻泰使馆官员看望遇袭浙商	浙江日报
A008	2004/09/04	百名浙商聚长兴 纵论民企新飞跃	浙江日报
A009	2004/09/16	全国"康居"浙商挑起大梁	杭州日报
A010	2004/11/02	浙企热看中国投资峰会	青年时报
A011	2004/11/19	浙企夺标势头强 黄酒业异军突起	浙江日报
A012	2005/01/04	浙商百万天价购域名	杭州日报
A013	2005/01/26	人大 MBA 在浙企设基地	青年时报
A014	2005/03/01	2004 年度风云浙商揭晓	浙江日报
A015	2005/04/05	浙商看好经济前景	浙江日报
A016	2005/05/16	多位浙商参加论坛 马云将作主题演讲	青年时报
A017	2005/06/06	上海新浙商领衔"反哺"浙江	第一财经日报
A018	2005/06/20	浙商之跳	经济观察报
A019	2005/08/04	二十家浙企获欧盟承认市场经济地位	浙江日报
A020	2005/09/26	两位浙商当选中国优秀民营企业家	浙江日报
A021	2005/11/18	浙企出击全国电子展	杭州日报
A022	2005/12/13	浙商 12 亿打造曹安国际商城	东方早报
A023	2006/01/17	全国康居工程"浙商"挑大梁	杭州日报
A024	2006/02/03	浙商：从蚂蚁到狮王的路	每日商报
A025	2006/02/24	越来越多浙商回流反哺	杭州日报
A026	2006/03/17	人才培养也要打浙商品牌	每日商报
A027	2006/04/05	点睛之笔"李公堤"力邀浙商投资	都市快报
A028	2006/04/21	在赣浙商育成"地瓜经济"	浙江日报
A029	2006/05/08	浙商产品频上央视新闻	青年时报
A030	2006/05/20	浙企投资东盟升温 马来西亚来杭招商	都市快报
A031	2006/06/03	回归浙商与杭州签下 9 个项目	杭州日报
A032	2006/06/06	官方盛邀浙商掀返乡投资潮	第一财经日报

编号	发表日期	标题	来源
A033	2006/06/23	德国石荷州寻找浙企伙伴	都市快报
A034	2006/07/14	浙商自愿风险勘探执意在渝寻铜	第一财经日报
A035	2006/07/27	浙企排队上市各路投行抢食	都市快报
A036	2006/08/23	江苏宝应向浙商再抛投资"绣球"	杭州日报
A037	2006/09/13	浙企首次出征澳门展会	杭州日报
A038	2006/10/12	浙商上榜最多达 106 位	每日商报
A039	2006/10/27	华商领袖　将来杭对话浙商	浙江日报
A040	2006/11/08	浙商走进非洲正逢时	浙江日报
A041	2006/11/26	神秘浙商 20 万美元"渡银河"	北京晚报
A042	2006/12/13	浙商境外投资底气更足了	浙江日报
A043	2006/12/28	看百度如何让浙商颠覆"胡雪岩模式"	杭州日报
A044	2007/01/10	浙商正以法治告别"官商"身份	中国保险报
A045	2007/02/02	邀浙商参与重建伊拉克	每日商报
A046	2007/03/02	1000 多家浙企亮相"华交会"	浙江日报
A047	2007/03/29	德国机械企业想与浙商合作	每日商报
A048	2007/04/18	浙商红娘再使婚介大手笔	青年时报
A049	2007/05/10	浙商语录	解放日报
A050	2007/05/23	浙商入选中国 EMBA 精英人物	杭州日报
A051	2007/05/31	向浙商亮出聚宝盆	钱江晚报
A052	2007/06/01	功利→公利　浙商闪亮转型	钱江晚报
A053	2007/06/02	浙籍"清华学子"企业家 齐聚杭州纵论浙企发展	杭州日报
A054	2007/06/06	吉利集团董事长李书福获"2007 浙商创新大奖"	青年时报
A055	2007/06/14	工行要为浙商提供全面财资管理	青年时报
A056	2007/07/12	浙企争抢"国标"话语权	钱江晚报
A057	2007/07/22	浙商动态	今日早报
A058	2007/07/31	又一位浙商赢了海外官司	钱江晚报
A059	2007/08/09	浙企为求正义坚持抗争到底	中国贸易报
A060	2007/08/18	浙商新发展之路：上市和走出国门	青年时报
A061	2007/09/09	风云浙商	钱江晚报
A062	2007/09/17	这片高原 浙商眼中的香饽饽	钱江晚报
A063	2007/09/26	人民书店系里有浙商的身影	钱江晚报
A064	2007/10/14	是否投放广告　浙商精打细算	今日早报
A065	2007/10/28	浙商新思维论坛昨在杭举行	今日早报
A066	2007/11/09	300 多家浙企亮相电子展	每日商报

编号	发表日期	标题	来源
A067	2007/11/19	借力资本市场浙商再飞跃	今日早报
A068	2007/11/26	30 家浙商总部将集体迁至上海	第一财经日报
A069	2007/12/06	浙商向"责商"严肃转身	青年时报
A070	2007/12/17	浙商集体购买私人飞机 "蓝天经济"空间巨大	华夏时报
A071	2007/12/25	曹启敏先生向浙商介绍淮安城市发展情况	淮安日报
A072	2007/12/27	浙商抱团争夺投资"话语权"	青年时报
A073	2008/01/04	新疆市场大火 烧痛千户浙商	钱江晚报
A074	2008/01/12	浙商代表吐露心声	京江晚报
A075	2008/01/15	浙商演绎现代版点石成金	钱江晚报
A076	2008/01/19	浙商研究中心婺商研究所成立	金华日报
A077	2008/01/25	2007 年度"风云浙商"揭晓	黔南日报
A078	2008/01/30	浙商也有二十二条军规《商规》	都市快报
A079	2008/02/19	省外浙商回来投资 将开通绿色通道	钱江晚报
A080	2008/02/27	浙商为专利再告沃尔玛	台州广电报
A081	2008/03/05	久盛地板倡导和谐消费 弘扬浙商诚信精神	常州日报
A082	2008/03/20	谁是浙商常青树（之一）	浙江日报
A083	2008/03/30	1.45 亿 浙商拍下大胡同	每日新报
A084	2008/04/03	胡润百富公布 2008 慈善榜 浙商中 李书福捐款最多	都市快报
A085	2008/04/15	浙商充电忙	钱江晚报
A086	2008/04/19	华大制茶投产 浙商论坛开工	安吉日报
A087	2008/04/24	香港专家为浙企脱困献策	每日商报
A088	2008/05/05	浙商集团辗转重组 SST 亚华变身地产股	21 世纪经济报道
A089	2008/05/13	瓶颈期，看浙商如何转型	钱江晚报
A090	2008/05/20	浙商救灾当先锋	钱江晚报
A091	2008/05/23	首届浙商创投对接大会受关注	浙中新报
A092	2008/05/28	浙商杨光新到宿城职教中心授课	宿迁日报
A093	2008/06/02	说说抗震救灾中的浙商形象	钱江晚报
A094	2008/06/07	"家乡父老，我们广元浙商一定会站起来"	浙江日报
A095	2008/06/13	三所重点中学联合创办 在沪浙商有了子弟学校	杭州日报
A096	2008/06/19	越南危机浙商进退两难	青年时报
A097	2008/06/21	上千项目"逐鹿"浙商	钱江晚报
A098	2008/06/24	自贡捧回"浙商最佳投资城市"奖	今日晚报
A099	2008/06/28	永城市荣膺"浙商最佳投资城市"	商丘日报

续表

编号	发表日期	标题	来源
A100	2008/07/07	浙企老板频现"范跑跑"	萧山日报
A101	2008/07/16	挺浙商，五地走出五色路	钱江晚报
A102	2008/07/22	江门浙商掀起学礼热	江门日报
A103	2008/07/31	浙商总会企业家代表慰问驻宿武警消防支队	宿迁日报
A104	2008/08/12	三方面帮助浙企脱困	青年时报
A105	2008/08/20	浙企"抱团"开创境外工业园	中国纺织报
A106	2008/08/28	传说中有个浙商太太俱乐部云集了浙江所有富豪夫人 管好了浙商太太，就等于管好了浙商？	都市周报
A107	2008/09/12	新兴产业成浙企投资热点	浙江日报
A108	2008/09/24	浙企创新样本评选	都市快报
A109	2008/10/07	这个国庆节，浙商放假不放松	钱江晚报
A110	2008/10/16	上万浙企赶赴广交会测"风向"	青年时报
A111	2008/10/20	上海新浙商金华论剑	浙中新报
A112	2008/10/24	两家浙企遭遇美国反倾销案	今日早报
A113	2008/10/30	省司法厅指导律师帮助浙企	青年时报
A114	2008/11/06	浙商代表团来淮考察	淮安日报
A115	2008/11/11	七位女浙商获杰出成就奖	青年时报
A116	2008/11/18	浙企热议4万亿经济刺激计划	皖南晨刊
A117	2008/11/23	风云浙商	钱江晚报
A118	2008/11/28	杭商要走出传统浙商低成本扩张模式	杭州日报
A119	2008/12/02	1170浙商抱团御寒	青年时报
A120	2008/12/06	峨眉山浙商有了"家"	四川乐山日报
A121	2008/12/10	北方人能否演好浙商？	宁波晚报
A122	2008/12/18	专题片《浙商》今日上映	每日商报
A123	2008/12/22	不咸不淡的浙商宣传片	武汉晚报
A124	2008/12/26	浙商题材电视剧将成为荧屏新宠	钱江晚报
A125	2009/01/13	"2008风云浙商"人文答卷	钱江晚报
A126	2009/01/23	福泉浙商献爱心 福利院里暖意浓	黔南日报
A127	2009/02/03	浙商赌博"生态链"	内蒙古晨报
A128	2009/02/06	减员潮中，部分浙商缘何敢于打出"逆势扩招"牌？	台州商报
A129	2009/02/14	浙商	盐城晚报
A130	2009/02/25	浙商成为随国家领导人出访的活跃群体	萧山日报
A131	2009/03/02	浙企强势出击 新年外贸第一展	浙江日报
A132	2009/03/12	危机下"新赛点"值得期待 浙企"豪赌"电动汽车	上饶晚报

编号	发表日期	标题	来源
A133	2009/03/25	浙商与美国政界学界"握手"	杭州日报
A134	2009/04/03	浙商在川投资热情不减	成都晚报
A135	2009/04/10	引资 42 亿建浙商工业园	福建日报
A136	2009/04/19	浙商成败七大规律	每日商报
A137	2009/04/29	抱团思进　浙商之路	城市快报
A138	2009/05/06	浙商第三届域名拍卖会五月打响杭州	每日商报
A139	2009/05/11	"群英会"折射浙商投资三大转变	浙中新报
A140	2009/05/15	两个做生意蛮稳健的浙商　投资江苏兴化最大的旧城改造项目失败	都市快报
A141	2009/05/21	抚顺浙商国际商贸城横空出世	华商晨报
A142	2009/05/26	"2009 胡润浙商慈善榜"发布	东南商报
A143	2009/05/30	财富的分量："2009 浙商社会责任榜"	钱江晚报
A144	2009/05/31	浙商最佳投资城市　重庆江北位列其中	重庆晚报
A145	2009/06/01	潘阿祥荣获 2009 浙商责任大奖	安吉日报
A146	2009/06/04	130 多家浙企在南充充满活力	四川南充日报
A147	2009/06/09	索罗斯在杭州与浙商"零距离"接触	芜湖日报
A148	2009/06/13	浙企争叩联合国大门	吴江日报
A149	2009/06/23	杨梅红了,浙商来了	福建日报
A150	2009/06/29	浙商 15 亿美元财富在俄"遭劫"	台州日报
A151	2009/07/04	产业信息　团购直销模式　吸引"风云浙商"	绍兴晚报
A152	2009/07/09	浙商的成功秘诀:真诚去感受别人	华商晨报
A153	2009/07/14	中国商品(印度孟买)展览会邀浙商参展	每日商报
A154	2009/07/22	美媒:懂政治讲政治是浙商成功的关键	四川国防时报
A155	2009/07/28	浙商被扣货物昨起可领回	青年时报
A156	2009/08/03	《浙商》杂志 5 岁啦	钱江晚报
A157	2009/08/09	浙江开展科技 新浙商评选	科技日报
A158	2009/08/19	第六家浙商企业入驻世博会民企馆	每日商报
A159	2009/08/24	经济回暖:让浙商倍添信心	钱江晚报
A160	2009/09/02	素描浙商	常州日报
A161	2009/09/09	安徽广德向浙商推地　8 幅黄金地块 总面积 1200 亩	每日商报
A162	2009/09/20	浙企广揽高级人才	浙江日报
A163	2009/09/27	东莞开门迎浙商	浙江日报
A164	2009/10/12	孜孜浙商心　悠悠沈阳情	华商晨报
A165	2009/10/16	中俄签订协议解决 "灰色清关"　浙商将受益	金华日报

编号	发表日期	标题	来源
A166	2009/10/26	育成中心特约之"财智浙商 资本先锋"金融论坛	每日商报
A167	2009/11/02	浙企质量认证　全国领先	浙江日报
A168	2009/11/09	百名中国民企少帅浙商二代占四成	每日商报
A169	2009/11/12	西澳州向浙企抛出橄榄枝	钱江晚报
A170	2009/11/18	"2010浙商投资路线图"系列报道（六）	青年时报
A171	2009/11/29	迪拜浙商：总有办法，总得挺住	钱江晚报
A172	2009/12/01	逾万浙商梦碎迪拜 炒楼损失超20亿元	重庆晨报
A173	2009/12/02	迪拜"洗牌"，浙商需慎重抉择	解放日报
A174	2009/12/03	300浙商店铺在罗马尼亚被查封	钦州晚报
A175	2009/12/08	科技新浙商投票结果	钱江晚报
A176	2009/12/15	浙商在福安打造"百亿"不锈钢产业	丽水日报
A177	2009/12/21	在安浙商有了"家"	安顺日报
A178	2009/12/29	在连浙商要抱团干大事	大连日报
A179	2009/12/30	最倔强浙商：邱继宝	今日早报
A180	2010/01/07	浙商春节出发　抄底哈利法塔	兰州晚报
A181	2010/01/11	浙商与晋官公开博弈是件好事	嘉兴日报
A182	2010/01/11	山西位列浙商投资黑榜之首	北京晨报
A183	2010/01/13	浙商为何将山西列入投资黑榜	四川科技报
A184	2010/01/17	浙商的取向与重新发现社会	钱江晚报
A185	2010/01/19	首届"科技新浙商"今晚颁奖	钱江晚报
A186	2010/01/22	浙江评出"科技新浙商"	科技日报
A187	2010/01/27	永城有个"浙商现象"	商丘日报
A188	2010/02/05	浙商喊冤：我们不是罪魁祸首	宁波日报
A189	2010/02/10	冬奥会商机有点少浙企说"利润挺高"	钱江晚报
A190	2010/02/26	五童溺亡也是对浙商发展模式的拷问	东方早报
A191	2010/03/03	浙商百亿游资进疆炒棉	企业家日报
A192	2010/03/09	应对危机扩大出口　浙企去年频频赴外参展	中国贸易报
A193	2010/03/19	浙企转型　金融撑腰	浙江日报
A194	2010/03/30	浙商损失惨重且大多没买保险	今日早报
A195	2010/04/08	浙商欲寻新"奶酪"　转型升级求新商机	企业家日报
A196	2010/04/15	荷兰来杭吆喝浙商去投资	今日早报
A197	2010/04/20	给浙商3年时间再还玉树繁荣	中国贸易报
A198	2010/04/26	广交会一期浙企收获颇丰	都市快报
A199	2010/05/04	浙企分享世博千亿蛋糕	都市快报

编号	发表日期	标题	来源
A200	2010/05/14	整合浙商财智　建造全球工业品一站式采购直销中心	新文化报
A201	2010/05/28	在宁浙商迎来新商机	江苏商报
A202	2010/06/08	10亿浙商资本北上炒虫草	每日商报
A203	2010/06/17	卢展工会见李金明和部分浙商代表	河南日报
A204	2010/06/28	草根浙商如何赢天下	杭州日报
A205	2010/07/05	2010浙商重点投资城市公布	内蒙古晨报
A206	2010/07/08	浙商：从"以钱为本"向"以人为本"转变	企业家日报
A207	2010/07/14	我市荣登2010浙商（省外）最佳投资城市榜	营口日报
A208	2010/07/21	民警深夜帮浙商抢修水管	上饶晚报
A209	2010/07/26	25万浙商在新疆投资1万余家企业	上饶晚报
A210	2010/08/01	资本泄洪海外　浙商扩张版图	企业家日报
A211	2010/08/06	百名浙商敦煌捐资助学	甘肃经济日报
A212	2010/08/12	新浙商精神背后的"领路人"	中国产经新闻报
A213	2010/08/19	"科技新浙商"评选活动启动	科技日报
A214	2010/08/26	破译浙商财富密码	长春晚报
A215	2010/09/03	浙商二代拒绝接班的背后	无锡商报
A216	2010/09/12	商会会长论浙商营销网络建设	企业家日报
A217	2010/09/17	浙商服装新城落户廊坊	中国服饰报
A218	2010/09/28	浙商抱团争金医药江湖	青年时报
A219	2010/10/18	一位浙商的精彩闯荡	镇江日报
A220	2010/10/26	读《像浙商一样思考》有感	兰江导报
A221	2010/11/05	浙商颜海波	经济参考报
A222	2010/11/16	浙商投资亿元混凝土项目签约	中华建筑报
A223	2010/11/18	从移民到投资：浙商海外发展新途径	都市周报
A224	2010/11/22	中小企业如何创新　海归浙商来汉"布道"	楚天都市报
A225	2010/11/26	省外浙江人数量达到600多万　浙商省外投资总规模超过3万亿元	都市快报
A226	2010/12/05	浙商海外扎堆"淘矿"	都市快报
A227	2010/12/08	第二届"科技新浙商"周五颁奖　CCTV年度经济人物对话新浙商	钱江晚报
A228	2010/12/15	浙企学会"高原"游泳	钱江晚报
A229	2010/12/20	300万亩，50万浙商海外"圈地"种田	每日商报
A230	2010/12/25	浙企自主创新能力增强	钱江晚报
A231	2010/12/29	浙江商会成立十周年　在渝浙商唱红歌庆贺	重庆商报

编号	发表日期	标题	来源
A232	2011/01/04	浙商在港澳看上了新行业	今日早报
A233	2011/01/09	年轻浙商，做好自己是最大的慈善	每日商报
A234	2011/01/12	浙商北大设科研基金	浙江日报
A235	2011/01/13	风云浙商的别样情怀	钱江晚报
A236	2011/01/14	浙江经视齐邀风云浙商　年度最佳各个给力	每日商报
A237	2011/01/19	浙企搭上胡主席访美"专机"	杭州日报
A238	2011/01/22	曝光20家企业IPO被否原因　多家浙企受困"后劲不足"	每日商报
A239	2011/01/30	新世纪下浙商新挑战	企业家日报
A240	2011/02/13	浙商名家新春共话"十二五"	今日早报
A241	2011/02/18	浙企试水工资集体协商破解用工荒	都市快报
A242	2011/02/24	富而思进　浙商加油	青年时报
A243	2011/03/01	浙商舌战地产"黑洞论"	21世纪经济报道
A244	2011/03/02	艰难时刻浙商探出哪些路	江苏商报
A245	2011/03/07	自创品牌，浙企"站着赚钱"	钱江晚报
A246	2011/03/13	浙商在行动	江门日报
A247	2011/03/17	新兴产业成浙商投资新宠	今日早报
A248	2011/03/22	浙商资本能给连企带来什么	新商报
A249	2011/03/25	浙企在"战争中学会战争"	杭州日报
A250	2011/03/29	浙商投资10亿元包装万州瀑布群	重庆晨报
A251	2011/04/02	浙商青睐"寒地黑土"	黑龙江日报
A252	2011/04/12	粤商文化务实兼容　浙商文化勇于创新	羊城晚报
A253	2011/04/20	商组团来筑考察	贵阳日报
A254	2011/04/22	第一评论浙商可引领中国民资转型	浙江日报
A255	2011/04/28	浙企上市热潮起　CFO争夺硝烟浓	企业家日报
A256	2011/05/04	富民强省开新局•浙商扬帆十二五　楼仲平：吸管王触网记	浙江日报
A257	2011/05/09	各地政府赴"浙商春洽会"引资	皖江晚报
A258	2011/05/13	第二届科技新浙商颁奖典礼录像周日上午9时在教育科技频道播出	钱江晚报
A259	2011/05/19	引发浙商投资热潮	沈阳晚报
A260	2011/05/25	浙江大学生创业热潮涌动　校园走出新浙商	浙江日报
A261	2011/05/31	浙商看好花园口	新商报
A262	2011/06/09	阿克苏吸引浙商　40多家浙企与当地企业对接	浙江日报
A263	2011/06/17	文化引得故人归　一批在外浙商投建东阳木雕博览城	浙江日报

编号	发表日期	标题	来源
A264	2011/06/25	浙商海外购房团7月发往马来西亚	无锡商报
A265	2011/06/30	创业大学生成为浙商新锐	中国教育报
A266	2011/07/04	浙商拟建"浙商工业园"	甘肃经济日报
A267	2011/07/11	浙企"一哥"物业集团"晋级"世界500强	青年时报
A268	2011/07/17	港湾思危浙商	企业家日报
A269	2011/07/22	海洋新兴产业商机巨大,浙企要提前布局	钱江晚报
A270	2011/07/29	浙企欲抓住国家发展航母商机	都市快报
A271	2011/08/03	"天下浙商家乡行"活动 在杭举行新闻发布会	丽水日报
A272	2011/08/07	浙商父子接力助学25年	湖北日报
A273	2011/08/10	浙商越来越舍得砸钱搞研发	钱江晚报
A274	2011/08/13	浙商聚力保护民间文化遗产	浙江日报
A275	2011/08/18	上海浙商百亿资金回流 掘金舟山新区富矿	上海侨报
A276	2011/08/23	3家浙企高管12.76亿落袋	钱江晚报
A277	2011/08/30	浙商金山财富论坛举行	新民晚报
A278	2011/09/03	浙商在甘10年投资超千亿	兰州鑫报
A279	2011/09/07	省中行支持浙企在甘发展	甘肃日报
A280	2011/09/15	浙商赶场达沃斯 品味"头脑风暴"	青年时报
A281	2011/09/15	希腊浙商:爱琴海的阳光冷了	浙江日报
A282	2011/09/22	全球海选科技新浙商	浙江日报
A283	2011/11/25	浙商服装新城 服务理念践行典范	中国服饰报
A284	2011/11/14	应对光伏"寒冬"16家浙企抱团出击	杭州日报
A285	2011/11/08	我市一空气能企业 应邀出席首届世界浙商论坛	金华晚报
A286	2011/11/02	首届世界浙商大会 开通加油绿色通道	车友报
A287	2011/10/29	艺术品市场里的浙商身影	中国文化报
A288	2011/10/27	微博热说浙商	浙江日报
A289	2011/10/26	首届世界浙商大会在杭州开幕	台州日报
A290	2011/10/26	首届世界浙商大会	京华时报
A291	2011/10/25	细描浙商新肖像	浙江日报
A292	2011/11/30	11家浙企通过中美"反恐验证"享快捷通关	赤峰日报
A293	2011/10/21	投资旅游 浙商大有作为	中国旅游报
A294	2011/11/20	叶定坎告诫在渝浙商 量力而行应对危机	重庆晚报
A295	2011/11/12	国无居民海岛首次公开竞拍 一浙商2000万元竞得将做旅游开发	东莞时报数字报
A296	2011/10/10	浙商积极投身家乡建设	浙江日报

编号	发表日期	标题	来源
A297	2011/09/30	华孚获评"投资新疆十大浙商"	中国纺织报
A298	2011/11/30	第六空间获"2011浙商新领军品牌"殊荣	合肥晚报
A299	2011/12/06	第三届"科技新浙商"候选人简介	浙江日报
A300	2011/10/26	80万浙企，只有244家"非正常关闭"	解放日报
A301	2011/12/08	浙商善举　市民赞许	盐城晚报
A302	2011/12/12	第三届科技新浙商投票明天截止	钱江晚报
A303	2011/12/16	印度基础建设和制造业是浙企投资机会	都市快报
A304	2011/12/22	2011文化新浙商评出	中国文化报
A305	2011/12/28	谁是新锐浙商最好的金融合作伙伴	青年时报
A306	2011/12/31	2011年度新锐浙商	青年时报
A307	2012/01/06	10位女浙商　当选"浙商女杰"	钱江晚报
A308	2012/01/09	第五届"浙商女杰"荣誉榜	浙江日报
A309	2012/01/12	浙商逾万有望开通宜宾-杭州航线	成都商报
A310	2012/01/18	今年更多海外浙商要回老家发展	都市快报
A311	2012/01/31	新一代浙商：创新更有底气	钱江晚报
A312	2012/02/05	浙商再度面临"十字路口"	企业家日报
A313	2012/02/13	华商台商浙商和温粤商高级代表团来我市考察	黄冈日报
A314	2012/02/18	浙商聚会共商"御寒"大计	钱江晚报
A315	2012/02/22	浙商牵手石门1925欲建特色餐饮街	燕赵都市报
A316	2012/02/28	一位浙商的创业情怀	中国检验检疫
A317	2012/03/04	填补浙商文化"空白"	企业家日报
A318	2012/03/11	浙商享"十招"服务	企业家日报
A319	2012/03/19	我市加速推进浙商回归	嘉兴日报
A320	2012/03/22	杭州市江干区区委书记盛阅春：迎接浙商，服务浙商	钱江晚报
A321	2012/03/27	偏好PE的浙商要做天使投资人了	今日早报
A322	2012/04/02	我市在广州召开在粤浙商创业创新座谈会	杭州日报
A323	2012/04/08	资本回援　浙商追逐"短平快"背后	企业家日报
A324	2012/04/15	嘉善打造沪上浙商创业高地	浙江日报
A325	2012/04/24	明日浙商"教父"主讲《佛宗思想与人本管理》	武汉晨报
A326	2012/04/27	平湖国税服务先行　助力浙商回归	嘉兴日报
A327	2012/05/02	浙商回归成为我市经济发展新"引擎"	嘉兴日报
A328	2012/05/04	财务专家为浙企支招	浙江日报
A329	2012/05/11	百名浙商走进高邮	江苏商报
A330	2012/05/16	中海·寰宇天下"改革之道，浙商之盛"高峰论坛落幕	每日商报

编号	发表日期	标题	来源
A331	2012/05/23	浙江着力引导浙商回归创业	安吉日报
A332	2012/05/25	本报今起推出"浙商回归"大型寻访行动	都市快报
A333	2012/05/30	回归浙商要在海宁新建一座城	都市快报
A334	2012/06/03	欧债危机加速恶化 浙商寻找新兴市场	今日早报
A335	2012/06/08	嘉兴全力保障浙商回"嘉"创业创新	嘉兴日报
A336	2012/06/13	"浙商回归":桐乡总动员服务天下浙商	浙江日报
A337	2012/06/17	凝聚天下浙商 服务科学发展	浙江日报
A338	2012/06/19	"文化新浙商"台州地区评选今日开始报名	台州日报
A339	2012/06/25	"浙商回归"再添招商"强心剂"	嘉兴日报
A340	2012/06/29	宿州市浙江商会成立庆典大会暨"2012 千名浙商进宿投资促进年"活动启动仪式隆重举行	拂晓报
A341	2012/07/09	浙商投资游艇产业	每日商报
A342	2012/07/13	浙商组团探秘新光"家文化"	浙中新报
A343	2012/07/18	上市浙企迎来第 300 家	浙江日报
A344	2012/07/23	浙商总部中心发展规划即将出台	每日商报
A345	2012/07/25	浙企拓展俄市场前景可期	浙江日报
A346	2012/07/27	有一群浙商带着 50 亿元要在富阳打造生态休闲综合体	每日商报
A347	2012/07/31	在外浙商踊跃回乡再创业	新民晚报
A348	2012/08/02	江山成浙商回乡创业热土	浙江日报
A349	2012/08/06	南湖多措并举引浙商	浙江日报
A350	2012/08/11	浙商操心的接班问题真的那么急吗?	今日早报
A351	2012/08/17	浙商在皖这十年	安徽市场报
A352	2012/08/22	浙商转型之路越走越宽	浙江日报
A353	2012/08/29	浙企创品牌有了豪华智囊团	钱江晚报
A354	2012/09/05	浙商看好澜沧发展潜力	民族时报
A355	2012/09/08	继承浙商好传统 创出发展新天地	青年时报
A356	2012/09/15	23 个境外浙商回归项目签约	浙江日报
A357	2012/11/23	"浙商妈妈"爱心快车驶进万阜	青田侨报
A358	2012/11/16	南川浙商博览城今日亮相	重庆晨报
A359	2012/11/09	百年浙商的基因	江苏商报
A360	2012/10/27	浙商回归 定海前 9 个月引资近 27 亿元	安吉日报
A361	2012/10/23	我市出台政策支持浙商创业创新	丽水日报
A362	2012/10/19	浙商回归创业创新园区征询产业发展规划意见	金华日报
A363	2012/10/17	世界浙商大会 2012 年度专题活动之——第三届中国·浙江成长型企业投融资大会即将隆重召开	都市快报

编号	发表日期	标题	来源
A364	2012/10/16	外侨浙商代表团来莞考察投资项目	东莞日报数字报
A365	2012/10/11	一浙企被合肥 列入"黑名单"	新安晚报
A366	2012/09/25	量化宽松下的浙商表情	浙江日报
A367	2012/09/22	后危机时代　浙商如何再出发?	处州晚报
A368	2012/09/17	20多位浙商来南白考察	遵义日报
A369	2012/12/05	千年浙商难寻百年家族?	今日早报
A370	2012/12/19	营造优质环境　吸引浙商回归	台州晚报
A371	2012/12/27	杭州:浙商回归到位资金全省第一	浙江日报
A372	2013/01/04	浙商竞相"掘金"荒山林地	今日早报
A373	2013/01/07	30万浙商在晋投资达2000亿元	山西晚报
A374	2013/01/11	10家浙企入围福布斯中国潜力上市公司	嵊州日报
A375	2013/01/16	"四举措"支持浙商创业创新成效显著	今日早报
A376	2013/01/18	"文化新浙商"揭晓	中国文化报
A377	2013/01/23	去年金华引进浙商回归项目243个	都市快报
A378	2013/01/26	12家浙商企业联手　从赚角角钱到做大生意	重庆晨报
A379	2013/02/01	浙商"抢滩"徐州　投资约700亿	都市晨报
A380	2013/02/12	龙湾:浙商回乡忙招商	浙江日报
A381	2013/02/22	仅一浙企涉诉	浙江日报
A382	2013/03/06	浙商"走出去"再"引进来"	山东商报
A383	2013/03/12	莲都召开浙商(莲商)创业创新暨扩大有效投资大会	处州晚报
A384	2013/03/20	欧洲"蝴蝶"扇动浙商神经	浙江日报
A385	2013/03/27	浙企境内上市全国第二	浙江日报
A386	2013/03/30	七大浙商豪投百亿奏响归回重音	金华晚报
A387	2013/04/03	"寻找浙商总部,助力实体经济"昨走进绍兴	绍兴晚报
A388	2013/04/12	创新驱动　浙商先行	浙江日报
A389	2013/04/17	助回归浙商放心用电	浙江日报
A390	2013/04/19	"寻找浙商总部,助力实体经济"　交行丽水站巡回活动顺利举行	处州晚报
A391	2013/04/22	为灾区建新家,浙商解囊相助	钱江晚报
A392	2013/04/26	企业信誉好,可使用"浙商"作商号	钱江晚报
A393	2013/05/03	2013浙商力量论坛暨浙商投资(中国)城市展示会	钱江晚报
A394	2013/05/07	浙商捐赠震区款物逾两亿元	浙江日报
A395	2013/05/14	背后浙商倪日涛神秘失踪	常州日报
A396	2013/05/18	出口浙企当心　请查查自家"软件库"	钱江晚报

编号	发表日期	标题	来源
A397	2013/05/23	在宁浙商回甬投资已达成合作协议 65.1 亿元	钱江晚报
A398	2013/05/28	《华尔街传奇》掀起浙商"头脑风暴"	企业家日报
A399	2013/06/04	第十届浙商大会本月召开	东南商报
A400	2013/06/10	外贸冷风让浙企有点"小感冒"	钱江晚报
A401	2013/06/17	创新驱动,浙商再出发	浙江日报
A402	2013/06/20	万年成浙商省外最佳投资城市	上饶日报
A403	2013/06/26	"中国梦·浙商梦"活动启动	浙江日报
A404	2013/06/28	"海外浙商·致公峰会"在杭举行	浙江日报
A405	2013/07/03	支持浙商创业创新　新闻宣传工作座谈会昨举行	嘉兴日报
A406	2013/07/06	"浙商是浙江最宝贵的财富和资源"	今日早报
A407	2013/07/11	浙商保险江苏分公司　举办第三届浙商文化活动周活动	南京日报
A408	2013/07/16	杭州上半年浙商回归引资达 235.71 亿元	浙江日报
A409	2013/07/23	浙商回归实现时间过半任务超半	嘉兴日报
A410	2013/07/29	第二届全球浙商高峰论坛九月羊城召开	羊城晚报
A411	2013/08/05	东莞浙商大厦初定下月动工	东莞日报数字报
A412	2013/08/09	杭州规划打造全国浙商总部中心	都市快报
A413	2013/08/16	瞄准高端浙商　谋划合作共赢	金华日报
A414	2013/08/24	浙商回归企业　专场招聘会昨举行	南湖晚报
A415	2013/08/30	台州首个浙商回归创业园落户中央商务区	台州商报
A416	2013/09/06	48 万浙商在鄂投资 6000 亿元	楚天都市报
A417	2013/09/13	浙商保险:锐意开拓进取　实践浙商精神	湖北日报
A418	2013/09/18	浙商圈开始流行基因体检　各大企业纷纷掘金基因生物银行	每日商报
A419	2013/09/24	厄瓜多尔欢迎浙商去投资	浙江日报
A420	2013/09/28	浙企争搭上海自贸头班车	钱江晚报
A421	2013/10/10	陈文兴:打造衡阳浙商之"家"	衡阳晚报
A422	2013/12/08	浙商担忧泰国政局　扩大生产规模计划搁浅	都市快报
A423	2013/12/03	2013 风云浙商 30 进 10 等你投票	钱江晚报
A424	2013/11/28	浙商回丽带回一座新富矿	丽水日报
A425	2013/11/20	嘉兴港区启动浙商回归"服务总动员"	嘉兴日报
A426	2013/11/14	风云浙商齐聚中海御道路一号	今日早报
A427	2013/11/11	第二届世界浙商大会举行　郑坚江获"杰出浙商奖"	企业家日报
A428	2013/11/07	30%浙商不愿意孩子接班	大兴安岭日报
A429	2013/11/04	近 200 家出口浙企受益	杭州日报

续表

编号	发表日期	标题	来源
A430	2013/10/30	奥克斯集团董事长郑坚江获"杰出浙商奖"	杭州日报
A431	2013/10/28	十支创业团队获"杰出浙商"鼎力支持	今日早报
A432	2013/10/27	73 位浙商获奖　创新话题成论坛焦点	青年时报
A433	2013/10/25	今天将发布《浙商成长报告》	青年时报
A434	2013/10/23	21 个浙商创业创新项目成功签约投资超 200 亿元 西湖区昨成吸金王	每日商报
A435	2013/10/20	桐乡旅游发展成浙商回归新红利	嘉兴日报
A436	2013/12/11	浙商回归创业创新园首批十家入园企业集体开工	金华晚报
A437	2013/12/16	杭州营造浙商回归良好环境	浙江日报
A438	2013/12/20	浙商五百万元拍下吉拉德旧居	西海都市报
A439	2013/12/29	"吉利"和"复星"获"浙商杰出企业"殊荣	台州商报
A440	2014/01/03	"十大杰出浙商"今日揭晓	东莞日报数字报
A441	2014/01/07	自贸区挂牌百日　听浙商述说抢滩故事	钱江晚报
A442	2014/01/11	浙商回归语录	浙江日报
A443	2014/01/14	第七届浙商女杰揭晓	浙江日报
A444	2014/01/17	省考核组考核我市浙商回归工作	嘉兴日报
A445	2014/01/23	浙商英雄背影	都市快报
A446	2014/02/08	浙商反映部分审批中介服务机构垄断经营收费高	人民日报
A447	2014/02/19	"做浙商，就做光荣浙商"	今日早报
A448	2014/02/26	2013 年度新锐浙商评选正式启动	青年时报
A449	2014/03/06	"浙商国际"欲筑造黄岛新地标	青岛财经日报
A450	2014/03/14	我市部署支持浙商创业创新工作	杭州日报
A451	2014/03/26	台州市浙商回归集中开工项目简况	台州商报
A452	2014/04/05	浙商回归迎来开门红	浙江日报
A453	2014/04/16	夏宝龙肯定我县"浙商回归"工作的做法与成效	青田侨报
A454	2014/04/25	给浙企转型升级一个支点	浙江日报
A455	2014/04/30	启辰杯 2014 首届浙企世界杯足球赛嘉兴赛区招商	钱江晚报
A456	2014/05/09	浙商是浙江的魅力　浙江是浙商的根	浙江日报
A457	2014/05/12	海盐一季度浙商回归超额完成	嘉兴日报
A458	2014/05/16	浙商科技园加快建设步伐	建湖快报
A459	2014/05/20	丽水青田三年引来 150 亿"浙商回归"项目资金	青田侨报
A460	2014/06/06	浙商企业积极参展"西洽会"	中国纺织报
A461	2014/06/11	胡立江等 10 位企业家当选科技新浙商	每日商报
A462	2014/06/16	"陀曼"领路人俞朝杰当选"科技新浙商"	天天商报

编号	发表日期	标题	来源
A463	2014/06/19	浙商热投桐乡"风光产业"	浙江日报
A464	2014/06/23	巴西世界杯 寻找浙商的身影	杭州日报
A465	2014/06/27	浙商回归热潮涌嘉兴	嘉兴日报
A466	2014/07/01	"2014 天下浙商家乡行"活动举行	浙江日报
A467	2014/07/06	浙商陇上行主题活动在兰举行	兰州晨报
A468	2014/07/09	2014 经济运行逆势而为 止缓 回稳 促增：12 家浙商联手打造运城空港化纤工业园	山西日报
A469	2014/07/16	"三个深化"支持"浙商回归"	今日早报
A470	2014/07/20	"炮轰马云"拷问浙商文明水准	绍兴晚报
A471	2014/07/23	余姚统战系统打好"四张牌"助推浙商回归成效明显	宁波日报
A472	2014/07/29	北京服装业浙商去哪儿	浙江日报
A473	2014/08/02	弘扬"宁波帮"精神，推进浙商回归	浙江日报
A474	2014/08/08	"三注重"做好浙商大走访活动	今日早报
A475	2014/08/13	路桥："筑巢引凤"打造浙商回归热土	台州日报
A476	2014/08/18	浙商兄弟田东占得先机	右江日报
A477	2014/08/21	南湖：软环境引浙商回归	浙江日报
A478	2014/08/26	浙企争搭"中民投"快车	浙江日报
A479	2014/08/29	寻找浙企幸福样本 先问问员工"你幸福吗？"	今日早报
A480	2014/09/05	浙商皮革城，向五星级标准进发	山东商报
A481	2014/09/13	看好贵州成为浙商新共识	贵州商报
A482	2014/09/18	多措并举为浙商创业创新加码	今日早报
A483	2014/09/25	浙商来了 裕民变了	抚顺日报
A484	2014/09/29	2014 世界浙商华北峰会在并举行	山西法制报
A485	2014/10/09	金融创新助力浙企转型升级	每日商报
A486	2014/10/17	浙企成功挂牌上海股交所	杭州日报
A487	2014/10/22	我市浙商回归成绩卓著	杭州日报
A488	2014/12/07	它蕴含浙商的发展哲学	钱江晚报
A489	2014/12/01	爱触网，爱投资，浙商"少帅"爱拼不怕输	今日早报
A490	2014/11/25	娱乐产业长满摇钱树 浙商拍马杀入动力十足	都市快报
A491	2014/11/19	22 家浙企跻身外贸 500 强	浙江日报
A492	2014/11/12	聚焦身边的浙商 分享老板的故事	钱江晚报
A493	2014/12/08	浙商在京投资总额超 4000 亿元	北京日报
A494	2014/10/30	杨轶清：当下，浙商理财比投资更重要	青年时报

编号	发表日期	标题	来源
A495	2014/10/29	期待更多科技型新浙商	浙江日报
A496	2014/10/27	以优质服务助浙商"凤还巢"	国家电网报
A497	2014/12/10	"三音符"唱响 "浙商创业创新"协奏曲	今日早报
A498	2014/12/16	海外学子对接浙企	浙江日报
A499	2014/12/19	浙商找准未来升级方向	杭州日报
A500	2014/12/31	浙商财智女人会为北山学生送冬衣	青田侨报

后　记

秋季，是一个知性的季节。此时的杭州，丹桂盛开，已是满城飘香了。午后温暖的阳光，透过窗格，洒落在书桌上，一片柔和。窗外的天空，辽阔高远，蔚蓝如镜。书稿的最终完成，给这个平凡的日子，增添了些许仪式感。

这是我博士论文基础上的书稿。

2013 年至 2016 年，我在武汉大学新闻与传播学院攻读博士学位，就读新闻学专业。对浙商的关注缘于我是地地道道的浙江人，我的周围就有许许多多优秀的民营企业家。许是因为在传媒院校的"媒介身份"，我对浙商在新闻传播中确立起来的媒介形象产生了好奇和兴趣。媒介是权力的工具，也是权利的工具，传播媒介的发展是社会变迁和文明演进的关键因素之一，媒介不断制造并传播着社会现象和形象，我们可以用不同的媒介形态来检视不同时代社会组织方式、生产生活、社会心理、群体形象等社会诸方面的不同特征。那么，浙商经媒介制造和传播究竟呈现出怎样的形象？媒介是否客观、准确地反映了改革开放以来浙商发展的丰富样貌和日益增长的规范性影响力？浙商媒介形象是否经历了时代变迁？这些问题，是我研究浙商媒介形象的起点。通过阅读关于浙商报道的大量文本，我深深感受到浙商媒介形象呈现背后所承载的丰富的社会和文化意味。浙商媒介形象的变迁，是与社会经济关系和政治历史变迁同时态的，体现着不同时代的经济基础、政治秩序和社会制度，印刻着媒介演进的痕迹，当代浙商被誉为浙江省的一张名片，他不仅为中国奔向全面小康的规划服务，而且引领着商业价值、城市文化、生活样态和消费观念的变迁。

论文的真正完成及一年后书稿的完稿，对我而言各个方面都是一个磨砺的过程。

难以细数在职全日制攻读博士的艰辛，那几年，工作在杭州，挂职在嘉兴，读书在武汉，1200 多个日子里往返于三地奔波。

难以诉说人到中年的无奈，上班的忙碌，下班后的手机、邮件、QQ

群和朋友圈，总也开不完的会，总也写不完的计划、报告和总结，各种各样的评估，不分昼夜总是堵、总是堵的城市的路，还有日渐跟不上前行灵魂的革命本钱血肉之躯。

难以忘记面对浩瀚资料的无所适从，文本统计分析的繁琐与艰巨，伏案写作的焦虑与煎熬，天黑了又亮、亮了又黑，一杯茶水喝到无味，一本书看到无字。

由于本人学识粗陋，本书在对数据进行客观分析和理论抽绎等方面尚有许多未能达意之处，所持观点难免存在偏颇，恳请各位前辈批判和指点。

藉此机会，最想表达种种感激、感恩和感谢。

感谢当年读博的选择和机会，启动我为最初的梦想奔走的步伐，让我在不惑之年内心更加充实与宁静、淡定与从容。

感谢校园，让我始终不忘初心。感谢明光烁亮的图书馆，感谢不朽的经典著作，当指尖滑过书页，大师隽永的声音隔着时空传来，油墨的沉香让人陶醉。

感谢导师强月新老师的包容与接纳，感谢罗以澄老师的教诲与指导，感谢给本书给予帮助的众多老师和同事。

感谢众多浙商，特别是浙江嘉兴企业家，在我研究过程中与我坦诚交流，不吝赐教。

最后的感谢，留给我至亲至爱的家人，读高三的儿子，帮我校对了部分书稿，他的认真与细致、专业与严谨让我吃惊，令我刮目相看，更让我感到欣慰；我的爱人，在我艰难、彷徨和无助的时刻，始终在我身边，给我鼓励，给我温暖，给我洪荒之力。